Austeridade Expansionista
COMO MATAR UMA IDEIA ZOMBIE?

Austeridade Expansionista
COMO MATAR UMA IDEIA ZOMBIE?

2017

Paulo Mota

AUSTERIDADE EXPANSIONISTA
COMO MATAR UMA IDEIA ZOMBIE?
AUTOR
Paulo Mota

EDITOR
EDIÇÕES ALMEDINA, S.A.
Rua Fernandes Tomás, nºs 76-80
3000-167 Coimbra
Tel.: 239 851 904 · Fax: 239 851 901
www.almedina.net · editora@almedina.net

DESIGN DE CAPA
FBA.

PRÉ-IMPRESSÃO
EDIÇÕES ALMEDINA, SA

IMPRESSÃO E ACABAMENTO
ARTIPOL - ARTES TIPOGRÁFICAS, LDA.
Maio, 2017

DEPÓSITO LEGAL
426218/17

Os dados e as opiniões inseridos na presente publicação são da exclusiva responsabilidade do(s) seu(s) autor(es).
Toda a reprodução desta obra, por fotocópia ou outro qualquer processo, sem prévia autorização escrita do Editor, é ilícita e passível de procedimento judicial contra o infrator.

BIBLIOTECA NACIONAL DE PORTUGAL – CATALOGAÇÃO NA PUBLICAÇÃO
MOTA, Paulo

Austeridade expansionista : como matar uma ideia zombi?
ISBN 978-972-40-7002-5

CDU   338

ÍNDICE

CAPÍTULO 1. INTRODUÇÃO ... 7
1.1. A Recente Crise dos Mercados Financeiros ... 7
1.2. A Austeridade em Portugal ... 11
1.3. A Atratividade das Políticas de Austeridade como Solução para a Crise ... 16
1.4. Os Governantes Podiam Fazer Melhor ... 23
1.5. As Políticas de Austeridade como um Instrumento Pouco Liberal ... 27
1.6. Soluções Alternativas ... 28
1.7. A Lenta e Pouco Sustentada Recuperação da Economia Portuguesa ... 34

CAPÍTULO 2. AS POLÍTICAS DE AUSTERIDADE ... 43
2.1. Os Fundamentos Económicos das Politicas de Austeridade ... 43
2.2. A Relação entre o Crescimento Económico e a Dívida Pública ... 51
2.3. A Dinâmica Recente da Dívida Pública ... 53
2.4. Porque Falham as Políticas de Austeridade – As Lições da História ... 60
    2.4.1. As Medidas de Austeridade dos anos 1920-30 ... 60
    2.4.2. Os Exemplos dos anos 1980-90 ... 64
    2.4.3. Os Exemplos dos Países de Leste Depois de 2007 ... 70

CAPÍTULO 3. A IMPORTÂNCIA DA POLÍTICA MONETÁRIA ... 75
3.1. Princípios de Reação a Crises e o Impacto da Política Monetária ... 75
3.2. A Condução da Política Monetária na Situação de Armadilha de Liquidez ... 78
    3.2.1. Políticas Não Convencionais de Política Monetária ... 79
    3.2.2. Medidas Ainda Menos Convencionais de Política Monetária ... 82
2.3. A Reação do Banco Central Europeu à Crise financeira ... 86
    3.3.1. A Resposta à Turbulência nos Mercados Financeiros Após Agosto de 2007 ... 87

3.3.2. A Resposta à Crise Financeira Após Setembro de 2008   91
3.3.3. A Resposta à Crise das Dívidas Soberanas Após 2010   97
3.3.4. Perspetiva Critica da Atuação do BCE   1042

CAPÍTULO 4. O IMPACTO DA POLÍTICA FISCAL   111
4.1. Os Multiplicadores Fiscais   111
4.2. O Paradoxo da Poupança   122
4.3. O Paradoxo da Flexibilidade   129
4.4. A Política Fiscal Após a Crise Financeira   132
    4.4.1. As Limitadas Medidas Expansionistas do Período 2008-2010   132
    4.4.2. As Medidas de Austeridade nos Países Periféricos Após 2010   139
    4.4.3. Os Resultados das Medidas de Austeridade   143

CAPÍTULO 5. O FENÓMENO DE HISTERESE E A PERSISTÊNCIA
DOS EFEITOS DAS CRISES   149
5.1. Conceito, Características e Implicações Económicas   149
5.2. Os Fundamentos Microeconómicos da Histerese   152
    5.2.1. Fatores do Lado da Procura de Trabalho   152
    5.2.2. Fatores do Lado da Oferta de Trabalho   155
5.3. A Evidência da Existência de Histerese na Economia Portuguesa   158

CAPÍTULO 6. AS ALTERNATIVAS ÀS POLÍTICAS
DE AUSTERIDADE   165
6.1. Um plano Integrado de Recuperação Económica   165
6.2. A Política de Investimento e o Faseamento da Consolidação
Orçamental   175
6.3. O Problema do Financiamento   182
    6.3.1. O Papel do BCE   183
       6.3.1.1. O BCE como Emprestador de Último Recurso   183
       6.3.1.2. A Restruturação da Dívida Pública   186
    6.3.2. O Papel da Comissão Europeia   193
       6.3.2.1. O Aumento do Orçamento da UE Afeto
ao Investimento   193
       6.3.2.2. A Interpretação Flexível das Regras Fiscais da UE   197
6.4. As Medidas que Podem Ser Implementadas por Portugal   201

CAPÍTULO 7. CONCLUSÃO   207

Referências Bibliográficas   215

Capítulo 1
Introdução

"Ultimate Zombies arise commonly in science and economics in the form of ideas that are immune from refutation."[1]

John Quiggin (2010, p. 65)

1.1. A Recente Crise dos Mercados Financeiros

Agosto de 2007 marca o início de uma das piores crises financeiras de que há memória. A crise atingiu o seu apogeu em setembro de 2008 após a falência do banco de investimento Americano *Lehman Brothers*, e apesar de não ter tido as consequências económicas da Grande Depressão da década de 1930 do século passado foi, no que diz respeito ao funcionamento dos mercados financeiros, ainda mais grave.[2] A crise gerou uma significativa recessão económica nos Estados Unidos da América, tendo-se depois propagado à escala global, afetando, numa primeira fase, sobretudo os países mais desenvolvidos.[3]

---

[1] *Zombies* definitivos aparecem frequentemente em ciência e em economia na forma de ideias que são imunes à refutação.

[2] Ver Bernanke (2015).

[3] Vários autores referem-se a esta crise como a Grande Recessão.

É hoje claro que a crise foi causada por um problema sistémico dos mercados financeiros, ligado a uma bolha imobiliária nos Estado Unidos amplificada e propagada à escala mundial pela criação pelos bancos de complexos produtos financeiros resultantes da securitização, num ambiente de fraca regulação e de excessiva alavancagem, e onde a fraude foi prevalecente. Uma crise que começou no sector privado, e que não foi causada por problemas relacionados com os défices púbicos.[4]

A resposta mais ou menos coordenada dos Governos e dos Bancos Centrais dos países desenvolvidos assumiu a forma de uma gigantesca operação de resgate sem precedentes, envolvendo: *i*) política monetária fortemente expansionista; *ii*) estabilizadores automáticos;[5] *iii*) a prestação de garantias pelos governos a empréstimos interbancários no mercado monetário; *iv*) a recapitalização de instituições financeiras (os designados *bail-outs*); e *v*) estímulos fiscais moderadamente expansionistas.[6] Estas medidas impediram o colapso dos mercados financeiros, evitaram o pânico, e sustiveram um impacto ainda mais recessivo da crise nas economias. Note-se, a este propósito a declaração da Cimeira de *Pittsburgh* do G-20 de 27 de junho de 2009, em que os líderes destes 20 países se comprometem com uma forte resposta de política económica, incluindo política fiscal expansionista: "Comprometemo--nos, nesse momento, a manter uma resposta política forte até que seja assegurada uma recuperação duradoura. Agiremos para garantir que

---

[4] Koo (2015) classifica esta crise como uma '*balance sheet recession*' que ocorre na sequência da existência de poupança privada que não é usada para consumir e para investir, mesmo numa situação em que as taxas de juro se aproximam de zero. Isto acontece porque na sequência da queda do preço dos ativos resultante do fim da bolha no mercado imobiliário nos Estados Unidos da América, muitas empresas e famílias começaram a desalavancar ao mesmo tempo, num esforço que se revela infrutífero quando o governo não aplica estímulos fiscais no sentido de compensar a falta de procura na economia.

[5] James Galbraith (2014) defende que foram os estabilizadores automáticos, mais do que os estímulos fiscais discricionários, como a segurança social, os subsídios de desemprego, e os impostos progressivos que evitaram que a crise financeira tivesse originado uma depressão económica como aquela que ocorreu após o *crash* de *Wall Street* em outubro de 1929.

[6] Em 2008 e 2009, 144 países (cerca de 80% dos países do mundo) aumentaram a despesa pública na sequência da crise. Em termos médios esse aumento atingiu 3.9% do PIB (ver Ortiz e Cummins, 2013).

INTRODUÇÃO

quando voltar a haver crescimento, haverá também empregos. **Evitaremos qualquer eliminação prematura do estímulo** [nossa ênfase]."[7]

Não obstante ter impedido o colapso do sistema financeiro, e a entrada das economias numa situação de queda livre, em meados de 2010 a generalidade das economias desenvolvidas mantinham-se numa situação de recessão ou de estagnação, com taxas de desemprego elevadas, e com rácios de dívida pública em percentagem do produto interno bruto (PIB) muito elevados e a crescerem – resultado direto da assunção por parte do Estado dos problemas gerados pelo setor privado. Para piorar ainda mais a situação, a crise dos mercados financeiros, que começou por se traduzir num excesso de endividamento dos agentes privados (bancos, empresas e famílias) metamorfoseia-se numa crise das dívidas soberanas nos países periféricos da Zona Euro, catalisada pelo anúncio em outubro de 2009 pelo então recentemente eleito primeiro-ministro grego George Papandreou de que o governo anterior havia manipulado as contas públicas, e que o défice e a dívida pública em percentagem do PIB eram muito maiores do que os valores oficiais divulgados.[8]

O medo dos investidores relativo à existência de algum evento de crédito relacionado com as obrigações do tesouro gregas, na presença de deficiências na arquitetura da Zona Euro que não permitiram uma resposta apropriada à crise, afetou a capacidade dos países periféricos, como a Irlanda, Portugal, e mais tarde a Espanha e a Itália, para gerirem os seus défices, levando a uma subida substancial e abrupta das taxas de juro implícitas das obrigações do tesouro (as chamadas *yields to maturity*).

Nesta altura os governos começam a deixar de aplicar medidas de estimulo fiscal, mudando subitamente para medidas de austeridade,[9] numa altura em que as economias estavam ainda muito longe de apresentarem sinais de uma recuperação sustentada. A mudança para a aplicação sincronizada de medidas de austeridade[10] é bem patente no seguinte excerto da declaração da Cimeira de Toronto do G-20 de 27 de

---

[7] Ver o texto da declaração em:
http://www.g8.utoronto.ca/g20/2009/2009communique0925-br.html.

[8] O valor correto do défice orçamental em percentagem do PIB estaria perto de 13%.

[9] Austeridade refere-se normalmente a políticas governamentais destinadas a reduzir o défice orçamental durante uma recessão. Estas políticas podem incluir cortes na despesa pública, aumento de impostos, ou uma combinação destas medidas.

[10] Note-se que em 2013 cerca de 5.8 mil milhões de pessoas (80% da população mundial) foi afetada pelas políticas de austeridade. Este número estima-se que tenha aumentado em

junho de 2010, onde foi acordado reduzir os défices orçamentais para metade num espaço de três anos:[11]

> *"While growth is returning, the recovery is uneven and fragile, unemployment in many countries remains at unacceptable levels, and the social impact of the crisis is still widely felt. Strengthening the recovery is key. To sustain recovery, we need to follow through on delivering existing stimulus plans, while working to create the conditions for robust private demand. At the same time, recent events highlight the importance of sustainable public finances and the need for our countries to put in place credible, properly phased and growth-friendly plans to deliver fiscal sustainability, differentiated for and tailored to national circumstances. **Those countries with serious fiscal challenges need to accelerate the pace of consolidation** [nossa ênfase]."[12]*

De entre as razões que poderão estar na base desta trágica mudança de rumo,[13] para um paradigma de uma espécie de austeridade perpétua, contam-se[14]: *i*) pressões dos mercados financeiros, nomeadamente dos bancos largamente expostos à dívida pública dos países periféricos da Zona Euro; *ii*) existência de uma linha de investigação relativamente marginal em termos académicos, mas com elevada influência política, que aponta para a existência de efeitos expansionistas decorrentes das consolidações orçamentais quando a dívida pública em percentagem do PIB é elevada; *iii*) a ideia de que a recuperação estava já bem alicerçada;

2015 para cerca de 6.3 mil milhões de pessoas – 90% da população mundial (ver Ortiz e Cummins, 2013).

[11] Ver o texto da declaração em:
http://www.g20.utoronto.ca/2010/g20_declaration_en.pdf

[12] "Enquanto o crescimento está a voltar, a recuperação é assimétrica e frágil, o desemprego em muitos países continua a níveis inaceitáveis, e o impacto social da crise é ainda sentido de forma generalizada. Fortalecer a recuperação é fundamental. Para manter a recuperação, precisamos de prosseguir com a aplicação de planos de estímulo, enquanto se trabalha para criar as condições para uma procura privada robusta. Ao mesmo tempo, os eventos recentes fazem salientar a importância de finanças públicas sustentáveis e a necessidade desses países porem em prática planos credíveis amigos do crescimento, adequadamente faseados para se atingir a sustentabilidade fiscal, diferenciados e adaptados às circunstâncias nacionais. Os países com sérios desafios fiscais têm que acelerar o ritmo da consolidação."

[13] Note-se que as medidas de austeridade atingiram uma dimensão nunca vista na história da política fiscal de países desenvolvidos.

[14] Ver Wolf (2014).

INTRODUÇÃO

iv) a ideia apelativa, embora errada, de que não podemos diminuir a dívida em percentagem do PIB através de mais endividamento.[15]

1.2. A Austeridade em Portugal

No que respeita a Portugal, não obstante terem sido aplicadas de forma voluntária medidas de austeridade a partir de 2010 com os sucessivos Programas de Estabilidade e Crescimento (os chamados PECs), os efeitos da crise agudizaram-se no primeiro trimestre de 2011. "A economia portuguesa enfrentava desafios consideráveis. Os indicadores de competitividade tinham sido afetados, o crescimento económico revelava-se fraco e o défice da balança corrente situava-se nos 10% do PIB. A crise global expôs a frágil posição orçamental e financeira de Portugal, com uma dívida pública de cerca de 90% do PIB, no final de 2010, e uma dívida do sector privado de cerca de 260% do PIB. Os bancos que financiaram este avolumar de dívida apresentavam o mais elevado rácio entre créditos e depósitos da Europa."[16] Em março de 2011, os partidos da aposição chumbaram o designado PEC IV e o primeiro-ministro pede a demissão, as agências de *rating* cortam a notação da dívida pública portuguesa para próximo de nível especulativo ("lixo" na gíria dos mercados financeiros), as taxas de juro de mercado secundário implícitas nas obrigações do Tesouro a 10 anos sobem até 9.6%, e o governo encontra dificuldades crescentes para fazer o *roll over* da dívida pública.

Esta situação de emergência levou Portugal a assinar em Maio de 2011 um Programa de Assistência Económica e Financeira com o Fundo Monetário Internacional (FMI), a Comissão Europeia e com o Banco Central Europeu (BCE), entidades que ficaram conhecidas como a *Troika*. O país requereu, para o período de 2011 a 2014, um total de 78 mil milhões de euros de financiamento (cerca de 50% do PIB português em 2011), dos quais 52 mil milhões de euros através do Mecanismo Europeu de Estabilização Financeira e do Fundo Europeu de Estabi-

---

[15] De facto, a única forma dos agentes excessivamente endividados poderem pagar as suas dívidas decorre da obtenção de rendimento de outros agentes que estejam em melhores condições de se endividarem e de gastar, potenciando o crescimento do PIB a uma taxa mais elevada do que o crescimento da dívida.

[16] Este é o cenário macroeconómico traçado pelo Governo Português em maio de 2011, e plasmado no Memorando de Políticas Económicas e Financeiras assinado com Fundo Monetário Internacional.

lidade Financeira, e 26 mil milhões de euros de assistência do FMI, ao abrigo de um Programa de Financiamento Ampliado.[17] Deste total, 12 mil milhões de euros foram destinados ao mecanismo de apoio público à solvabilidade de bancos viáveis. A assistência financeira concretizou-se através de numa carta de intenções subscrita pelo Governador do Banco de Portugal e pelo Ministro de Estado e das Finanças, e de memorandos de entendimento assinados com a Comissão Europeia (Memorando de Entendimento sobre as Condicionalidades de Política Económica[18]), e com o FMI (Memorando de Políticas Económicas e Financeiras[19]).

Com base num diagnóstico errado sobre as causas da crise,[20] e suportado por conceções ideológicas discutíveis e pouco alicerçadas na teoria económica, como contrapartida deste financiamento foi imposto a Portugal um programa de ajustamento económico assente em três pilares fundamentais:[21] *i*) "Profundas reformas estruturais para impulsionar o crescimento do produto potencial, criar emprego e aumentar a competitividade (incluindo através de uma desvalorização fiscal)"; *ii*) "uma estratégia de consolidação fiscal credível e equilibrada, suportada por medidas fiscais estruturais e melhor controlo sobre as parcerias público-privadas (PPP) e as empresas públicas"; *iii*) "esforços no sentido de

---

[17] O pedido de assistência económica e financeira concretizado em maio de 2011 seguiu-se a idênticos pedidos formulados em 23 de abril e em 21 de novembro de 2010 pela Grécia e Irlanda respetivamente, e precedeu o pedido de assistência solicitado pelo Chipre em 25 de junho de 2012.

[18] Ver o texto original em inglês do memorando em:
http://ec.europa.eu/economy_finance/eu_borrower/mou/2011-05-18-mou-portugal_en.pdf.
Existe, também, uma versão em Português que pode ser consultada em:
http://www.portugal.gov.pt/media/371372/mou_pt_20110517.pdf.

[19] Ver o texto original em inglês do memorando em:
http://www.imf.org/external/np/loi/2011/prt/051711.pdf.
A versão em Português pode ser consultada em:
https://www.imf.org/external/np/loi/2011/prt/por/051711p.pdf.

[20] É hoje claro que os problemas fiscais que vários países da Zona Euro enfrentam atualmente resultam da queda da procura e do produto na sequência de uma crise económica mundial, exacerbada em alguns países da Zona Euro (de entre os quais Portugal) por uma perda de competitividade, em parte causada pela própria arquitetura da moeda única (ver, por exemplo, King, 2016, p. 223).

[21] Ver Carta de Intenções assinada com o FMI em 2011.

INTRODUÇÃO

salvaguardar a desalavancagem desordenada do sector financeiro através de mecanismos de mercado apoiados por mecanismos de apoio público."

Na tentativa de redução do défice orçamental foram aplicadas medidas de política orçamental fortemente restritivas, inicialmente do lado da despesa pública, ao nível dos salários da função pública, das prestações sociais, e do investimento público, assim como reduções significativas das pensões. Numa segunda fase, e em face da dificuldade de redução do défice por esta via, foram também tomadas medidas restritivas do lado da receita através de um *enorme aumento de impostos*[22] diretos e indiretos. Este conjunto de medidas ficou conhecido por medidas de austeridade.[23]

Paralelamente, as reformas estruturais deveriam passar pelo aumento da flexibilidade do mercado de trabalho (chavão normalmente usado para mascarar o objetivo de descida dos custos do fator trabalho para as empresas, conseguido principalmente pela via da redução dos salários), pela reforma do sistema de pensões, pela privatização de empresas públicas, e pela venda de participações públicas em empresas estratégicas, e pela tão falada reforma do Estado, cujo objetivo não é tanto torná-lo mais eficiente no cumprimento das suas funções fundamentais, mas normalmente um eufemismo utilizado para a redução do Estado Social nas suas diferentes vertentes.

O objetivo de tais políticas era restabelecer a confiança do sistema financeiro internacional no sentido de reduzir os custos de financiamento do governo e consequentemente das empresas, permitir o regresso aos mercados no que diz respeito à obtenção de financiamento público e privado, e causar uma redução da procura interna (pela via do consumo interno e do investimento) provocando um espécie de deflação voluntária – aquilo que ficou conhecido como *desvalorização interna*. Esta política permitiria supostamente aumentar a competitividade externa da nossa economia através da redução dos salários e da consequente redução dos preços (incluindo os dos bens transacionáveis), replicando de certa forma uma desvalorização cambial. Note-se, contudo, que diferentemente da desvalorização cambial, a desvalorização interna afeta apenas uma das

---

[22] Nas palavras do próprio ex-ministro das Finanças Vítor Gaspar proferidas a 3 de outubro de 2012.

[23] Ainda que o texto dos memorandos não refira explicitamente a palavra austeridade, a verdade é que a ideia está implícita nos programas de ajustamento da economia Portuguesa.

componentes do preço dos bens e serviços – os salários que representam apenas cerca de 30% dos custos do bens e serviços exportados, e faz cair a procura interna gerando desemprego, tendo, por isso, implicações graves do ponto de vista social.

A preferência pelo ajustamento do saldo orçamento pela via da despesa serve, também, o objetivo de redução da dimensão do Estado no sentido de deixar mais espaço para a iniciativa privada e dar supostamente mais confiança aos consumidores e investidores, em função da expectativa de que no futuro um Estado mais pequeno possibilitaria uma descida de impostos.

Esta *receita* de política económica revelou-se muito similar aos programas de ajustamento económico falhados impostos pelo FMI nos países em vias de desenvolvimento que enfrentaram crises bancárias e cambiais graves nos últimos 30 anos.[24] As medidas *standard* impostas pelo FMI, e suportadas pelo Tesouro dos Estados Unidos da América e pelo Banco Mundial, que incluem estabilização macroeconómica, desregulação financeira, abertura económica e expansão da economia pela via de privatizações, ficaram conhecidas pelo chamado *consenso de Washington* – termo introduzido pelo economista John Williamson em 1989. Importa, no entanto, notar uma diferença fundamental; nunca medidas de austeridade deste tipo foram aplicadas ao mesmo tempo em vários países desenvolvidos, e sem a possibilidade de desvalorização da taxa de câmbio. O programa de ajustamento imposto pela *Troika* a Portugal foi, ainda, extraordinariamente similar aos programas impostos à Grécia e à Irlanda, não obstante as distintas idiossincrasias dos países, e os diferentes mecanismos de propagação da crise económica e financeira iniciada nos Estados Unidos da América em agosto de 2007.

Assim, desde pelo menos 2011 que os portugueses vivem num contexto de austeridade estrutural que ameaça perpetuar-se.

Este livro pretende mostrar de um modo fundamentado que as designadas políticas de austeridade, aplicadas durante uma depressão[25] ou

---

[24] Ver Stiglitz (2002 e 2010).

[25] Adotamos aqui a distinção entre recessão e depressão económica considerada por Krugman (2014). Uma recessão define-se normalmente, de um ponto de vista técnico, como uma queda do PIB em dois trimestres consecutivos. Uma depressão é uma situação em que a economia está claramente e de um modo crónico abaixo da sua capacidade, sem uma tendência nem para a recuperação nem para o colapso, e em que a política monetária se torna ineficaz

INTRODUÇÃO

numa fase inicial da recuperação da economia, e sobretudo num contexto em que muitos países desenvolvidos as estão a aplicar ao mesmo tempo, têm um muito fraco apoio na teoria económica,[26] e nenhum suporte empírico, ao ponto de não ser possível encontrar nenhum país no mundo, em circunstâncias similares em que políticas deste tipo tenham tido sucesso.[27] Ao contrário, a austeridade cria invariavelmente ciclos viciosos e expirais recessivas, que tornam as crises mais severas, mais prolongadas, deixando cicatrizes irreversíveis na economia.[28] De facto,

> *"...**withdrawing fiscal stimulus too quickly in economies where output is already contracting can prolong their recessions without generating the expected fiscal saving** [nossa ênfase]. This is particularly true if the consolidation is centred around cuts to public expenditure — likely reflecting the fact that reductions in public spending have powerful effects on the consumption of financially-constrained agents in the economy — and if the size of the consolidation is large. Large consolidations make recessions more likely even when made at an expansion time. From a policy perspective this is especially relevant for periods of positive, though low growth. **Accordingly, frontloading consolidations during a recession seems to aggravate the costs of fiscal adjustment in terms of output loss, while it seems to greatly delay the reduction in the debt-to-GDP ratio—which, in turn, can exacerbate market sentiment in a sovereign at times of low confidence, defying fiscal austerity efforts altogether** [nossa ênfase]. Again this is even truer in the case of consolidations based prominently on cuts to public spending."*[29]

no relançamento do investimento. Em termos práticos, a depressão está associada à situação de armadilha de liquidez, estado em que a política monetária é ineficaz (ao contrário do que de passa numa recessão).

[26] Ao longo da história os argumentos para aplicação de medidas de austeridade tem sido assentes sobretudo em considerações morais e políticas, e menos na racionalidade económica (ver Schui, 2014).

[27] Ver Stiglitz (2013).

[28] Esta é a posição defendida por autores como Koo (2009), Quiggin (2010), Blyth (2013), Schui (2014), e pelos galardoados com o prémio Nobel da Economia Joseph Stiglitz (2010) e Paul Krugman (2012a).

[29] "... retirar os estímulos fiscais demasiado depressa em economias em que a produção já se está a contrair pode prolongar essas recessões sem gerar a esperada poupança fiscal. Isto é particularmente verdade se a consolidação se centrar em cortes na despesa pública – refletindo o facto de que reduções da despesa pública têm fortes efeitos no consumo de agentes financeiramente constrangidos – e se a dimensão da consolidação for grande. Grandes consolidações tornam as recessões mais prováveis mesmo quando são feitas em períodos de

Portanto, embora seja importante que o governo se comprometa com a estabilidade das contas públicas no futuro, isso não implica que deva reduzir o endividamento de uma forma agressiva durante uma recessão, agravando-a desta forma. Na verdade, a história mostra que a dívida pública não pode ser reduzida através de medidas de austeridade durante uma recessão.

A austeridade não tem, também, uma justificação política e moral evidente, sendo criadora de desigualdades económicas e causadora de sofrimento desnecessário e injusto nas populações.

Por estas razões, a noção de austeridade expansionista (entendida como a possibilidade dos cortes da despesa pública poderem ter efeitos expansionistas sobre a atividade económica) é errada e pode ser considerada "uma ideia perigosa."[30] Uma ideia que conduz a uma estratégia de retrocesso económico e civilizacional,[31] e que pode, inclusive, pôr em causa a própria democracia.[32]

1.3. A Atratividade das Políticas de Austeridade com Solução para a Crise

Não obstante a falta de consistência teórica e ausência de validade prática das políticas de austeridade como forma de resolução de crises como a que atravessamos, a austeridade tornou-se a abordagem dominante defendida pelos políticos, pelos *opinion-makers* e, curiosamente também, por uma parte da população que com ela sai amplamente prejudicada.

Uma explicação relaciona-se com o facto de as pessoas verem a economia em termos morais – há uma tendência (muito alimentada pela

---

expansão. De um ponto de vista de política económica isto é especialmente relevante para períodos de baixo crescimento. Consequentemente, consolidações à cabeça durante uma recessão parecem agravar os custos do ajustamento fiscal em termos de perda de produção, enquanto parecem atrasar grandemente a redução do rácio da dívida pública em relação ao PIB o que, consequentemente, pode exacerbar os sentimentos do mercado sobre a dívida soberana em tempos de baixa confiança, desafiando os esforços de austeridade fiscal. Mais uma vez, isto é sobretudo verdade no caso de consolidações baseadas proeminentemente em cortes na despesa pública." Battini *et al.* (2012, p. 32).

[30] Ver por exemplo Koo (2009), e Blyth (2013).

[31] Ver Nunes (2014, p. 134).

[32] Ver Cluny (2014).

comunicação social) para considerar as recessões como o resultado de excessos no passado (sobretudo no sector público) o que limita a aceitação de estímulos fiscais.[33] Na verdade a solução para a crise é de certa forma contraintuitiva, não sendo facilmente compreendida por não economistas. Como refere Lawrence Summers, entrevista à Reuters em 18 de outubro de 2011: *The central irony of financial crisis is that while it is caused by too much confidence, too much borrowing and lending and too much spending, it can only be resolved with more confidence, more borrowing and lending, and more spending.*"[34]

Não se pode também deixar de considerar que o poder de influência política e ideológica dos bancos (muitos deles resgatados) ajudou a colocar o problema dos défices públicos no topo da agenda política, numa tentativa de voltar a limitar o poder exercido pelo Estado sobre a economia.[35]

Assim, apesar da evidência de que não resulta, e do reconhecimento por parte do próprio FMI de que tais políticas poderão ter tido um efeito recessivo maior do que o esperado, impedindo a recuperação da economia, não há sinais de inversão.[36] A sobrevivência desta resposta de política económica, em face da esmagadora evidência ao longo dos tempos dos seus efeitos negativos, leva Jonh Quiggin a classificar a austeridade como uma ideia que não se consegue matar, sendo por isso uma "ideia *zombie!*"[37] As políticas de austeridade são uma terapêutica sem bases científicas, baseada num diagnóstico errado relativo às causas da nossa crise económica e financeira, equiparada por Paul Krugman aos tratamentos de sangrias através da utilização de sanguessugas aplicados às mais variadas doenças na Idade Media!

---

[33] Ver Mirowski (2013).

[34] "A grande ironia da crise financeira é a de que enquanto ela é causada por demasiada confiança, demasiados empréstimos e crédito e demasiada despesa, ela só pode ser resolvida ainda com mais confiança, mais empréstimos e crédito, e mais despesa." Lawrence Summers, entrevista à Reuters em 18 de outubro de 2011.

[35] Callinicos (2012).

[36] Não podemos por isso deixar de partilhar a ideia de José Reis (2014, p. 989) de que estamos perante uma ideia instrumental de reconfiguração social e política ao serviço de determinados interesses não revelados.

[37] Ver Jonhn Quiggin (2010). Mirowski (2013) oferece também uma extensiva explicação para o facto do dogma da austeridade expansionista não "morrer" mesmo depois da evidência proporcionada pela recente crise das dívidas soberanas na Zona Euro.

Uma outra justificação para o facto da ideia da austeridade expansionista não morrer definitivamente, e se ter transformado numa ideia *zombie*, está relacionada com a dificuldade de aplicação do método científico em economia, e em particular à dificuldade em conduzir experiencias controladas destinadas a verificar se um enunciado é verdadeiro. De facto, em economia a teoria diz que uma política x tem um resultado y *ceteres paribus* (isto é, tudo o resto constante). Ora na prática, considerando a complexidade dos sistemas económicos e dada a interação entre os diferentes agentes, é impossível controlar todos os fatores que podem determinar o resultado y e que não derivam da política x. Por essa razão, mesmo quando observamos o fracasso absoluto das políticas de austeridade nos diferentes países onde ela tem vindo a ser aplicada, pode-se sempre argumentar que para se produzirem efeitos benéficos é preciso ainda mais austeridade, ou prolongar a austeridade durante mais tempo, ou ainda dizer que a economia tem que se retrair no imediato, e que as pessoas têm que sofrer em prol de uma recuperação sustentada no futuro. Contudo, vale a pena invocar Friedrich Waismann, filósofo, físico e matemático austríaco, para lembrar que "se não houver meio possível de determinar se um enunciado é verdadeiro, esse enunciado não terá significado algum, pois o significado de um enunciado confunde-se com o método da sua verificação."[38] Ora como muito bem se compreende, os três enunciados mencionados atrás estão formulados de um tal maneira que não admitem o estabelecimento de uma experiencia que os possam testar. Não são por isso científicos, não passando de uma profissão de fé. Assim, em economia causalidade e intencionalidade são dois conceitos muito difíceis de provar. Como dizia J. M. Keynes; "*In economics you cannot convict your opponent of error, you can only convince him of it. And even if you are right you cannot convince him ... if his head is already filled with contrary notions.*"[39] Por esta razão, é muitas vezes difícil apresentar uma prova cabal e irrefutável de que as políticas de austeridade efetivamente não resultam.

De facto, a "ciência" económica tem um sério problema: a dificuldade de eliminação de ideias manifestamente erradas, devido à dificuldade de

---

[38] Waismann (1930), citado em Popper (1934, p. 41).
[39] "Em economia não se pode condenar o nosso oponente por errar, apenas se pode convencê-lo de que está errado. E mesmo que você esteja certo, não o pode convencer... se a cabeça dele estiver já cheia de ideias pré-concebidas."

INTRODUÇÃO

condução de experiencias controladas, o que abre a porta a enunciados não passíveis de serem testados através da experiencia. Isto leva os economistas, e por inerência os políticos a cometerem sistematicamente os mesmos erros. Por isso, o conhecimento em economia não avança como nas ciências chamadas de exatas. Paul Krugman refere, a propósito, que vivemos atualmente na idade das trevas do pensamento económico – o conhecimento (sobre como lidar com crises) foi descoberto com a revolução Keynesiana, e tal como aconteceu na Idade Média com as artes da civilização clássica, de certa forma perdido.[40]

Convém, no entanto, notar que a aproximação da economia às ciências naturais constitui parte do problema, não sendo só por si uma solução. De facto, a teoria neoclássica, que constitui o paradigma dominante em economia, nasceu de uma tentativa de imitação da física do século XIX, e o pensamento económico ortodoxo continuou a ser influenciado pela física durante todo o século XX.[41] Esta tendência de importação dos modelos da física acentuou-se partir da década de 80 com o desenvolvimento de modelos complexos para a estimação e diversificação do risco que acompanhou o incremento do mercado de produtos financeiros resultantes da securitização. "*... by the 1960s the neoclassical research program became helplessly locked into the physics of circa 1860, and persists in this predicament to the very present.*"[42]

O problema é que nesta tentativa de tornar a economia mais científica à imagem da física foram importados os modelos errados, o que conduziu a narrativas económicas baseadas em metáforas inadequadas. A teoria económica dominante descendeu da física newtoniana, no sentido em que a economia passou a ser vista como um mundo de partículas atómicas independentes (seres humanos) cujas ações e reações a conduziam para um estado de equilíbrio estacionário. A economia é, por isso, vista como possuindo uma força gravitacional que a impele para um estado de equilíbrio.[43]

Esta influência está patente no modelo macroeconómico atualmente dominante designado de modelo estocástico dinâmico de equilíbrio

---

[40] Krugman (2012a, p. 92).

[41] Ver Mirowski (1989), e Ormerod (1994).

[42] "... pelos anos 1960 o programa de investigação neoclássico tornou-se definitivamente preso na física de cerca de 1860, e permanece nesta situação até ao presente." (Mirowski, 1989).

[43] Ver Skidelsky (2009).

geral. Este modelo assume pressupostos de tal forma simplistas que o tornam praticamente irrelevante em situações de crise, nomeadamente: *i*) os sectores económicos são representados por um único agente – o agente representativo, o que implica que não se têm em conta as interações entre os diversos agentes económico; *ii*) os agentes têm expectativas racionais no sentido em que não só aprendem com os erros na formação das expectativas, como também acabam por compreender o verdadeiro modelo que determina o comportamento da economia e usam-no na formação das expectativas; *iii*) a economia tende, no longo prazo, para uma situação de equilíbrio que é independente da política macroeconómica; *iv*) os mercados financeiros são eficientes. A assunção destes pressupostos com pouca aderência à realidade leva a que estes modelos, amplamente usados pelos Bancos Centrais antes da crise, não prevejam a existência de desemprego involuntário, crises financeiras, ou até a possibilidade de uma crise sistémica global como esteve prestes a acontecer em setembro de 2008. São, por isso, modelos usados em experiências de teoria pura, mas revelam-se um instrumento insatisfatório para a compreensão de como a economia realmente funciona.[44] Como pergunta de forma retórica James Galbraith "qual é o valor de uma descrição coerente de um mundo de fantasia?"[45]

É, por isso, necessário perceber quais são os modelos económicos adequados a cada situação particular. Um determinado modelo não explica tudo e não explica sempre.[46] Os modelos estocásticos dinâmicos de equilíbrio geral não são adequados para as situações de economia de depressão. Por essa razão não devem ser usados para justificar a não intervenção do governo na economia nessas situações.

Uma outra importante dificuldade em economia diz respeito ao conceito de longo prazo. Dizem os defensores da austeridade e os economistas mais liberais que os mercados se ajustam no longo prazo, e que a austeridade acabara por produzir efeitos benéficos. Mas quando é o longo prazo? Os autores de pendor Keynesiano enfatizam o lento processo de ajustamento para uma suposta situação de equilíbrio de longo prazo. Para estes economistas, o longo prazo acontece num futuro demasiado longínquo para interessar. Já para os autores de inspiração

---

[44] Ver Ormerod (1994) e Davidson (2007).
[45] Galbraith (2014, p. 69).
[46] Skidelsky e Wigström (2010).

neoclássica, desde que o Estado não intervenha distorcendo o funcionamento do mecanismo de mercado, a economia real acabará por funcionar como nos seus modelos de equilíbrio geral, e ajustar-se-á rapidamente.

A verdade é que não abundam os estudos económicos que possam esclarecer cabalmente esta questão. A microeconomia, por exemplo, usa um artifício – longo prazo acontece quando todos os fatores de produção se podem ajustar. Mas este "truque" é de pouca utilidade para o nosso propósito porque não nos dá uma dimensão temporal. Milton Friedman, por exemplo, argumenta que uma política monetária expansionista pode originar no futuro uma taxa de juro mais alta do que a inicial, contrariando o propósito da autoridade monetária, mas refere que o período de tempo que demora a atingir-se o ponto de equilíbrio de longo prazo é longo, podendo chegar aos 20-30 anos.[47] Por seu turno, a experiencia recente do Japão mostra que um país pode cair naquilo que os economistas designam de armadilha de liquidez[48] e ficar estagnado durante cerca de 20 anos (entre 1991 e 2010), após o colapso do mercado imobiliário no início dos anos 90 do século passado. Carmem Reinhart e Kenneth Rogoff verificaram, ainda, que na sequência de uma crise financeira severa (no pós Segunda Guerra Mundial) que, em média, o desemprego aumenta 7 pontos percentuais durante a recessão que se segue, e que esta dura em média mais do que 4,8 anos.[49] Note-se que esta não é uma crise similar à média, pelo que em função deste valor de referencia de 4,8 anos se pode fazer uma ideia do tempo que a economia se demora de facto a ajustar.

O processo de ajustamento das economias na sequência de crises é normalmente lento, causa sofrimento no curto prazo e afeta permanentemente o potencial da economia no longo prazo através de mecanismos de histerese – termo técnico que se relaciona com a possibilidade de

---

[47] Friedman (1968) refere, ainda, que o período de ajustamento é mais lento para as taxas de juro de longo prazo do que para as taxas de juro de curto prazo, e que o período de ajustamento depende da rapidez com que as pessoas alteram as suas expectativas relativamente à subida de preços.

[48] Armadilha de liquidez ocorre quando a taxa de juro nominal se aproxima de zero e a autoridade monetária deixa de conseguir estimular a atividade economia usando os instrumentos tradicionais da política monetária.

[49] Reinhart e Rogoff (2009, p. 225).

efeitos transitórios (por exemplo crises conjunturais) terem efeitos permanentes na economia.

Em face da falta de corroboração das teorias de austeridade, não parece avisado, para não dizer justo, impor um sofrimento às pessoas no curto prazo em prol de benefícios futuros não verificados pela ciência económica. Como muito bem disse Tony Judt (conhecido historiador social-democrata inglês falecido em 2010): "*It is one thing to say I am willing to suffer now for an unknowable but possible better future. It is quite another to authorize the suffering of others in the name of that unverifiable hypothesis. This, in my view, is the intellectual sin of the country: passing judgement on the fate of others in the name of their future as you see it, a future in which you may have no investment, but concerning which you claim exclusive and perfect information.*"[50] Vale a pena lembrar que os políticos que o fazem não podem ser apelidados de corajosos. Citando ainda Tony Judt: "Os Pobres votam em número muito menor do que todos os outros. Não há por isso grande risco político em penalizá-los: qual é a 'dificuldade' dessas escolhas? Hoje em dia ficamos orgulhosos ao ser suficientemente duros para infligir dor nos outros. Se ainda vigorasse um costume antigo, pelo qual ser duro consistia em suportar a dor, e não em impô-la, talvez devêssemos pensar duas vezes antes de preferir com tanta insensibilidade a [suposta] eficiência à compaixão."[51]

É certo que após a aplicação de tímidas políticas orçamentais expansionistas nos países da União Europeia (UE), assim como nos E.U.A. em 2009 e 2010 como resposta inicial à crise financeira que se iniciou em agosto de 2007, e em face dos fracos resultados em termos contenção da queda do crescimento económico, a par de um aumento substancial dos défices e da dívida pública, várias vozes se levantaram para dizer que o estímulo foi pequeno e aplicado durante um curto espaço de tempo. A verdade é que, também aqui, este enunciado é de difícil verificação através de uma experiencia que os possa corroborar ou invalidar.

---

[50] "Uma coisa é dizer eu esto disposto a sofrer agora por um futuro não observado possivelmente melhor. É uma coisa bem diferente autorizar o sofrimento de outros em nome dessa hipótese não verificável. Isto, na minha opinião, é o pecado intelectual do país. Aprovar julgamento sobre o destino de outros em nome do seu futuro tal como você o vê, um futuro em que você não investirá, mas em relação ao qual reclama informação perfeita e exclusiva." Judt (2012, p. 91).

[51] Judt (2010, p. 49).

INTRODUÇÃO

Pretendemos, no entanto, recorrer à teoria económica, à evidência empírica existente, e à história, para mostrar que de facto foi exatamente assim, que a ideia da austeridade expansionista é errada e perigosa. E independentemente das condições políticas e da imposição da *Troika*, há que reconhecer que o que devia ter sido aplicado nos países em crise deveria ter sido uma política orçamental expansionista que suportasse a política monetária também expansionista que, apesar das hesitações e por vezes inflexões, acabou por ser seguida pelo BCE. Portanto, pelo menos no que diz respeito à política fiscal deveria se ter feito exatamente o contrário do que foi implementado.

Queremos também aqui deixar claro que não resulta aplicar políticas de austeridade tendentes ao ajustamento agressivo do défice orçamental, e tentar introduzir elementos favoráveis ao crescimento económico pela via das chamadas reformas estruturais, para possibilitar a recuperação da economia. Ajustamento orçamental em situação de crise grave (e em especial numa situação de armadilha de liquidez), e crescimento não são compatíveis. No que respeita ao curto prazo até os teóricos da austeridade expansionista como Roberto Perotti o acabaram por reconhecer.[52] A única forma de sair da crise é adiar as medidas de ajustamento orçamental para o futuro (conceito de *backload austerity*), o que parece estar a ganhar adeptos, inclusive no seio do FMI, e dar prioridade ao restabelecimento da procura agregada.

1.4. Os Governantes Podiam Fazer Melhor

Para os defensores da austeridade não existe outra alternativa de política económica que não seja apelidada de demagógica. Estamos perante a versão moderna da TINA (*There Is No Alternative*), acrónico que ficou celebremente associado a Margaret Thatcher – primeira-ministra conservadora do Reino Unido (1979-1990).[53] A ausência de alternativa é justificada, por um lado, porque é uma imposição da *Troika* (dos credores) e, por outro lado, porque após um período de gastos excessivos

---

[52] Ver Perotti (2011).

[53] Margaret Thatcher usou esta expressão diversas vezes para expressar a sua convicção de que apesar dos problemas não existe alternativa ao capitalismo como sistema económico. A partir daí, este *slogan* tem sido usado em defesa dos mercados livres, do livre comércio internacional e da globalização.

não há alternativa ao ajustamento. Muitas vezes ouvimos dizer que *isso da política expansionista é muito bonito, mas de onde vem o dinheiro para gastar?* Ora em primeiro lugar, devemos reconhecer que as políticas de austeridade aplicadas em recessão são muito lesivas da economia tanto no curto como no longo prazo, independentemente das imposições externas. Uma má política é sempre uma má política quer possamos ou não escapar dela. Em segundo lugar, é nosso dever apresentar alternativas de política económica, exequíveis e alicerçadas na teoria económica. Este é o ponto de partida para influenciar positivamente o pensamento económico sobre o assunto e alterar o curso das políticas. É este o propósito deste livro.

É importante que se saiba que dispomos de recursos, de instrumentos e de conhecimento que nos teria permitido ultrapassar a crise muito mais rapidamente, sem causar tanto sofrimento às pessoas, e sem colocar em causa o potencial de crescimento da nossa economia. Longe de serem uma exceção, as crises acabam por ser a norma, não só nos países em vias de desenvolvimento como também nos países mais desenvolvidos. Como disse Himan Minsky no início da década de oitenta: *"The Great Depression of the 1930s was just a 'bigger and better' example of the hard times that occurred so frequently."*[54] E o mesmo se passou com a crise atual. A experiência histórica mostra que a combinação de uma crise do imobiliário com uma crise bancária origina normalmente uma crise económica profunda e duradoura.[55] Aliás *"... the events of 2008 would have been familiar to financial observers one hundred or even two hundred years ago, not only in how they unfolded but in how the world's central banks attempted to defuse them by servicing as a lender of last resort. The particulars of the crises differed from those of its predecessors, but in many ways it stuck to a familiar script, amply illustrating the old adage that while history rarely repeats itself, it often rhymes."*[56]

---

[54] "A Grande Depressão dos anos 1930 foi apenas um exemplo 'maior e melhor' dos tempos difíceis que ocorrem tão frequentemente." (Minsky, 1982, xi).

[55] Ver Reinhart e Rogoff (2009).

[56] "... os eventos de 2008 teriam sido familiares a observadores financeiros cem ou mesmo duzentos anos atrás, não só na forma como se desenrolaram mas como na forma como os bancos centrais do mundo tentaram resolvê-los atuando como um emprestador de último recurso. As particularidades da crise diferiram das suas predecessoras, mas de muitas formas ela segue um guião familiar, ilustrando amplamente o velho adagio de que enquanto a história não se repete, ela normalmente rima." (Roubini e Mihn, 2010, p. 8).

INTRODUÇÃO

Por isso, a surpresa sobre esta crise financeira é precisamente o facto de ela não ter sido antecipada na sua intensidade e extensão pela generalidade dos economistas, observadores, políticos e investidores.[57] Realmente, o primeiro grande erro dos governos e dos Bancos Centrais foi terem subestimado a dimensão e interconetividade da crise, e terem começado a agir tarde de mais.

Para sermos justos, alguns economistas ficaram conhecidos por terem emitido sinais de alarme antes do despoletar da crise em agosto de 2007. De entre eles destacam-se Nouriel Roubini, Raghuran Rajan e Robert Shiller (este último galardoado com o Prémio Nobel da Economia em 2013). Não obstante, o foco da chamada de atenção centrou-se nos desequilíbrios macroeconómicos, nos inadequados sistemas de compensação dos executivos que levam os gestores a assumirem demasiado risco, e na existência de uma bolha no mercado imobiliário dos E.U.A., respetivamente, estando todos eles longe de prever uma falha sistémica do sistema financeiro global. De referir, também, a existência de um pequeno grupo de investidores, cuja história é contada no interessante livro *The Big Short* de Michael Lewis[58] que, antecipando o rebentar da bolha no mercado imobiliário tentaram apostar contra o mercado através de estratégias de venda a descoberto[59] de ativos colateralizados por crédito hipotecário, e da compra de CDSs *naked*.[60]

Contudo, existiram (e continuam a existir apesar de alguns passos no sentido de criar mecanismos de resposta a crises financeiras com o

---

[57] Stiglitz (2010).

[58] Lewis (2010).

[59] Venda a descoberto envolve a venda de um ativo financeiro que um investidor não possui, e que o obtém através de um empréstimo. Quando um investidor vende um ativo a descoberto, espera poder comprar esse ativo numa data futura a um preço menor, pelo que a estratégia tem subjacente expectativas de descida do preço do ativo.

[60] Um CDS é um instrumento derivado de crédito negociado entre bancos, ou entre bancos e outros agentes institucionais como companhias de seguro, fundos de pensões, *hedge funds, etc.*, que transfere a exposição ao risco de um instrumento de crédito (tipicamente uma obrigação ou um empréstimo). O comprador do CDS adquire uma espécie de seguro contra a possibilidade de ocorrência de um evento de crédito. Na sua variante *naked*, o comprador do CDS não possuiu o instrumento de débito segurado, fazendo simplesmente uma aposta na falência da entidade emitente do instrumento de débito. O vendedor do CDS aposta em sentido contrário.

Mecanismo Europeu de Estabilidade), bloqueios institucionais e políticos que emanam da arquitetura da Zona Euro e que, sob pena de colocarem em causa a próprio euro, devem ser ultrapassados. Paul Krugman, aquando da sua visita a Portugal em fevereiro de 2012 para receber o doutoramento *honoris causa* pelas Universidades de Lisboa, Técnica e Nova, fala de uma "armadilha monetária."[61] Quer isto dizer que estamos perante uma situação em que permanecendo na Zona Euro iremos enfrentar uma austeridade perpetua, porque numa situação em que não existem transferências fiscais em situações de crise para os países em dificuldade e não sendo possível fazer uso da desvalorização cambial, a baixa competitividade da nossa economia leva à necessidade da descida dos salários e a um aumento do desemprego – aquilo a que se designa de desvalorização interna. Só que assim dificilmente poderemos crescer. Na verdade a desvalorização interna não funciona da mesma maneira da desvalorização cambial. A redução dos salários (que não poderão descer abaixo de zero) levará a economia a especializar-se ainda mais em sectores intensivos em mão de obra pouco qualificada, as tensões sociais agravar-se-ão, a 'fadiga da austeridade' aumentará, e a pressão para a saída do euro acentuar-se-á.

Contudo, a saída imediata e sem assistência financeira da moeda única, que aliás não está prevista na EU, acarreta riscos de tal forma elevados que, em princípio, não parece avisado ainda aconselhar o regresso ao escudo.[62] É, de facto, importante referir que alguns dos mecanismos que poderiam ser postos em prática no âmbito da Zona Euro (por exemplo, a monetização direta ou indireta limitada no tempo dos défices orçamentais) não funcionariam da mesma maneira se implementados por Portugal fora da moeda única, porque poderiam originar com facilidade um processo inflacionário e uma subida drástica das taxas de juro a que o Governo se poderia financiar, criando por sua vez incentivos para manter a monetização dos défices orçamentais, e originando assim um ciclo vicioso.

---

[61] Ideia partilhada por Lapavitsas *et al.* (2012), e Varoufakis (2016).
[62] Refira-se, no entanto, que um número crescente de economistas como o prémio Nobel Joseph Stiglitz e entre nós João Ferreira do Amaral defenda que nas atuais circunstancias e na ausência de perspetivas de mudanças institucionais na Zona Euro talvez fosse melhor Portugal começar a pensar em abandonar o Euro.

1.5. As Políticas de Austeridade como um Instrumento Pouco Liberal

É curioso notar, ainda, que embora as políticas de austeridade sejam defendidas por aqueles que têm uma perspetiva mais liberal da economia, elas afetam negativamente não só a economia mas também a própria ideia de liberdade de onde parecem brotar. É que ao contrário do que se possa supor, uma excessiva flexibilização do mercado de trabalho, e o consequente desmantelamento de determinadas instituições sociais que ao longo dos anos têm surgido naturalmente pela vontade dos povos, são não o resultado do funcionamento livre do mercado, mas antes requerem um intervencionismo constante do governo no sentido de moldar a sociedade a uma determinada forma de funcionamento supostamente eficiente. *"The starting point of neoliberalism is the admission, contrary to classical liberal doctrine, that their vision of the good society will triumph only if it becomes reconciled to the fact that the conditions for its existence must be constructed and will not come about 'naturally' in the absence of political effort and organisation. As Foucault presciently observed in 1978 'neoliberalism' should not be confused with the slogan 'laissez-faire' but on the contrary should be regarded as a call to vigilance, to activism, to perpetual intervention."*[63] Ironicamente, a teoria económica dominante de inspiração neoclássica com a sua perspetiva de como os mercados devem funcionar, acaba por proporcionar uma justificação intelectual para a intervenção do governo e das instituições internacionais na economia e na sociedade numa escala alargada. Se, na realidade, a economia não funcionar como prevê essa teoria económica, então é porque há uma falha de mercado que deve ser corrigida através da intervenção do governo para a tornar conforme a teoria. Ora, foi isso exatamente que foi feito em Portugal – o programa da *Troika* é um vasto plano de reengenharia social e económica amplamente intrusivo, e em certa medida limitativo do livre funcionamento do próprio mercado.

---

[63] "O ponto de partida do neoliberalismo é a admissão, contrária à doutrina liberal clássica, que a sua visão de uma boa sociedade triunfará apenas se se reconciliar com o facto de que as condições para a sua existência têm de ser construídas e não surgem 'naturalmente' na ausência de esforços políticos e organização. Tal como Foucault visionariamente observou em 1978 'neoliberalismo' não deve ser confundido com '*laissez-faire*' mas ao contrário deve ser visto como um apelo à vigilância, ao ativismo, e à intervenção perpétua." (Mirowski, 2013, p. 53).

AUSTERIDADE EXPANSIONISTA

Acresce que a ideia de que não há alternativa às políticas de austeridade, e classificar de demagógicas todas as tentativas de defesa de políticas alternativas, têm constituído, de facto, uma restrição à liberdade de expressão.

Quase três séculos de investigação e de publicações em economia, de conhecimento acumulado, permitem uma resposta muito mais eficaz. Esta crise e os mecanismos que a ela conduziram não são estranhos aos economistas, os resultados das diferentes políticas também não.[64] Como disse J. M. Keynes: *"But this long run is a misleading guide to current affairs. In the long run we are all dead. Economists set themselves too easy, too useless a task if in tempestuous seasons they can only tell us that when the storm is long past the ocean is flat again."*[65]

Assiste-se, também, a uma tentativa de regresso a um passado longínquo, onde se invoca uma situação de catástrofe económica permanente para justificar a suspensão do respeito pela constituição considerada por vezes como um entrave à recuperação da economia.[66] Situação que coloca em causa a conceção de Estado de Direito e naturalmente a própria democracia.

1.6. Soluções Alternativas

A solução para a crise passa pelo reconhecimento da importância dos instrumentos de gestão macroeconómica, nomeadamente a política monetária e a política fiscal. Estes instrumentos têm um impacto drástico na economia para o bem e para o mal, no curto prazo, sendo decisivos para a gestão do ciclo económico, e uma vez que os efeitos de curto prazo se perpetuam muitas vezes através de mecanismos de histerese, são também determinantes para o desempenho económico a longo prazo. São os instrumentos que se devem privilegiar para tirar a economia de uma depressão em detrimento da consolidação orçamental agressiva, e das designadas reformas estruturais tendentes a aumentar a produtividade

---

[64] Paul Krugman, por exemplo, publicou um livro em 2012 com o título "Acabem Com Esta Crise Já."

[65] "O longo prazo é um guia enganador para os assuntos correntes. No longo prazo, estaremos todos mortos. Os economistas assumem uma tarefa demasiado fácil, demasiado inútil se num período tempestuoso apenas nos podem dizer que o oceano voltará a ficar calmo quando a tempestade tiver passado." Keynes (1923, cap. 3).

[66] Ver Carlos (2014) e Cluny (2014).

e a expandir a oferta, mais adaptadas a uma situação em que a economia está próxima do pleno emprego. De facto, numa recessão, e especialmente numa depressão como aquela qpor que passamos, a oferta parece existir em todo lado, enquanto que a procura parece não existir em lado nenhum. As pessoas estão dispostas a trabalhar, a capacidade para produzir mantém-se inalterada, mas simplesmente as empresas não têm procura.[67]

Neste contexto, a descida das taxas de juro dificilmente fará aumentar significativamente a procura agregada pela via do investimento privado devido à inexistência de perspetivas de aumento das vendas por parte das empresas. Pelo mesmo motivo, a redução dos salários não leva à contratação de trabalhadores. Em situações de depressão, o investimento e o emprego dependem muito mais da expectativa de aumento da procura no futuro do que do preço do crédito ou do preço do fator trabalho. Por essa razão, medidas tendentes a flexibilizar o mercado de trabalho para permitir a redução dos salários, aumento do número de horas de trabalho por semana, redução do número de feriados, *etc.* não têm nenhuma utilidade para a retoma da economia. O problema está do lado da procura. Nestas circunstancias excecionais em que o sector privado não gasta o suficiente de modo a que a economia funcione próxima do pleno emprego dos fatores produtivos, é requerida uma ação compensatória da parte do governo. Numa crise grave a oferta não cria a sua própria procura, e o ajustamento para o pleno emprego é demasiado lento.

Esta situação ocorreu, também, nos Estados Unidos da América na Grande Depressão dos anos 30 do século passado, tal como muito bem documenta John Steinbeck no seu famoso romance de 1939, *As Vinhas da Ira*:

> "É bela a primavera na Califórnia. [...] A Califórnia inteira apressa-se a produzir e a fruta torna-se pesada. [...] Este ano é fecundo e abundante. As primeiras cerejas amadurecem. Um *cent* e meio a libra. Meu Deus! Mas a gente pode lá colhê-las por esse preço! [...] As ameixas purpúreas tornam-se doces e macias. Santo Deus! É impossível colhê-las. Secá-las e enxofrá-las. A gente não pode pagar salários, seja que salários for. [...] As peras fazem-se amarelas e macias. Cinco dólares a tonelada. Mas não pode ser... a gente não pode!

---

[67] Krugman (2012b).

[...] Depois vêm as uvas... Não se pode fazer bom vinho. O pessoal não pode comprar bom vinho. [...] A podridão alastra por todo o Estado e o cheiro doce torna-se uma grande preocupação nos campos. Os homens que sabem enxertar as árvores e tornar fecundas e fortes as sementes não encontram meios de deixarem a gente esfaimada comer os seus produtos. Homens que criaram novas frutas para o mundo não sabem criar um sistema pelo qual as tais frutas podem se comidas. [...] As operações praticadas nas raízes das vinhas e das árvores devem ser destruídas, para que sejam mantidos os preços elevados. É isto o mais triste, o mais amargo de tudo. Carradas de laranjas são atiradas para o chão. O pessoal vinha de milhas de distância para buscar as frutas, mas agora não lhes é permitido fazê-lo. Não iam comprar laranjas a vinte *cents* a dúzia, quando bastava pular do carro e apanhá-las do chão. Homens armados de mangueira derramam querosene por cima das laranjas e enfurecem-se contra o crime, contra o crime daquela gente que veio à procura das frutas. Um milhão de criaturas com fome, de criaturas que precisam de frutas... e o querosene derramado sobre as faldas das montanhas douradas. O Cheiro a podridão enche o país. Queimam café como combustível de navios. Queimam o milho para aquecer; [...]. Atiram batatas aos rios, colocam guardas ao longo das margens para evitar que o povo faminto intente pescá-las. Abatem porcos, enterram-nos e deixam a putrescência penetrar a terra. Há nisto tudo um crime, um crime que ultrapassa o entendimento humano. Há nisto uma tristeza, uma tristeza que o pranto não consegue simbolizar."

A economia neoclássica representada pelos seus modelos dinâmicos de equilíbrio geral, que não reconhecem a existência de crises, não oferece uma solução para o problema. A teoria neoclássica oferece uma boa descrição do funcionamento da economia em períodos normais, mas tem pouco a dizer em períodos de depressão. O governo deve agir como um *spender of last resort* acionando mecanismos de estímulo de tipo Keynesiano.

Da mesma forma que se passa com a dimensão do balanço do Banco Central que aumenta em circunstâncias de crise, consequência de um aumento da intervenção no sistema financeiro, também a dimensão do Governo e o seu nível de intervenção na economia deve variar em função do ciclo económico e nunca deve ser pro-cíclica. Por um lado, em situações de depressão o governo tem que se assumir como um tomador de risco de último recurso quando os mercados financeiros ameaçam colapsar.[68] Por outro lado, a existência dos chamados estabilizadores automáticos e o designado Estado Social permitem minimizar os efeitos sociais e económicos dos ciclos económicos através da estabilização da procura agregada. Por isso, a dimensão do Governo e a sua intervenção na economia deve ser encarada mais numa perspetiva instrumental e menos numa perspetiva ideológica; uma ideia há muito defendida por Keynes. O governo deve assumir a responsabilidade de manter a atividade económica a um nível próximo do pleno emprego de fatores produtivos. Ao contrário, as medidas de austeridade têm desvalorizado continuamente o papel das políticas macroeconómicas reduzindo, por consequência, os elementos de gestão anti-cíclica da economia.[69]

A este propósito vale a pena considerar a perspetiva de Nouriel Roubini:

> *"Paradoxically, making free markets function better, and enabling workers to be more flexible and mobile in global economy where 'creative destruction' will be the norm, requires more, not less, government. Government can use monetary policy and increased regulation to keep boons and busts from occurring. It can provide a broad social safety net to help make workers more productive and flexible. It can implement tax systems that will reduce inequalities of wealth and income. Finally, government will need to take a bigger role in more close coordinating their economic policies so as not to create the kind of imbalances that produce crisis in the first place. Crisis may be here to stay, but government can limit their incidence and severity."*[70]

---

[68] Stiglitz (2010).

[69] Não podemos pois deixar de partilhar a posição de Ascenso (2014, p. 571): "... é quando mais custa o Estado Social que ele mais falta faz. Pois é nesse momento que os indivíduos mais necessitam de apoio da comunidade para que possam continuar a fazer parte dela. O Estado Social em tempos de austeridade deve servir como garante da dignidade da pessoa humana, através da sua atuação positiva, como limite à intervenção do Estado."

[70] "Paradoxalmente, fazer com que os mercados funcionem melhor, e tornar os trabalhadores mais flexíveis e móveis na economia global onde a 'destruição criativa' será a norma, requer mais, não menos governo. O governo pode usar a política monetária e aumentar a regulação para evitar a ocorrência de expansões e recessões. Pode assegurar uma rede de segurança social alargada para manter os trabalhadores mais produtivos e flexíveis. Pode implementar sistemas fiscais que reduzirão as desigualdades de riqueza e de rendimento. Finalmente, o governo precisa de ter um novo papel na coordenação das suas políticas económicas para não criar os tipos de desequilíbrios que produziram a crise em primeira

De facto, a política orçamental em Portugal não foi, antes da crise, claramente anti-cíclica como devia. Mas há que reconhecer que desde a entrada de Portugal no euro, o país atravessou uma fase de estagnação económica até 2007, a que se seguiu uma crise profunda a partir daí.[71] Na verdade, o PIB *per capita* em termos reais cresceu em média apenas 0.33% entre 2000 e 2015 (0.71% entre 2000 e 2010 – ver Figura 1.1).[72] Esta situação é sobretudo problemática uma vez que o PIB *per capita* em vésperas da crise se situava em cerca de 65% da média da UE15.[73] O crescimento anémico da economia Portuguesa nos anos que precederam a crise acabou por se repercutir nas finanças públicas pela via do aumento da despesa com o Estado Social não completamente compensada pelo aumento dos impostos tornando muito difícil o ajustamento orçamental, e a constituição do tão necessário espaço fiscal,[74] o que comprometeu a possibilidade de se aplicar políticas fiscais expansionistas após 2008.

---

instância. A crise pode estar aqui para ficar, mas o governo pode limitar a sua incidência e severidade." (Roubini, 2010, p. 301)

[71] Ricardo Reis ("Soluções para Portugal: fazer mais com os portugueses") fala de um período de estagnação raro entre os países desenvolvidos só comparável ao que aconteceu na Grande Depressão nos Estados Unidos da América (embora sem um ponto mais baixo do ciclo tão pronunciado), ou à "década perdida" do Japão após a crise do mercado imobiliário nos finais da década de oitenta do século passado.

[72] Segundo dados do EUROSTAT.

[73] Segundo dados do INE referentes a 2006.

[74] Entendido como a margem de manobra no saldo orçamental do governo que lhe permite canalizar recursos para determinadas propósitos sem por em causa a sustentabilidade das finanças públicas, ou a estabilidade da economia.

INTRODUÇÃO

FIGURA 1.1. *Taxa de Crescimento do PIB Per Capita*

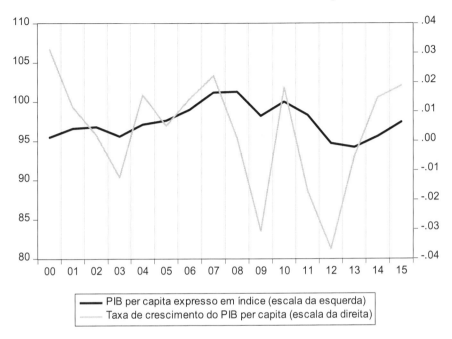

De qualquer forma é necessário reconhecer o erro colossal em termos de política económica que tem sido cometido pelos decisores das instituições da Zona Euro, e pelo FMI ao imporem um programa de ajustamento de verdadeira reengenharia económica e social, improvisado, mal concebido e experimentalista, que não ataca o problema estrutural fundamental dos desequilíbrios observados nas balanças correntes dos países, e que é contrário ao interesse Nacional. Devem, também, ser assacadas responsabilidades aos governantes dos países Europeus porque aceitaram acriticamente uma ideia perigosa, e implementaram, muitas vezes até para além do exigido, políticas agressivas de austeridade.

Este livro procurará mostrar que a reposta adequada em termos de política macroeconómica dos países periféricos da Zona Euros à crise financeira foi a contrária à que devia ter sido implementada. Nomeadamente: *i)* melhor teria sido adiar a consolidação orçamental e aplicar política fiscal expansionista à cabeça: *ii)* mesmo que se tivesse decidido pela consolidação orçamental em recessão, melhor teria sido fasear ou moderar os cortes na despesa pública e os aumentos de impostos; *iii)* se ainda assim nos impusessem uma consolidação com um ritmo mais rápido (como efetivamente se verificou) para minorar os efeitos negativos em termos de produto e de emprego, melhor teria sido privilegiar o aumento de impostos e não os cortes da despesa e, finalmente; *iv*) dentro do aumento dos impostos, melhor teria sido privilegiar o aumento dos impostos sobre as empresas, em detrimento do aumento dos impostos sobre o rendimento das pessoas e dos impostos indiretos.

Não admira, por isso, que as economias dos países periféricos da Zona Euro se tenham contraído entre duas a três vezes mais do que o esperado por este tipo de programas. Devemos, assim, começar por reconhecer que a economia pode entrar em colapso até a um ponto em que apenas a política monetária combinada com a política fiscal expansionista a pode resgatar. Realce-se, que nas atuais circunstâncias, os efeitos da política monetária são muito limitados com as economias dos países da Zona Euro numa situação de armadilha de liquidez, taxas de inflação muito baixas, e com taxas de juro nominais interbancárias negativas.[75]

1.7. A Lenta e Pouco Sustentada Recuperação da Economia Portuguesa

Apesar de alguns sectores da sociedade portuguese e inclusive alguns políticos estrangeiros terem exultado os resultados positivos do programa de ajustamento, os números não deixam margem para dúvida. Cerca de oito anos e meio após o início da crise financeira, Portugal continua numa situação difícil[76].

A Figura 1.2 mostra a dinâmica de alguns indicadores macroeconómicos para a economia portuguesa. Conforme se pode verificar, o PIB em termos reais continua abaixo do nível anterior à crise (Figura 1.2. *a.*), e apesar da trajetória se ter invertido em 2013, estamos muito longe de uma retoma completa e sustentada. A taxa de desemprego depois de ter atingido um máximo em 2011, começou a diminuir, mas muito lentamente, o que reflete os efeitos de persistência da recessão agravada pela aplicação das medidas de austeridade (ver Figura 1.2 *b.*). O problema

---

[75] No momento em que escrevemos (fevereiro de 2016) as taxas EURIBOR são negativas para todos os prazos.

[76] As considerações posteriores referem-se ao momento em que escrevemos – Dezembro de 2015.

do desemprego é especialmente grave nos jovens. Neste momento 1 em cada 3 jovens com idade compreendida entre e 25 anos encontra-se desempregado (ver Figura 1.2 *c.*). Note-se que, tal como chama a atenção o próprio FMI a taxa de desemprego pode não representar corretamente o grau de subutilização do fator trabalho. Segundo esta instituição se acrescentarmos à taxa de desemprego oficial os trabalhadores desencorajados, que não tendo emprego o deixaram de procurar ativamente, e o emprego a tempo parcial involuntário, a taxa de desemprego teria atingido os 20.5% em 2014 (e isto não contando com o efeito da emigração).[77] A crise e a estratégia de redução de procura interna (desvalorização interna) gerou um problema de falta de procura que se reflete numa taxa de inflação muito próxima de zero, e muito afastado do objetivo final de política monetária do BCE que é manter a taxa de inflação próxima de 2% no médio prazo (ver Figura 1.2. *d.*). Constata-se, também, que as políticas de austeridade não foram capazes de reduzir a dívida pública em percentagem do PIB. Na verdade, conforme se visualiza na Figura 1.2. *e.*) esse rácio subiu continuamente desde 2008 até ao presente. A baixa taxa de crescimento económico e a reduzida taxa de inflação vão tornar impossível a redução da dívida pública no curto/médio prazo, o que continuará a impedir o investimento público e a retoma.

Os indicadores da Figura 1.2 mostram que a economia Portuguesa entrou em colapso a partir de 2008 (depois de estar praticamente estagnada durante cerca de uma década[78]), bateu no fundo, e começou a recuperar, ainda que muito lentamente, a partir do momento em que a austeridade abrandou e o BCE começou a comprar dívida pública Portuguesa em maior escala ao abrigo do programa de *quantitative easing*.

Contudo, não se vislumbra, ainda, o regresso dos indicadores aos valores anteriores à crise. Os indicadores são compatíveis com a existência de uma depressão económica em Portugal, tal como ela é definida por Paul Krugman. Note-se, por exemplo, o excerto do discurso do presidente do BCE – Mario Draghi proferido a 20 de novembro de 2015 no Congresso Bancário Europeu em Frankfurt:

---

[77] Ver *IMF Country Report No.* 15/21 Portugal de Janeiro de 2015.

[78] Para a qual contribuíram as deficiências estruturais e os arranjos da moeda única que determinaram uma perda continua de competitividade externa de Portugal desde a adesão ao euro.

"First, the downside risks to our baseline scenario for the euro area economy have increased in recent months due to the deterioration of the external environment. The outlook for global demand, especially in emergent markets, has notably worsened, while uncertainty in financial markets has increased. Global growth this year will be the weakest since 2009. Second, even factoring in those headwinds, the strength of the underlying recovery is modest. Taking the Purchase Managers' Index, the present upswing which started in 2013 is the weakest euro area rebound since 1998. That is striking considering that we are in the early phase of a recovery, where one would expect to see a much more vigorous pickup. Deferred spending typically comes back on stream in a bulk way, aided by more favourable financing conditions."[79]

E o excerto do discurso aquando da sua participação no Conselho de Estado em Portugal em 7 de abril de 2016:[80]

"Não obstante, os sinais de retoma da área do euro e de Portugal não devem dar azo a comprazimento. **A área do euro como um todo apenas conseguiu regressar aos níveis de atividade económica registados antes da crise no ano passado e alguns países, entre eles Portugal, ainda não o conseguiram** [nossa ênfase]. As nossas economias apresentam ainda vulnerabilidades significativas, às quais é necessário dar rapidamente resposta. Um aspeto essencial, neste contexto, é o desemprego dos jovens, na medida em que impede que estes participem plena e significativamente na sociedade. É um facto que, apesar de ser a geração com o nível de educação mais elevado de sempre, os jovens de hoje estão a pagar um preço alto pela crise. **Em Portugal, mesmo agora, aproximadamente um terço da população ativa jovem continua sem ter emprego. Tal prejudica seriamente a economia, porque estes jovens, que estão dispostos a trabalhar mas não**

---

[79] "Primeiro, os riscos de descida ao nosso cenário base para a área do euro aumentaram nos últimos meses devido a uma deterioração do ambiente externo. A perspetiva para a procura global, especialmente nos mercados emergentes, piorou notavelmente, enquanto a incerteza nos mercados financeiros aumentou. O crescimento global este ano será o mais fraco desde 2009. Segundo, mesmo tendo em conta esses ventos contrários, a força da recuperação subjacente é modesta. Considerando o *Purchase Managers' Index*, a presente ascensão que começou em 2013 é a mais fraca recuperação desde 1998. Isso é surpreendente considerando que estamos na fase inicial de uma retoma, onde se espera ver uma muito maior aceleração. Os gastos diferidos retornam normalmente em massa como uma corrente, auxiliados por condições financeiras mais favoráveis."

[80] Ver o discurso completo em https://www.ecb.europa.eu/press/key/date/2016/html/sp160407_2.pt.html.

INTRODUÇÃO

encontram trabalho, estão a ser impedidos de desenvolver as suas competências. Para evitar criar uma "geração perdida", precisamos de agir com rapidez. [nossa ênfase] "

E esta é também a opinião dos *mercados*. Apesar dos juros da dívida pública Portuguesa terem descido para mínimos históricos (Ver Figura 1.2. *g.*), isso não se deve aos méritos das políticas de austeridade, mas tão só à ação do BCE que tem comprado obrigações do tesouro dos Estados periféricos da Zona Euro numa grande escala. De facto, temos no presente taxas de juro historicamente baixas ao mesmo tempo que o nível de *rating* da dívida pública Portuguesa permanece em lixo (tecnicamente nível especulativo). O facto da notação de *rating* da dívida de longo prazo portuguesa ser BB+ estável (*S&P*); Ba1 estável (*Moody's* – ver Figura 1.1. *f.*); BB+ positivo (*Fitch*),[81] e ao mesmo tempo as taxas de juro implícitas nas obrigações do tesouro portuguesas serem baixas é demonstrativo de que a ação do BCE está a distorcer o normal funcionamento do mercado – desta feita num sentido positivo. Sem a ação do BCE os juros seriam muito elevados e a dívida pública portuguesa tal como a de outros países periféricos já deveria ter sido restruturada. O verdadeiro teste à solidez da retoma acontecerá quando o BCE começar a retirar progressivamente os estímulos monetários, com o fim do *quantitative easing*, e com o início da subida das taxas de juro de referência, como começou a fazer recentemente o *Federal Reserve* dos Estados Unidos da América (FED). Estamos, no entanto, ainda muito longe dessa situação. A economia Europeia e, em especial, a Portuguesa, vai continuar a precisar nos próximos tempo do 'suporte artificial' de vida proporcionado pelo BCE.

Finalmente, uma nota para a evolução da balança de transações correntes. Tem sido dito que o programa de ajustamento da economia portuguesa se revelou um sucesso ao nível da melhoria do saldo da balança corrente que, depois de registar um défice crónico, se torna positiva a partir de 2013, o que é especialmente notável num contexto em que não se podem efetuar desvalorizações cambiais. Note-se, porém, que apesar de se ter verificado um aumento do peso das exportações no PIB (de

---

[81] A única agência de *rating* relevante que atribuiu a Portugal um nível acima do nível especulativo (lixo na gíria dos mercados) é a agência canadiana DBRS.

cerca de 30% antes da crise para cerca de 40%) a melhoria do saldo da balança corrente deve-se muito à diminuição das importações que ocorreu na sequência da crise e das posteriores medidas de austeridade tendentes a operar uma desvalorização interna que deprimiu fortemente a procura, ao aumento das transferências unilaterais decorrentes da nova emigração, e ainda devido à diminuição do preço do petróleo (ver Figura 1.2. *h.*). Na verdade, ensina-se em disciplinas introdutórias de macroeconomia que o saldo da balança corrente é uma função negativa do rendimento.[82] Por isso, não é de admirar que o saldo da balança corrente aumente durante uma recessão. Este resultado observa-se em muitas economias menos desenvolvidas a braços com crises cambiais, sendo o resultado combinado da recessão com a desvalorização da taxa de câmbio. Por isso, infelizmente a melhoria do saldo da balança corrente deve ser vista mais como sintoma de uma crise económica, e menos com algo de muito positivo que decorra um aumento da competitividade da nossa economia. Estamos convencidos de que quando a taxa de crescimento aumentar os défices da balança corrente regressarão. Nenhum dos problemas de competitividade da economia portuguesa se resolvem com as tão faladas reformas estruturais impostas pelo memorando de entendimento assinado com a *Troika*. O problema principal prende-se com o perfil de especialização produtiva. A estrutura produtiva da economia portuguesa assenta em setores de baixa intensidade de conhecimento, de baixo valor acrescentado, e de procura externa pouco dinâmica, onde a concorrência das economias emergentes como a chinesa é intensa, e isto num contexto de uma taxa de câmbio demasiado elevada. Problemas que não se resolvem com reformas do mercado de trabalho nem com a reforma do sistema de justiça.[83]

---

[82] Isto acontece porque as importações dependem positivamente do rendimento doméstico, enquanto que as exportações são consideradas exógenas, ou seja dependem do rendimento externo (que não é afetado pelo rendimento interno, uma vez que a dimensão da nossa economia é pequena). Uma diminuição do rendimento doméstico origina, assim, uma diminuição das importações, e nenhum impacto sobre as exportações, levando a uma melhoria do saldo da balança comercial, sem que isso represente nada de positivo.

[83] Ver Mamede (2016).

INTRODUÇÃO

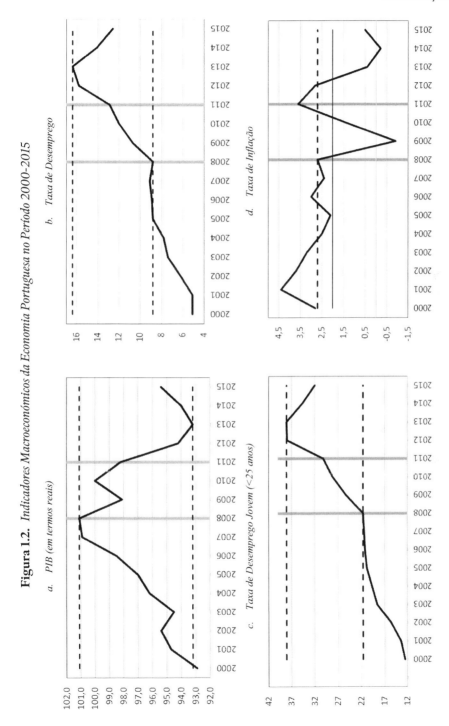

Figura 1.2. Indicadores Macroeconómicos da Economia Portuguesa no Período 2000-2015

a. PIB (em termos reais)
b. Taxa de Desemprego
c. Taxa de Desemprego Jovem (<25 anos)
d. Taxa de Inflação

39

AUSTERIDADE EXPANSIONISTA

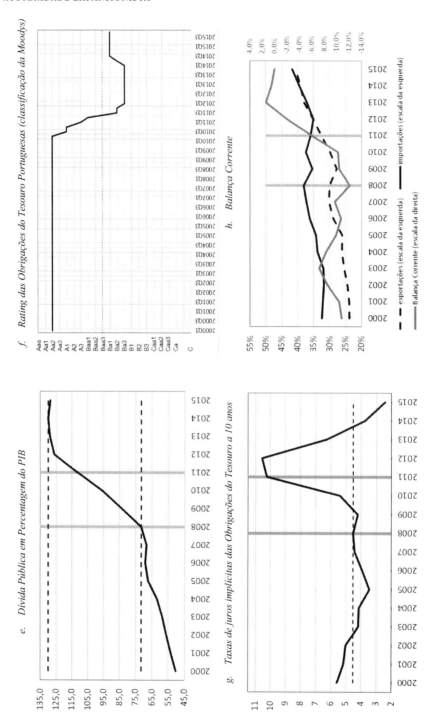

e. *Dívida Pública em Percentagem do PIB*

f. *Rating das Obrigações do Tesouro Portuguesas (classificação da Moodys)*

g. *Taxas de juros implícitas das Obrigações do Tesouro a 10 anos*

h. *Balança Corrente*

Exposto o rotundo fracasso do plano de ajustamento da economia Portuguesa no plano económico (para não falar nas consequências socais sobejamente conhecidas), o segundo passo seria o da tentativa de mudar ou, pelo menos, minimizar os efeitos destas políticas tão nefastas. Falta, por exemplo, aos países periféricos da Zona Euro, a braços com uma crise das dívidas soberanas, um posicionamento comum perante as instituições da U.E. As opções que se colocam são basicamente inverter as políticas de austeridade através da aplicação de um estímulo fiscal em larga escala, possivelmente combinado com um *quantitaive easing* declarado por parte do Banco Central (último bastião da política monetária), ou manter a austeridade, o que impedirá a retoma e afetará inclusive o potencial de crescimento da economia. Por isso, os países periféricos em seu benefício deveriam manifestar-se abertamente contra as políticas de austeridade.

Estrutura do Livro

O resto do livro está estruturado da seguinte forma: O capítulo 2 descreve criticamente os fundamentos económicos das políticas de austeridade acordadas com a *Troika*, enquadrando-as em experiencias históricas mais ou menos similares. Os capítulos 3 e 4 versam o impacto das políticas macroeconómicas e o seu papel na gestão cíclica da economia. O Capítulo 3 centra-se na política monetária, onde se expõe os princípios gerais de reação dos Bancos Centrais a crises financeiras, e as medidas convencionais e não convencionais aplicadas pelo BCE após agosto de 2007. Oferece-se, ainda, neste capítulo, uma panorâmica critica em relação à resposta do BCE. O Capítulo 4 aborda o impacto da política fiscal em recessão, organizando-se a discussão em torno do conceito do multiplicador fiscal. Analisa-se, também, neste capítulo as medidas de política fiscal adotadas como resposta à crise, com particular enfoque no que se passou em Portugal. O capítulo 5 explicita os canais através dos quais os efeitos negativos decorrentes das crises, agravados pelas medidas de austeridade, se podem perpetuar através de mecanismos de histerese. Será aqui fornecida evidência para a economia Portuguesa em suporte da possibilidade dos efeitos da austeridade se estenderem ao longo prazo. Finalmente, no capítulo 6 apresentam-se as alternativas às políticas de austeridade, enfatizando-se a questão do seu financiamento. Não discutimos a necessidade de aplicação de reformas estruturais.

AUSTERIDADE EXPANSIONISTA

Contudo, na situação atual em que a economia está, longe do pleno emprego dos fatores produtivos, a prioridade é a recuperação da procura. Apresentam-se, por isso, princípios de política económica que podem ser concretizados com medidas a serem aplicadas pela Zona Euro no seu conjunto, e medidas que podem ser tomadas por Portugal dentro da sua margem de manobra, para restabelecer a procura agregada. O Capítulo 7 apresenta as conclusões.

Capítulo 2
As Políticas de Austeridade

"For the past two years most policy makers in Europe and many politicians and pundits in America have been in thrall to a destructive economic doctrine. According to this doctrine, governments should respond to a severely depressed economy not the way the textbooks say they should — by spending more to offset falling private demand — but with fiscal austerity, slashing spending in an effort to balance their budgets."[84]

Paul Krugman (2012)

2.1. Os Fundamentos Económicos das Politicas de Austeridade

Austeridade é uma forma de deflação interna e voluntária que envolve cortes na despesa pública e aumento dos impostos com o objetivo de

---

[84] "Durante os últimos dois anos muitos executores de política na Europa e muitos políticos e especialistas na América têm sido escravos de uma doutrina económica destrutiva. De acordo com esta doutrina, os governos devem responder a uma economia severamente deprimida não da maneira que os manuais dizem que eles devem – gastando mais para compensar a procura privada em queda – mas com austeridade fiscal, cortando na despesa num esforço de equilíbrio dos seus orçamentos." Paul Krugman, *Death of A Fairy Tale. The New York Times*, April 26, 2012.

consolidar as contas públicas, e simultaneamente fazer aumentar a competitividade externa da economia através da redução de salários e de preços, e do aumento da confiança dos empresários que os levará a aumentar o investimento.

A questão que se coloca é: como é que estas medidas, adotadas num contexto de depressão económica, podem levar a uma recuperação da economia?

A ideia da austeridade expansionista é conhecida tecnicamente na literatura económica como a hipótese da existência de efeitos não-Keynesianos decorrentes da política fiscal. Esta ideia surgiu nos anos 80 do século passado quando o Conselho Alemão de Peritos Económicos, em resposta às elevadas taxas de juro e défices orçamentais, defendeu que o impacto dos défices na procura agregada é negativo, pelo que a consolidação orçamental seria a via para o crescimento económico. Esta visão, que acabaria por ter influência na definição dos critérios de convergência nominal emanados do Tratado de Maastricht, ficou conhecida como a "perspetiva alemã."

Argumentos modernos em favor da hipótese da austeridade expansionista inspirados neste relatório dos "peritos alemães" estão associados a uma franja de economistas italianos da Universidade de *Bocconi* em Milão, tais como Francesco Giavazzi, Marco Pagano, Alberto Alesina, Silvia Ardagna, Guido Tabellini e Roberto Perotti. Apesar desta ideia ter tido na sua génese um impacto relativamente marginal, a verdade é que serviu para alimentar as políticas de austeridade aplicadas por vários governos europeus sob a influência ou imposição do FMI, da Comissão Europeia e do Banco Central Europeu.[85]

Os teóricos da austeridade expansionista enfatizam os efeitos através dos designados canais do consumo e do investimento.

No que diz respeito ao canal do consumo aceitam que a condução de uma política fiscal restritiva com objetivos de consolidação orçamental tem um efeito direto negativo no consumo público e no consumo privado em virtude da diminuição do rendimento disponível, suscetível de

---

[85] Note-se, por exemplo, no documento apresentado por Alberto Alesina na reunião do ECOFIN de Madrid em abril de 2010: "Fiscal Adjustment: Lessons from Recent History," onde refere que não só as consolidações orçamentais podem ser expansionistas (se conseguidas com cortes na despesa e não com aumentos de impostos), como, ainda, que os governos que as aplicam não perdem necessariamente as eleições.

fazer diminuir a procura agregada. Consideram, porém, que existem três outros efeitos indiretos positivos sobre o consumo: *i*) o efeito expectativas; *ii*) o efeito riqueza; e *iii*) o efeito substituição, que são capazes de mais do que compensar o efeito direto negativo das consolidações orçamentais sobre o consumo.

Segundo o efeito expectativas, uma contração fiscal permanente cria expectativas de uma redução de impostos no futuro, uma vez que diminui a necessidade de consolidações orçamentais posteriores, levando a um aumento do rendimento permanente.[86]A perceção deste aumento, e a redução da incerteza sobre os impostos no futuro faz diminuir a poupança no presente, levando a um aumento do consumo corrente do sector privado.[87]

No que diz respeito ao efeito riqueza, uma consolidação orçamental reduz a probabilidade do Estado entrar em incumprimento ao nível da dívida pública fazendo baixar o prémio de risco associado às obrigações do governo e, consequentemente, as taxas de juro. A descida das taxas de juro leva a um aumento do valor dos ativos financeiros[88] fazendo aumentar a riqueza dos agentes. Este efeito, conjugado com o aumento do custo de oportunidade da constituição de poupanças devido à descida das taxas de juro, é suscetível de fazer aumentar o consumo no presente.[89]

O efeito substituição relaciona-se com a substituição de consumo público por consumo privado. Se os consumidores valorizarem determinados serviços sociais, como educação, saúde ou cultura, que deixam de ser fornecidos pelo sector público na sequência das medidas de austeridade, isso provocará um aumento da despesa privada por este tipo de serviços, e um aumento da sua oferta por parte de agentes privados em condições de suposta maior eficiência.

Relativamente ao canal do investimento, as medidas de austeridade podem ter um impacto positivo através dos efeitos pela via das taxas de juro e pela via do mercado de trabalho. Assim, tal como no caso do consumo, a diminuição das necessidades de financiamento do Estado na

---

[86] Rendimento de longo prazo, ou seja, o rendimento expurgado de influências transitórias.

[87] Ver Feldstein (1980, 1982).

[88] Dado que o valor (ou preço teórico) de uma ativo financeiro é igual ao fluxo de rendimentos futuros proporcionados atualizados para o presente a uma dada taxa de juro, existe uma relação negative entre as taxas de juro e o preço dos ativos.

[89] Ver Blanchard (1990), McDermott e Wescott (1996), e Sutherland (1997).

sequência das medidas de consolidação orçamental causa uma diminuição do prémio de risco de não cumprimento associado às obrigações do governo fazendo baixar as taxas de juro e incentivando o investimento.[90] Ao nível dos efeitos sobre o mercado de trabalho, as consolidações orçamentais efetuadas do lado da despesa, envolvendo, por exemplo, cortes nos salários e no emprego público, reduzem as pressões para o aumento dos salários reais no sector privado, o que permite aumentar a competitividade, o emprego, e o crescimento económico.[91]

Para esta perspetiva, a probabilidade dos efeitos positivos indiretos das medidas de austeridade mais do que compensarem os efeitos diretos negativos depende do seguinte conjunto de fatores:

i. Da composição do ajustamento orçamental: as consolidações efetuadas do lado da despesa (implementadas através de cortes nos salários das Administrações públicas, nas transferência e nas prestações sociais) são mais bem-sucedidas.[92]

ii. Do estado inicial das finanças públicas: quanto maior o défice e/ou a dívida pública em percentagem do PIB maior probabilidade da política fiscal ter efeitos não-Keynesianos.[93] Isto acontece porque quanto maior o défice público menor a possibilidade dos consumidores transferirem os custos de financiamento do défice para as gerações futuras.

iii. Da dimensão e da persistência do ajustamento orçamental:[94] Ajustamentos de maior dimensão, credíveis, e mantidos durante mais tempo, têm uma maior probabilidade de serem bens sucedidos.

iv. Da inexistência de restrições de liquidez e dos mercados financeiros serem eficientes: os efeitos positivos das medidas de austeridade dependem da fração de famílias que em face de um aumento percebido do seu rendimento permanente consegue antecipar o consumo pela via de empréstimos bancários.

---

[90] Ver Alesina e Ardagna (1998).
[91] Ver Alesina e Perotti (1997), Alesina e Ardagna (1998), e Ardagna (2004).
[92] Ver Alesina e Perotti (1995) e Alesina e Ardagna (1998).
[93] Ver Perotti (1999), McDermott e Wescott (1996), e Sutherland (1997).
[94] Ver Feldstein (1982).

v. Do ajustamento orçamental ser acompanhado de medidas tendentes à liberalização do mercado de bens e serviços e do mercado de trabalho: reformas do lado da oferta e moderação no crescimento dos salários facilitam o ajustamento orçamental.

Finalmente, para os defensores da austeridade expansionista, a desvalorização da moeda pode minorar os efeitos negativos sobre o produto e o emprego no curto prazo, facilitando a consolidação orçamental mas não é o fator essencial.

O problema é que esta perspetiva teórica não se aplica numa economia deprimida. No que se refere ao curto prazo, embora Alberto Alesina tenha defendido na reunião do ECOFIN de Madrid em abril de 2010 perante os ministros das finanças europeus que os efeitos positivos da austeridade poderiam inclusive ocorrer no curto prazo, existe hoje consenso (mesmo dentro da generalidade dos defensores da austeridade expansionista) que os seus efeitos de curto prazo são recessivos.[95] Acresce que nas atuais circunstancias estão praticamente reunidos todos os elementos para que a austeridade não resulte de todo.[96]

Numa situação de depressão, os cortes da despesa pública não fazem aumentar a confiança dos consumidores e dos empresários, na verdade tornam as coisas ainda piores. Originam um novo choque negativo na procura agregada que faz diminuir a taxa de crescimento económico, aumentar as falências de empresas e o desemprego, e diminuir o rendimento disponível, o que acaba por se repercutir no aumento do incumprimento do pagamento das dívidas por parte das famílias e das empresas pressionando o sector bancário.[97] O aumento da taxa de desemprego, em particular, é um sinal de mau funcionamento da economia, e é uma das variáveis mais importantes no que diz respeito à incerteza sobre a evolução futura da economia. É evidente que a consolidação orçamental agressiva em depressão faz aumentar o desemprego e origina uma diminuição da confiança dos agentes económicos, ao mesmo tempo que aumenta a incerteza quanto aos seus rendimentos futuros. Mesmo concedendo que o efeito expectativas pudesse existir,

---

[95] Ver, por exemplo, IMF (2010), Guardo *et al.* (2011) e Perotti (2011).
[96] Ver por exemplo a posição de Perotti (2011) que foi um defensor inicial da possibilidade das consolidações orçamentais terem efeitos não Keynesianos.
[97] Ver Stiglitz (2013).

AUSTERIDADE EXPANSIONISTA

não é plausível que o efeito indireto positivo sobre o consumo decorrente de um aumento da perceção dos consumidores de aumento do seu rendimento permanente mais do que compensasse o efeito direto negativo sobre o consumo decorrente da diminuição do rendimento disponível. As pessoas simplesmente não se comportam como os agentes dos modelos da austeridade expansionista. Para a generalidade das pessoas, uma redução significativa do rendimento disponível, conjugada com uma menor possibilidade de acesso ao crédito bancário, simplesmente origina menor consumo e maior incerteza quanto às perspetivas futuras. A este propósito é interessante mencionar a perspetiva crítica de Paul Krugman, que se refere ao canal das expectativas como o efeito provocado pela 'fada da confiança'!

Não obstante a implausibilidade das medidas de consolidação orçamental terem um efeito positivo sobre a economia pela via da perceção que as pessoas possam ter do aumento do seu rendimento disponível devido à diminuição dos impostos no futuro, esta ideia errada foi largamente adotada pelas instituições europeias, como se percebe pelas palavras de Jean-Claude Trichet, anterior presidente do BCE em entrevista dada ao *Lib*ération em julho de 2010:

> *"It is an error to think that fiscal austerity is a threat to growth and job creation. At present, a major problem is the lack of confidence on the part of households, firms, savers and investors who feel that fiscal policies are not sound and sustainable. In a number of economies, it is the lack of confidence that poses a threat to the consolidation of the recovery. Economics embarking on austerity policies that lend credibility to their fiscal policy strengthen confidence, growth and job creation."*[98]

De facto, o problema é a falta de confiança, mas não na questão da sustentabilidade da política fiscal. A falta de confiança é, como qualquer pessoa de bom senso que não acredita em fadas percebe, provocada pelo desemprego e pela redução dos salários que afetam o rendimento dis-

---

[98] "É um erro pensar que a austeridade fiscal é uma ameaça ao crescimento e à criação de emprego. No presente, um grande problema é a falta de confiança da parte das famílias, empresas, aforradores e investidores que sentem que as políticas fiscais não são saudáveis e sustentáveis. Em várias economias, é a falta de confiança que constituiu uma ameaça à consolidação e à recuperação. Economias embarcando em políticas de austeridade que emprestam credibilidade às suas políticas fiscais fortalecem a confiança, o crescimento e a criação de emprego."

ponível das famílias, pela falta de procura que afeta as empresas, e pela incerteza quando à evolução futura destas variáveis. Estes problemas são o resultado do efeito direto da crise, agravado pelas medidas de austeridade.

Face, a estes tão 'retorcidos' argumentos teóricos em favor dos efeitos expansionistas das medidas de austeridade, claramente desafiadores do bom senso, não nos podemos deixar de lembrar de Michael Kalecki, economista Polaco, que em 1943 levanta a possibilidade da oposição à política de pleno emprego por parte do governo ter motivações mais políticas do que económicas, ao defender que a função social da doutrina das finanças públicas equilibradas é a de tornar o nível de emprego dependente do estado da confiança dos empresários:

"Under a laissez-faire system the level of employment depends to a great extent on the so-called state of confidence. If this deteriorates, private investment declines, which results in a fall of output and employment (both directly and through the secondary effect of the fall in incomes upon consumption and investment). This gives the capitalists a powerful indirect control over government policy: everything which may shake the state of confidence must be carefully avoided because it would cause an economic crisis. But once the government learns the trick of increasing employment by its own purchases, this powerful controlling device loses effectiveness. Hence budgets deficits necessary to carry out government intervention must be regard as perilous. The social function of the doctrine of 'sound finance' is to make the level of employment dependent on the state of confidence.
[...]
It is true that profits would be higher under a regime of full employment than they are on the average under laissez-faire;
[...]
But 'discipline in the factories' and 'political stability' are more appreciated than profits by business leaders, Their class instinct tells them that lasting full employment is unsound from their point of view, and that unemployment is an integral part of the 'normal' capitalist system."[99]

---

[99] "Sob um sistema de *laissez-faire* o nível de emprego depende em grande medida do chamado estado de confiança. Se ele se deteriora, o investimento privado reduz-se, o que origina uma queda do produto e do emprego (quer de uma forma direta quer através do efeito secundário da descida dos rendimentos sobre o consumo e investimento). Isto dá aos capitalistas um poderoso controlo indireto sobre a política do governo: tudo o que abalar o estado

Numa situação de depressão, a consolidação orçamental também não pode causar um efeito expansionista pela via do canal das taxas de juro. A taxa de juro de referência do BCE está neste momento em 0%[100] e as taxas de juro de mercado secundário implícitos nas obrigações do tesouro (as chamas *yields*) estão em mínimos históricos sem que isso provoque efeitos significativos sobre o investimento privado. Numa situação de depressão o investimento deixa de reagir ao preço do crédito (taxa de juro) e é muito mais dependente das expectativas dos agentes quando à evolução futura da procura.[101] Acresce que, em recessões provocadas pela deterioração dos balanços dos bancos e das empresas, na sequência de grandes descidas do preço de forma repentina de determinados ativos (como aconteceu na sequência da crise do mercado imobiliário de *sub-prime* nos Estados Unidos da América), as instituições procuram recompor os seus balanços, tentando pagar dívidas mesmo com taxas de juro a descer. Significa isto que há uma diminuição da procura de crédito associada à redução da oferta causada pela diminuição do valor das garantias apresentadas pelas empresas necessitadas de crédito. Ora neste contexto, não só as taxas de juro já estão historicamente baixas, como a sua descida não irá fazer relançar a economia pela via do investimento.[102]

de confiança deve ser cuidadosamente evitado porque pode causar uma crise económica. Mas quando o governo aprende o truque do aumento do emprego através das suas próprias compras, este poderoso dispositivo de controlo perde efetividade. Portanto os défices orçamentais necessários para suportar a intervenção do governo devem ser considerados perigosos. A função social da doutrina das 'finanças sólidas' é tornar o nível de emprego dependente do estado da confiança. [...] É verdade que os lucros devem ser maiores num regime de pleno emprego do que são em média sob *laissez-faire*; [...] Mas 'disciplina nas fábricas' e 'estabilidade política' são mais apreciadas do que os lucros pelos líderes empresariais. O seu instinto de classe diz-lhes que pleno emprego duradouro é inconsistente do seu ponto de vista, e que o desemprego é uma parte integral do 'normal' sistema capitalista." Kalecki (1943, p. 3).

[100] No momento em que escrevemos (janeiro de 2016), a taxa de juro das operações principais de refinanciamento é de 0.00%; a taxa de juro da facilidade permanente de cedência de liquidez é de 0.25 e; a taxa de juro da facilidade permanente de depósito é de -0.4%.

[101] Note-se que segundo o Inquérito de Conjuntura ao Investimento de outubro de 2015 do INE (p. 10), "para a maioria das empresas [portuguesas], o principal fator limitativo ao investimento continua a ser a deterioração das perspetivas de vendas (48,1% e 48,2% em 2015 e 2016, respetivamente), seguindo-se a incerteza sobre a rentabilidade dos investimentos (20,9% e 22,6%)." A taxa de juro aparece com principal fator limitativo do investimento apenas para 1.8% das empresas.

[102] Ver Koo (2009).

AS POLÍTICAS DE AUSTERIDADE

Assim, o que se verifica na realidade é uma perda de confiança dos agentes económicos na sequência das políticas de austeridade, que origina menos consumo e investimento e faz aumentar o desejo de poupar.

2.2. A Relação entre o Crescimento Económico e a Dívida Pública

Um outro argumento frequentemente apresentado para justificar as medidas de austeridade tendentes à consolidação das contas públicas é o de que existe uma relação de causalidade negativa, eventualmente não linear, entre a dívida pública em percentagem do PIB e a taxa de crescimento económico.

A justificação apresentada é o tradicional efeito de *crowding-out*. Para os defensores desta ideia, um aumento dos défices orçamentais, cuja acumulação leva a um aumento do rácio de dívida, tem subjacente um aumento da procura de fundos por parte do governo que os obtém do sector privado. O aumento da competição exercida pelo governo pela oferta de fundos origina um aumento das taxas de juro que causa uma diminuição do investimento privado levando a menores taxas de crescimento no futuro.

Alguns autores defendem, também, que a relação de causalidade é não linear. Ou seja, até um determinado limiar de dívida pública em percentagem do PIB a relação entre a dívida pública e o crescimento económico é moderada, mas uma vez atingido esse patamar, a dívida pública torna-se excessiva, condicionando drasticamente o crescimento económico. Nesta linha de pensamento destacou-se um artigo de dois académicos americanos, Carmen Reinhart e Kenneth Rogoff: "*Growth in a Time of Debt*" publicado em 2010 num suplemento da *American Economic Review*, não sujeito a revisão pelos pares.[103] Os autores concluem, baseando-se numa amostra de 20 países para o período entre 1946 e 2009, que quando a dívida pública em percentagem do PIB ultrapassa os 90%, a taxa real de crescimento económico torna-se, em média, negativa (cerca de -1%). Na Europa, com vários países a apresentarem rácios de dívida superiores a 90%, este artigo teve uma influência considerável na defesa das políticas de austeridade, sobretudo depois de Reinhart e

---

[103] Reinhart e Rogoff (2010).

AUSTERIDADE EXPANSIONISTA

Rogoff terem testemunhado na *National Commission on Fiscal Responsability and Reform* dos E.U.A. em 26 de maio de 2010.[104]

Contudo, apesar de empiricamente se observar uma correlação negativa entre a taxa de crescimento económico e o nível de endividamento público em percentagem do PIB, não está perfeitamente estabelecido que o sentido da causalidade seja do elevado endividamento público para o baixo crescimento económico.[105] Apesar de reconhecidamente existirem efeitos de causalidade nos dois sentidos, a análise dos dados mostra que o aumento muito significativo e abrupto do rácio de dívida pública em percentagem do PIB em vários países desenvolvidos em geral, e em Portugal em particular, deve ser encarado mais como um sintoma, ou como um efeito colateral, do que propriamente como uma causa da crise. Por isso é seguro afirmar que foi a crise financeira internacional que causou a crise das dívidas soberanas e não o contrário (com a exceção da Grécia),[106] em oposição ao que parece ser a posição das instituições europeias, tendo dado origem a um programa de ajustamento orçamental em detrimento de medidas que mantivessem a procura agregada – num claro erro de diagnóstico das causas da crise.

Por outro lado, em 2013, três economistas da Universidade de *Massachusetts Amherst*: Thomas Herndon, Michael Ash, e Robert Pollin publicaram um *working paper* em que expõem erros significativos no artigo de Reinhart e Rogoff, e que invalidam as suas conclusões sobre os efeitos de um rácio de dívida superior a 90%.[107] Na verdade, as conclusões de um artigo amplamente usado para justificar as políticas de austeridade tinham resultado de erros de codificação, exclusão seletiva de dados disponíveis, e ponderação não convencional das estatísticas. Estes autores verificaram que quando se corrigem estes erros, a taxa de crescimento média das economias com rácios de dívida superiores a 90% é de 2.2%, e não -0,1 como tinham concluído Reinhart e Rogoff. Assim, embora elevados níveis de endividamento em percentagem do PIB possam ser

---

[104] Em Portugal este artigo foi citado por Vítor Gaspar (então ministro das finanças), e por Carlos Costa (atual governador do Banco de Portugal) em defesa das medidas de consolidação orçamental.

[105] Ver Panizza e Presbitero (2013).

[106] Ver também Stiglitz (2013) e de King (2016).

[107] O *working paper* foi posteriormente publicado no *Cambridge Journal of Economics* – ver Herdon *et al.* (2014).

negativos, a verdade é que é hoje consensual que não existe um limiar a partir do qual a taxa de crescimento do PIB se reduz significativamente e que seja comum aos diferentes países.[108]

Note-se, também, que apesar de se ouvir que "uma dívida pública elevada representa um fardo inaceitável que deixamos aos nossos filhos," a verdade é que nenhuma geração será obrigada a suportar o encargo do reembolso da totalidade da dívida.[109] O crescimento económico que poderá ser relançado por um programa maciço de investimento público, deixará às gerações futuras uma economia mais competitiva, e ajudará a colocar a dívida pública em proporção do PIB numa trajetória sustentável. A dívida pública é, também, devida à necessidade de investimento nas gerações futuras.

2.3. A Dinâmica Recente da Dívida Pública

Do primeiro trimestre de 2000 até ao segundo trimestre de 2008, os dados mostram que o rácio da dívida pública em percentagem do PIB desceu na maior parte dos países da EU (ver Figuras 2.1 e 2.2). Esta tendência de descida resultou: *i*) da aplicação do Pacto de Estabilidade e Crescimentos que impõe que o défice público anual não possa exceder 3% em percentagem do PIB, e que a dívida pública em percentagem do PIB não possa ser superior a 60%; *ii*) do elevado crescimento económico (não se aplica a Portugal), nalguns casos alimentado por uma bolha no mercado do imobiliário e de crédito, como na Irlanda e Espanha, e *iii*) por baixas taxas de juro que mantiveram os custos com o serviço da dívida abaixo dos seus valores médios históricos.

---

[108] Ver, por exemplo, IMF (2012), Herdon *et al.* (2014) e Pescatori *et al.* (2014).
[109] O governo, deve, no entanto, zelar para o défice orçamental seja controlado nos períodos de expansão.

Figura 2.1. *Dívida Pública em Percentagem do PIB em Percentagem do PIB na União Europeia*

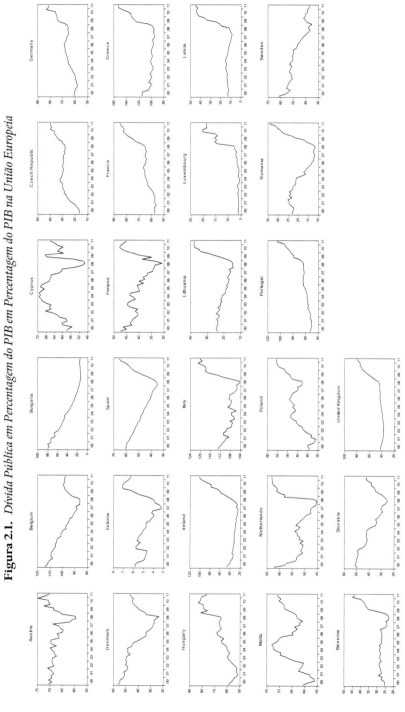

Fonte: *IMF – International Financial Statistics* (adaptado de Mota *et al.*, 2015)

AS POLÍTICAS DE AUSTERIDADE

Figura 2.2. *Valor Médio de Algumas Variáveis Macroeconómicas na União Europeia*

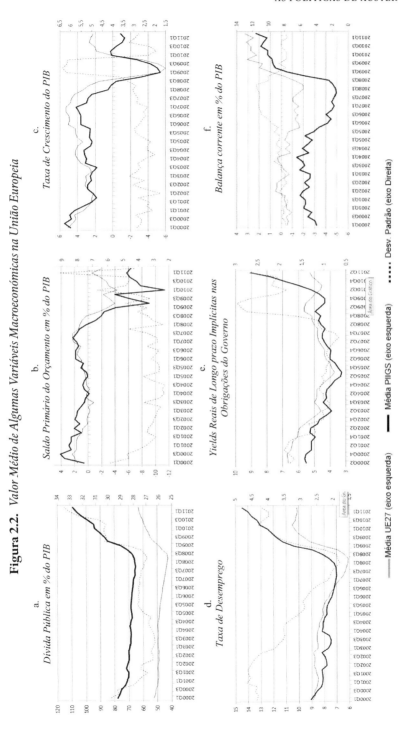

Fonte: *FMI – International Financial Statistics*

Apesar dos valores médios da dívida pública em percentagem do PIB serem mais elevados nos designados países periféricos da Zona Euro, Portugal, Irlanda, Itália, Grécia e Espanha (por vezes designados por PIIGS), evidenciaram também enquanto grupo uma tendência para a descida do rácio de dívida pública em termos do PIB até 2008 (ver Figura 2.2. a.).

De facto, verificou-se uma redução muito significativa da dívida em percentagem do PIB na Espanha, Irlanda e na Grécia (embora neste caso as contas estariam manipuladas), uma tendência decrescente com algumas oscilações na Itália, e uma tendência de estabilização em Portugal desde 2005 até ao eclodir da crise, após uma tendência de subida que vinha desde o ano 2000.

Acresce, que a subida repentina da dívida pública em percentagem do PIB no segundo trimestre de 2008 não foi um fenómeno limitado aos países periféricos da Zona Euro, mas antes um evento observado em muitos países da UE (ver Figura 2.1) e nos Estados Unidos da América. No período desde o segundo trimestre de 2008 até ao segundo trimestre de 2011, em média, a dívida pública na UE aumentou de 42.76% do PIB para 63,2%, enquanto o saldo primário do orçamento diminuiu de 0.89% para -2.12% (Ver Figura 2.2 b.).[110]

O aumento súbito e substancial da dívida pública em percentagem do PIB explica-se pelo abrandamento do crescimento económico e consequente aumento do desemprego na Europa na sequência da crise económica e financeira que teve início em agosto de 2007 (ver Figuras 2.2 c. e d.). A queda da taxa de crescimento económico a partir de do terceiro trimestre de 2007, e o aumento do desemprego que a acompanha provocou um efeito direto no rácio de dívida pelo impacto que teve no denominador (PIB), e pelo efeito indireto que teve no acumular de défices orçamentais (em crescimento) resultante da queda da receita tributária e do aumento da despesa. Este resultado não é, de facto, surpreendente. Carmen Reinhart e Kenneth Rogoff reportam que na sequência de crises financeiras graves ocorridas após a 2ª Guerra Mundial, a dívida em percentagem do PIB aumenta em média cerca de 86% nos três anos seguintes, sendo a queda da taxa de crescimento do PIB a sua principal

---

[110] Segundo dados do *FMI – International Financial Statistics.*

causa.[111] Os autores reforçam, ainda, que o efeito pela via da queda do PIB é de magnitude superior ao impacto no rácio de dívida causado pelo resgate dos bancos.

Vale a pena notar, também, que os valores médios da dívida em percentagem do PIB, do saldo orçamental primário em percentagem do PIB, da taxa de crescimento do PIB, e da taxa de desemprego entre os países periféricos e não periféricos é muito similar até 2010, e muito divergente a partir daí. E o mesmo acontece no que diz respeito à evolução das taxas de juro de longo prazo implícitas nas obrigações do tesouro (ver Figura 2.2 e.).

Assim, a dinâmica observada da dívida pública em percentagem do PIB após 2008 pode ser racionalizada de três formas: *i*) o produto da economia diminuiu mais rapidamente do que a dívida, de maneira que na presença de uma contração da economia, o governo não consegue baixar a dívida pública na mesma proporção da queda do PIB. Por isso, a queda da taxa de crescimento real da economia explica por que razão a dívida pública parecia ser sustentável no regime de crescimento económico mais elevado anterior à crise, e não sustentável no atual regime de baixo crescimento económico;[112] *ii*) a política fiscal discricionária executada no início da crise destinada a estimular o crescimento do PIB e a promover a recapitalização dos bancos contribuiu também para o aumento da dívida – aliás como refere Martin Wolf: "os passivos do sistema bancário são, na verdade dívida pública contingente: o sector bancário privatiza os ganhos e socializa os prejuízos, assim que os prejuízos se tornam bastante grandes"[113]; *iii*) a dinâmica da dívida foi ainda exacerbada pelo aumento das taxas de juro implícitas nas obrigações do tesouro (as *yields*), sobretudo nos países do Sul da Europa e na Irlanda, provocado por um aumento dos riscos percebidos pelos credores depois do eclodir da crise na Grécia, o que teve como efeito um aumento dos custos de financiamento do governos e das empresas

---

[111] Reinhart e Rogoff (2009). Note-se que no importante livro de 2009: *This Time if Different* (até ver isento de erros!), Carmem Reinhart e Kenneth Rogoff referem que o sentido da causalidade vai do crescimento para a dívida, enquanto que no polémico artigo de 2010, indiciam que o sentido da causalidade é o inverso, o que não deixa de ser curioso.

[112] Ver Easterly (2001).

[113] Wolf (2009).

originado um novo impulso recessivo no PIB.[114] Assim, a crise que levou à queda da taxa de crescimento do PIB despoletou mecanismos de co--causalidade (do PIB para o rácio de dívida e da dívida para o PIB, via aumento das taxas de juro) originado uma espiral recessiva.

Mas então coloca-se a questão: Por que razão a crise afetou os países periféricos da Zona Euro e poupou outros países com rácios de dívida pública em percentagem do PIB semelhantes? A resposta encontra-se nas fragilidades da arquitetura da Zona Euro.[115]

Uma importante deficiência relaciona-se com o facto dos países membros da Zona Euro emitirem dívida numa moeda que não controlam não dispondo de um Banco Central que de uma forma independente a possa comprar em mercado secundário mantendo as respetivas *yields* a um nível aceitável. Quando um país não controla a emissão da sua própria moeda, não existe a garantia de que haverá sempre fundos para pagar aos detentores de obrigações do governo. Por outro lado, não existem, também, suficientes e sustentáveis transferências fiscais entre os Estado-Membros para lidar com choques assimétricos numa zona que reconhecidamente não é uma área monetária ótima no sentido de Mundell.[116] Consequentemente, a dívida de um Estado não está garantida nem pelo Banco Central, nem pelos outros Estados. Sem estas garantias, os mercados de obrigações são propícios a terem crises de liquidez e a sofrerem efeitos de contágio, tal como aconteceu com a Irlanda, Portugal, Espanha e Itália. Assim, uma crise de confiança relativa à possibilidade de um país não cumprir com as suas obrigações enquanto devedor pode levar ao não cumprimento (mesmo que esse país tenha fundamentos económicos sólidos). Neste caso, as expectativas dos investidores autoconcretizam-se.[117] Por isso, um país pode tornar-se insolvente apenas porque os seus credores temem que esse país se torne insolvente![118] Acresce que, em tempos de grande incerteza, os investidores preferem ativos mais seguros e mais líquidos. Nestes casos, um país pode ficar preso numa armadilha de dívida, em que o aumento dos custos com o serviço da dívida devido ao aumento do prémio

[114] Ver, por exemplo, Dadush *et al.* (2010).
[115] Ver Mota *et al.* (2015).
[116] Ver Mundell (1961).
[117] Ver Obstfeld (1996).
[118] Ver De Grauwe (2012) e Krugman (2012a).

de risco, implica um aumento da probabilidade de falência, o que orgina um novo aumento do prémio de risco, e assim sucessivamente.[119]

Uma outra importante fragilidade é que não existem mecanismos na Zona Euro que evitem a acumulação de desequilíbrios macroeconómicos externos. O défice externo dos países periféricos da Zona Euro (a que corresponde um superávite da Alemanha) num contexto de contínua apreciação da taxa de câmbio real contribuiu para que os investidores tivessem dúvidas sobre a capacidade destes países para financiarem as políticas fiscais expansionistas necessárias para minorar os efeitos da crise financeira sem porem em risco a sustentabilidade das suas finanças públicas. A crise das dívidas soberanas na Zona Euro resulta, por isso, de os investidores perceberem que numa união monetária em que não existem transferências fiscais suficientes entre os Estados, e em que o Banco Central não atua como emprestador de último recurso para governos solventes, um país da dimensão da Alemanha não pode ter um saldo comercial sistematicamente superavitário sem levar à falência os seus parceiros comerciais.

De facto, de entre os fundamentos internos que podem ter contribuído para a crise das dívidas soberanas nos países da Zona Euro, o único que parece ter tido um papel importante foi a contínua perda de competitividade dos países periféricos (onde se inclui Portugal), pelo menos, desde a instauração do euro, o que levou à acumulação de défices da balança corrente, na ausência da possibilidade de desvalorização cambial.[120] Este problema não é, no entanto, de fácil resolução. A transformação estrutural de uma economia num curto espaço de tempo no sentido de gerar superávites da balança corrente é impossível. De facto, a melhoria recente do saldo da balança corrente acabou por ser conseguida sobretudo à custa da queda da procura interna que fez simultaneamente cair o rendimento e as importações.

Note-se, finalmente, que não é possível reduzir simultaneamente o défice público e o défice comercial através de medidas de desvalorização interna. A redução deliberada da procura interna, faz baixar o rendimento e logo as importações, o que contribui para uma melhoria do saldo da balança corrente, mas ao mesmo tempo a queda do rendimento

---

[119] Ver Calvo (1998).
[120] Ver Krugman (2012a) e Mota *et al.* (2015).

leva uma menor receita fiscal que dificulta a redução do défice orçamental. Os méritos da redução do défice da balança corrente só podem, por isso, ser exaltados quando o país está a crescer. Todos os economistas aprendem nas aulas de macroeconomia de nível introdutório, que a balança corrente relaciona-se negativamente com o rendimento no caso de uma pequena economia aberta. Portanto, não é de espantar que uma recessão provoque uma melhoria do saldo da balança de transações correntes. Isto não é nada de extraordinário; muito pelo contrário é um sintoma de redução da atividade económica.

2.4. Porque Falham as Políticas de Austeridade – As Lições da História

2.4.1. A Austeridade dos Anos 1920-1930

O sistema monetário internacional tem alternado nos últimos 150 anos entre regimes de câmbios mais ou menos fixos e regimes de câmbios mais ou menos flutuantes em função do confronto que em determinados momentos da história se estabelece entre as vantagens e desvantagens associados a uns e a outros. Assim, entre 1870 e 1914 tivemos a primeira experiência de câmbios fixos a nível global com o sistema de padrão-ouro. O sistema foi interrompido devido a I Guerra Mundial, tendo sido restabelecido entre 1922 e 1931. O padrão-ouro não sobreviveu à Grande Depressão, e entre 1931 e 1944 tivemos de novo câmbios flutuantes, a que se seguiu um regime de paridades ajustáveis – o sistema de *Bretton-Woods* – que vigorou entre 1944 e 1971. A partir de 1971 tem vigorado um regime de câmbios flutuantes entre as principais moedas mundiais, com tentativas regionais de estabilização do valor das moedas, como os exemplos na Europa da Serpente Monetária (1972-78), do Sistema Monetário Europeu (1979-1999), e do projeto de moeda única – o euro – a partir de 1999.

A história mostra-nos que os regimes de câmbios fixos não sobrevivem a crises económicas graves. Tal deve-se normalmente: *i*) à existência de efeitos assimétricos dessas crises, num contexto de ausência de transferências entre os países; *ii*) aos problemas de liquidez dos países com balanças correntes deficitárias, o que dificulta a intervenção no mercado cambial; *iii*) aos problemas resultantes do mecanismo de ajustamento da balança de pagamentos que origina desequilíbrios persistentes – países cronicamente superavitários, e países cronicamente deficitários que são obrigados à aplicação de rondas sucessivas de medidas de austeridade que acabam por levar à saída do sistema; e *iv*) aos problemas de confiança no sistema provocado por *ii*) e *iii*) que origina ataques especulativos.

Note-se que todos estes problemas estão presentes na arquitetura do euro, embora operando através de mecanismos diferentes.

O problema da austeridade em câmbios fixos

O sistema monetário internacional de padrão-ouro que vigorou entre 1870-1931, com um interregno durante a I Guerra Mundial assentava nas seguintes regras: *i*) as Autoridades Monetárias estabeleceram de uma vez por todas, o valor em ouro da respetiva moeda, o que permitiu estabelecer uma paridade central entre as moedas; *ii*) os países comprometiam-se a manter a livre circulação internacional do ouro; *iii*) as Autoridades Monetárias de cada país mantinha um vínculo estreito entre as respetivas reservas em ouro e a oferta de moeda.

O sistema assim desenhado limitava, pela ação dos arbitragistas, a flutuação da taxa de câmbio entre os países numa banda de flutuação determinada pelos custos dos movimentos internacionais do ouro (nomeadamente custos de transporte e seguros) e pelo lucro normal exigido pelos arbitragistas.

No âmbito de uma visão clássica dc funcionamento da economia, que considera que os preços e os salários são flexíveis na ausência da intervenção do governo, admitia-se que as balanças correntes dos países se podiam equilibrar através de um mecanismo de ajustamento automático que funcionaria pela via dos preços (o chamado mecanismo de ajustamento preço-espécie de David Hume). Assim, um país que tivesse um saldo positivo na sua balança corrente teria uma variação positiva das suas reservas em ouro dando origem a um aumento da quantidade de moeda em circulação. Esse aumento da quantidade de moeda levaria a um aumento dos preços (admitia-se constante a velocidade de circulação da moeda, e a inexistência de relação entre a quantidade de moeda e o rendimento real), o que faria diminuir a competitividade externa fazendo baixar o saldo positivo da balança corrente. Por outro lado, se um país tivesse um saldo negativo da balança corrente, a inerente variação negativa de reservas em ouro levaria a uma diminuição da quantidade de moeda em circulação, e a uma queda dos preços e dos salários fazendo aumentar a competitividade externa, até ao ponto em que a balança corrente se equilibrasse.

No entanto, na prática, verificou-se que os países superavitários neutralizavam o efeito da variação do aumento da quantidade de moeda sobre os preços, através de operações de absorção da liquidez interbancária (esterilização), que impediam o aumento da quantidade de moeda em circulação e logo o aumento dos preços, permitindo manter a balança corrente cronicamente superavitária. Neste contexto, o esforço do ajustamento passava a recair totalmente sobre os países deficitários. O facto dos preços e dos salários serem, na prática, relativamente rígidos, fazia com que a redução da quantidade de moeda em circulação nos países deficitários se traduzisse numa redução da procura e do rendimento real. Esta situação era exacerbada pela ação do Banco Central que subia normalmente as taxas de juro no sentido de evitar que um país com uma balança corrente cronicamente deficitária perdesse ouro continuamente. Este aumento das taxas de juro sujeitava o objetivo de equilíbrio interno (elevado nível de atividade e baixo desemprego) ao objetivo de equilíbrio externo (estabilidade da taxa de cambio).

O padrão-ouro tinha, portanto, uma tendência para gerar recessões nos países deficitários como forma de ajustamento do seu saldo da balança corrente, e a tentativa dos países voltarem ao sistema após a I Guerra Mundial, às paridades anteriores à Guerra, originou repetidas políticas de austeridade, que contribuíram, em última instância, para o desmoronamento do sistema em 1931. Na verdade, os países que abandonaram o sistema mais cedo conseguiram recuperar mais rapidamente.[121]

Por exemplo, a Inglaterra regressa ao padrão-ouro em 1925, pela mão de Winston Churchill (então ministro das finanças) à paridade anterior à guerra (£ 3:17:10), após cinco anos de políticas de austeridade destinadas a reduzir a inflação. O objetivo era manter a libra com moeda âncora do sistema evitando a desvalorização das responsabilidades na forma de ativos denominados em libras.[122] O resultado foi uma recessão

---

[121] Ver Blyth (2013), e Bernanke (2015).
[122] Esta medida teve forte oposição de J. M. Keynes (ver Keynes, 1931).

com a taxa de desemprego a atingir os 22%, e a necessidade de abandono do sistema em 1931.

A França regressou ao padrão-ouro em 1926, sendo um dos países que mais tarde abandonou o sistema (fê-lo apenas em 1936). Por isso prolongou por mais tempo as políticas de austeridade, que foram fortemente apoiadas pelo Banco Central. A consequência foi uma diminuição da produção industrial entre 1932 e 1936, e uma continuada diminuição da competitividade que originou um agravamento da balança de pagamentos e o prolongamento da depressão. Esta política de manutenção do valor do franco, a política de austeridade, e o veto do Banco de França ao aumento da despesa pública limitaram em última instancia a capacidade de mobilização das forças armadas francesas contra a Alemanha de Hitler.[123]

Na Alemanha, a partir de 1930, o governo liderado pelo Chanceler Brüning (1930-32) reage ao *crash* de 1929 aplicando políticas de austeridade implementadas através de grandes cortes na despesa, como reação à fuga de capitais, e com o objetivo de manter a Alemanha no sistema de padrão-ouro. Brüning deu, ainda, prioridade ao cumprimento das indeminizações de guerra impostas pelo Tratado de Versalhes. Esta decisão fez colapsar a economia alemã, causou um aumento drástico do desemprego, e abriu a porta ao partido NAZI, que apresentava um programa alternativo à austeridade assente no aumento da despesa, na criação de emprego e abandono do padrão-ouro. Como refere Richard Koo (2015, p. 57) não há nada pior do que um ditador malévolo a aplicar a política económica certa, especialmente quando à sua volta as democracias presas à ortodoxia não conseguiam aplicar políticas económicas corretas. "De facto, a questão que precisa de ser reconhecida é a de que rondas repetidas de política de austeridade, mais a intransigência ideológica dos sociais-democratas, ajudou muito mais a pôr Hitlter no poder do que qualquer recordação da inflação de uma década antes"[124]

Nos Estados Unidos da América, os efeitos das medidas de austeridade foram sempre Keynesianos, isto é, a economia contraiu-se sempre que foram aplicadas medidas de austeridade. Por exemplo, em 1931, em face de um aumento da despesa de cerca de um terço desde 1929,

---

[123] Ver Blyth (2013) e Holland (2015).
[124] Blyth (2013, p. 292).

e da expectativa de que os Estados Unidos da América poderiam seguir a Inglaterra e sair do padrão-ouro, que originou uma fuga de capitais e a subida das taxas de juro, o presidente Hoover aplica medidas de austeridade aumentando simultaneamente os impostos e reduzindo a despesa como forma de melhorar a confiança dos empresários e induzir o crescimento. Esta política de austeridade ajudou a transformar um défice orçamental relativamente pouco importante numa crise financeira que se transmitiu à economia real gerando a Grande Depressão. Também em 1937 depois do sucesso das medidas de estímulo no âmbito do *New Deal*, ajudadas pela saída do padrão-ouro em 1933, a Administração Roosevelt experimenta aplicar medidas de austeridade no sentido de reduzir o défice orçamental. A política monetária tornou-se, também, mais restritiva. Estas medidas originaram uma diminuição da atividade económica e um aumento do desemprego que durou 13 meses. A produção industrial caiu cerca de 30%, e a produção de bens duráveis diminuiu ainda mais. O rendimento disponível reduziu-se 15% em relação ao máximo atingido em 1937. Este episódio funciona como que uma experiência natural controlada, que permite verificar os efeitos das medidas de austeridade e o mau resultado da retirada prematura dos estímulos, porque foi deliberada, concentrada na despesa, e aconteceu na fase de expansão.[125] A austeridade foi rapidamente invertida e o crescimento voltou de imediato.

Assim, não há dúvida de que a austeridade que foi implementada no âmbito do restabelecimento do padrão-ouro ajudou a tornar a Depressão mais aguda e prolongada, tendo tido, também, um papel importante na emergência de um regime totalitário na Alemanha com consequências desastrosas. É por esta razão que Mark Blyth considera a austeridade uma ideia não só errada, como, também, perigosa: **"A austeridade não se limitou a falhar – ajudou a fazer explodir o mundo. É essa a definição de uma ideia perigosa** [nossa ênfase]."[126]

2.4.2. Os Exemplos dos Anos 1980-90

Atente-se agora aos exemplos mais recentes de aplicação de programas de austeridade, que costumam ser apontados como casos de sucesso pelos defensores da ideia da austeridade expansionista.

[125] Ver Blyth (2013).
[126] Blyth (2013, p. 303).

Dinamarca (1982-1986)

Em 1982 a economia Dinamarquesa entrou em recessão. A dívida pública aumentou rapidamente, passando de 29% do PIB no início dos anos oitenta para 65% no final de 1982, alimentada por elevadas taxas de juro (que chegaram a 22%), e grandes défices primários na ordem dos 3,1% do PIB, que resultaram, também, dos estímulos à procura introduzidos para minorar os efeitos da recessão no início dos anos 80 do século passado.

O novo governo eleito, que tomou posse em setembro de 1982, aplicou um programa de estabilização a médio prazo no sentido de reduzir o défice orçamental e aumentar a competitividade, que incluiu cortes da despesa de 2% do PIB e aumento de impostos de cerca de 1% do PIB em 1983 (incluído o congelamento dos subsídios de desemprego, o aumento dos impostos sobre as pensões, e um aumento das contribuições dos empregadores para a segurança social). Em 1984 a despesa caiu de novo 1.2% e os impostos aumentaram 1.5%. Em dezembro de 1985, na sequência de uma deterioração da balança comercial, o governo aplicou um novo pacote de medidas de austeridade, a que se seguiram outros em março e outubro de 1986. Os programas excluíam explicitamente a desvalorização cambial; a ideia era usar a estabilidade da taxa de câmbio da coroa dinamarquesa contra o marco alemão como âncora nominal. Privilegiaram-se, ainda, políticas de rendimentos para assegurar moderação no crescimento dos salários, usando a desvalorização interna como um substituto da desvalorização cambial.

Estas políticas foram acompanhadas por um aumento da taxa de crescimento económico (cerca de 3.6% em média no período 1983-1986), impulsionado pela procura interna. O consumo aumentou inicialmente, apesar da redução do rendimento disponível devido ao aumento dos impostos, observando-se, também, um significativo aumento do investimento. Para os defensores da teoria da austeridade expansionista, estes efeitos foram explicados pelas expectativas de aumento do rendimento permanente, e pelo aumento da riqueza, na forma de ativos financeiros, devido a diminuição das taxas de juro, que se seguiu à aplicação das medidas de austeridade.

É, no entanto, importante notar que o governo desvalorizou a coroa várias vezes entre 1979 e 1982, antes de fixar o seu valor em relação ao marco, o que levou a uma depreciação da taxa de câmbio efetiva de cerca de 15%, conduzindo a um aumento acumulado nas exportações de cerca de 25%. Neste período, a política cambial ajudou a tornar a recessão menos severa. Por outro lado, o período de expansão que acompanhou a aplicação das medidas de austeridade foi de curta duração. A Dinamarca começou rapidamente a perder competitividade, a balança corrente deteriorou-se, o consumo caiu durante três anos seguidos, o que limitou o crescimento por vários anos.[127] Por isso, o efeito inicialmente positivo no consumo não pode ter sido o resultado de uma alteração das expectativas dos consumidores. Antes, a Dinamarca exibiu o padrão *standard* de uma estabilização ajudada pela desvalorização da taxa de câmbio, mas que não foi sustentada, tendo culminado numa crise prolongada.

Irlanda (1987-1989)

Em 1981 as finanças públicas irlandesas estavam em muito má situação. A dívida em percentagem do PIB atingia cerca de 87%, e a balança corrente apresentava um défice de cerca de 10% do PIB. Entre 1982 e 1984, o governo aplica medidas de austeridade assentes no aumento de impostos que fizeram colapsar a procura interna, sem resultados positivos ao nível da consolidação orçamental. Em 1986 a dívida pública atingiu os 110% do PIB, na sequência da diminuição da atividade económica, e do aumento das prestações socias.

Em fevereiro de 1987, o novo governo eleito aplica de novo um drástico programa de consolidação, mas desta vez assente sobretudo na diminuição do consumo e do investimento do governo, que dura até 1989. Segundo dados do FMI os cortes da despesa cumulativos ascenderam a 3.1% do PIB entre 1987 e 1988, e os impostos aumentaram 0.5% do PIB. Esta política de consolidação foi precedida de uma significativa desvalorização da taxa de câmbio.

No primeiro ano da aplicação das políticas de austeridade o PIB cresceu cerca de 3.5% tendo a taxa de crescimento atingido os 8% em 1990. Contudo, o crescimento não derivou do aumento do consumo ou do investimento interno, explicado pelo canal das expectativas (a procura

---

[127] Ver Perotti (2011).

interna manteve-se baixa durante muito tempo), mas antes foi determinado pelo aumento das exportações, que cresceram cerca de 10% por ano entre 1997 e 1990. Na base deste crescimento (que aliás começou antes da aplicação das medidas de austeridade) esteve o crescimento dos mercados de exportação irlandeses, em particular o do Reino Unido, o aumento da competitividade causada pela desvalorização da taxa de câmbio em 1986, e a contenção salarial em 1987 e 1988. Para este crescimento contribuíram, também, as transferências da UE a título de fundos estruturais.

Finlândia (1992-1997)

No início dos anos 1990 a Finlândia sofreu uma severa recessão económica, com o PIB a cair em cerca de 14 pontos percentuais entre 1990 e 1993. De entre os fatores que contribuíram para esta crise contam-se: *i*) uma crise bancária que ocorreu na sequência da queda do preço dos ativos financeiros; *ii*) o desaparecimento da União Soviética; *iii*) a deterioração dos termos de troca; *iv*) a decisão de manter o valor da markka em relação ao ECU em face de ataques especulativos.

A recessão provocou uma deterioração das contas públicas. O saldo orçamental passou de um superávite de cerca de 7% do PIB em 1989 para um défice de 8% em 1993. No mesmo período, a dívida pública em percentagem do PIB quadruplicou, passando de 14% para 56% do PIB.

Em 1992 o governo aprova um programa de consolidação que, segundo dados do FMI, se traduziu em cortes cumulativos da despesa de 12.1% do PIB, e num aumento de 11.4% do saldo orçamental primário. Note-se, no entanto, que segundo Roberto Perotti[128] a consolidação orçamental foi muito mais modesta do que aquela que é apresentada pelo FMI (apenas cerca de 5%), e foi sobretudo determinada por um aumento da receita (cerca de 4% cumulativamente), e menos conseguida com cortes da despesa (1%).

Esta consolidação é feita num contexto de forte depreciação da taxa de câmbio. Entre novembro de 1991 e 1993 a taxa de câmbio nominal efetiva da markka depreciou-se em cerca de 25%, o que permitiu, a par do estabelecimento de dois acordos salariais centralizados (em 1992 e

---

[128] Ver Perotti (2011).

1993), um ganho de competitividade substancial. A recuperação assentou inicialmente no aumento das exportações, que exibiram um crescimento médio anual superior a 10% até ao ano 2000, enquanto todas as componentes da procura interna se afundaram inicialmente. Mais uma vez não se pode associar a recuperação ao aumento do consumo ou do investimento interno causados por a uma consolidação orçamental baseada em cortes da despesa através dois canais referidos na seção 2.1.

Suécia (1993-1998)

A liberalização financeira e os incentivos fiscais ao endividamento introduzidos após 1997 alimentaram um *boom* no consumo, e causaram uma bolha no mercado imobiliário. No início da década de 1990 a taxa de inflação desceu causando uma subida das taxas de juro reais que fizeram rebentar a bolha imobiliária originando uma crise bancária.

Em 1993 o desemprego subiu para 7.5%, e o saldo orçamental passou de um superávite de 3.2% do PIB em 1989, para um défice de cerca de 11.2% em 1993.

Na Suécia a consolidação dividiu-se em duas fases. Entre 1993 e 1994 as medidas fiscais restritivas repartiram-se de uma forma equitativa entre cortes da despesa e aumento de impostos, tendo originado uma melhoria de 3.4% no saldo orçamental. Entre 1994 e 1998, a consolidação foi conseguida sobretudo através do aumento de impostos. A consolidação cumulativa do défice orçamental primário nos dois períodos atingiu 4.5%.

Tal como a Finlândia, a Suécia aplicou medidas de consolidação das contas públicas em contexto de câmbios flutuantes após novembro de 1992, depois de uma considerável depreciação da coroa.

O resultado foi um desastre económico, social e financeiro. Em 1993, no primeiro ano da consolidação, a procura interna colapsou, o PIB caiu em 2%, o volume de emprego diminuiu em cerca de 450 000, as taxas de juro subiram para 5% originando uma queda dos preços das casas, e o governo teve de intervir para salvar o sistema financeiro, o que teve um custo de cerca de 5% do PIB.

A recuperação da economia ficou a dever-se à significativa depreciação da coroa que originou um crescimento das exportações em cerca de 8% ao ano, ajudado pela recuperação económica no exterior.

Japão (1997)

O Japão aplicou estímulos fiscais a seguir ao *crash* da bolha imobiliária que ocorreu no final dos anos 80 do século passado, e que em certas áreas se caracterizou por uma queda dos preços das casas na ordem dos 80%. Esta política fiscal expansionista foi uma dos mais bem-sucedidas políticas económicas da história porque apesar de economia se ter mantido praticamente estagnada durante cerca de 2 décadas, com o sector privado a desalavancar numa proporção de 6% do PIB, foi capaz de evitar uma recessão a seguir a um *crash* maciço do mercado imobiliário.[129]

No entanto, em 1997 o FMI e a OCDE recomendaram que o Japão reduzisse o seu défice orçamental, advogando que a redução dos gastos do governo não teria um impacto adverso substancial na economia. O Primeiro-Ministro Ryutaro Hashimoto aceitou a sugestão e implementou cortes na despesa e aumento de impostos no sentido da redução do défice orçamental num montante de 15 biliões de ienes. O resultado foi um colapso da economia que contraiu nos quatro trimestres posteriores. Gerou-se uma crise bancária, as receitas fiscais diminuíram apesar do aumento das taxas de imposto, e o valor do défice orçamental em vez de diminuir, aumentou em cerca de 72%.[130]

Desta análise dos episódios que ocorreram nos anos 80 e 90 do século passado, infere-se que as políticas contracionistas provocam contrações da economia, pela via da redução da procura interna que se torna persistente, a menos que os seus efeitos negativos sejam mais do que compensados pelo aumento da procura externa motivada pelo aumento do crescimento económico no exterior, por desvalorizações da taxa de câmbio,[131] e por políticas de rendimentos que, na presença de sindicatos cooperantes, consigam limitar o crescimento dos salários reais e da inflação, fazendo baixar as taxas de juro.[132] Ora, nenhuma destas condições se aplicam nas circunstâncias atuais dos países periféricos da Zona Euro. A deflação, ao contrário da inflação, é a maior preocupação do

---

[129] Ver Koo (2015).

[130] Ver Koo (2015).

[131] Por exemplo, quer a Irlanda quer a Dinamarca desvalorizaram a taxa de câmbio antes de estabilizar. Note-se, também, que com a exceção da Dinamarca, em todos os outros casos a expansão foi inicialmente potenciada pelas exportações (ver Blyth, 2013).

[132] Ver, por exemplo, Perotti (2011) e Blyth (2013).

AUSTERIDADE EXPANSIONISTA

BCE, as taxas de juro estão a níveis historicamente baixos, a desvalorização da taxa de câmbio não é opção, e o crescimento dos nossos parceiros comerciais é baixo. Estão, por isso, reunidas todas as condições para que os efeitos negativos das medidas de austeridade não possam ser mais do que compensados por fatores potenciadores do crescimento.

2.4.3. Os Exemplos dos Países de Leste Depois de 2007

A partir de 2008 os países bálticos (Letónia, Lituânia, e Estónia) aplicaram profundas medidas de austeridade num contexto de indexação das respetivas moedas ao euro. A Roménia e a Bulgária seguiram estes passos em 2009.

Depois de aderirem à EU os países bálticos experimentaram elevadas taxas de crescimento económico. Entre 2004 e 2007 a taxas de crescimento do PIB atingiram 10.3% na Letónia, 8.5% na Estónia, e 8.2% na Lituânia. Este crescimento foi, contudo, alicerçado em bolhas especulativas alimentadas por crédito barato oferecido por bancos estrangeiros canalizado para os sectores do imobiliário, construção, e serviços financeiros que cresceram de forma não sustentada. O resultado foi uma contínua perda de competitividade e um aumento do endividamento que tornou estes países muito vulneráveis à ocorrência de choques externos devido ao seu elevado grau de dependência de fluxos de capitais vindos do exterior.

Em 2008 os fluxos de capitais pararam de repente. Os bancos, na sua maioria detidos por estrangeiros, ameaçaram deixar estes países na sequência da queda da rentabilidade das suas operações. A consequência foi uma drástica queda da taxa de crescimento do PIB. Desde o pico até ao ponto mais baixo da recessão, o PIB nominal diminuiu 20.5% na Letónia, 19.8% na Estónia e 18.3% na Lituânia.

A resposta inicial destes países à crise consubstanciou-se na aplicação de estímulos fiscais em 2008, num contexto de manutenção da taxa de câmbio em relação ao euro. Posteriormente foi celebrado, em 2009, um acordo entre os bancos ocidentais, a *Troika*, e os governos da Roménia, Hungria e Lituânia que obrigava os bancos da Europa Ocidental a manter as suas operações nestes países, como contrapartida da aplicação de medidas de austeridade.

O sentido da política fiscal inverteu-se em 2009/20010 com a aplicação de medidas de austeridade que fizeram parte integrante de uma

AS POLÍTICAS DE AUSTERIDADE

estratégia de consolidação fiscal e de desvalorização interna que visava reduzir os salários e melhorar a competitividade pela via da redução dos preços.[133] A consolidação orçamental implicou medidas do lado da despesa (incluindo cortes dos salários dos funcionários públicos, cortes das pensões, e redução de benefícios de saúde), e medidas do lado da receita (incluindo o aumento generalizado dos impostos diretos e indiretos). Contudo, a importância relativa destas medidas evoluiu no tempo (ver Quadro 2.1). Na Letónia a consolidação começa pela via dos cortes na despesa em 2009, evoluindo para aumentos da receita em 2010. Na Lituânia o ajustamento entre 2009 e 2011 fez-se sobretudo com medidas do lado da despesa. Na Estónia o ajustamento em 2008 e 2009 centrou-se em medidas do lado da despesa, enquanto que em 2010 a austeridade se dividiu mais equitativamente por medidas do lado da despesa e medidas do lado receita.

Quadro 2.1: *Medidas de Consolidação Implementadas Pelos Países Bálticos (em % do BIP)*

Ano	Letónia		Lituânia		Estónia	
	Lado da Despesa	Lado da Receita	Lado da Despesa	Lado da Receita	Lado da Despesa	Lado da Receita
2008	0.5	0	0	0	2	0
2009	6.7	2.8	5.8	1.6	6.2	2.7
2010	1.9	2.1	3.7	?	1.6	1.3

Fonte: Kattel e Raudla (2012, p. 433)

As políticas de austeridade fizeram contrair a procura interna destas economias, afetando de sobremaneira as áreas da saúde, educação e proteção social. E, apesar destes países terem voltado a ter crescimento a partir de 2011 (e inclusive taxas mais elevadas do que a média europeia), esse crescimento foi derivado de condições particulares que não podem ser reproduzidas noutros países. De entre os fatores que contribuíram para a retoma do crescimento e para a diminuição da taxa de desemprego a partir de 2011 contam-se:[134] *i)* os fundos estruturais da EU; *ii)* a integração do setor exportador em redes europeias, nomeadamente com os países escandinavos que rapidamente recuperaram da crise, e com a

---

[133] Enquanto economistas como Paul Krugman, Kenneth Rogoff, e Nouriel Roubini defenderam antes uma estratégia de desvalorização cambial.
[134] Ver Kattel and Raudla (2013).

Polónia onde não chegou a haver uma crise; *iii*) a migração que levou a um decréscimo populacional, e a uma descida da taxa de desemprego.

Assim, o crescimento não resultou do aumento da confiança que tenha levado a um aumento do consumo e do investimento interno, não permitindo corroborar a hipótese da austeridade expansionista. Acresce que os estados bálticos continuarão a anos de distância de recuperar da queda do PIB provocada pela austeridade – antes estes países exibem sinais de uma retoma incompleta. Esta situação é especialmente grave se atendermos ao facto de os fatores de crescimento anteriormente expostos não serem sustentáveis. Na verdade, os fundos estruturais começaram a diminuir em 2015, e o crescimento das exportações não chegará para compensar a diminuição do financiamento externo. Também, no domínio das contas públicas, a austeridade não foi bem-sucedida. Se excetuarmos a Estónia, a dívida pública em percentagem do PIB acabou por aumentar em todos estes países na sequência das medidas de austeridade.

Concluímos, por isso, que neste momento é particamente consensual entre os economistas que independentemente do estado da economia (mas sobretudo numa situação de recessão) as políticas de consolidação orçamental aplicadas pela via de cortes na despesa reduzem o produto e fazem aumentar o desemprego no curto prazo.[135] Estes efeitos são especialmente graves quando são aplicados por vários países ao mesmo tempo.[136] O próprio FMI,[137] analisando 170 episódios de consolidação orçamental ocorridos nos últimos 30 anos em países desenvolvidos reconhece que em média uma consolidação orçamental de 1% do PIB reduz a contribuição da procura interna para o PIB em cerca de 1% depois de 2 anos. *"This Result is broadly consistent with the text book (Keynesian) effects on demand of spending cuts and tax hikes."*[138] O FMI acrescenta que sem a possibilidade de desvalorização da moeda para incentivar as exportações, e num contexto em que as taxas de juro não podem descer por já estarem próximas de zero, o efeito da austeridade é duas

---

[135] Ver, por exemplo, IMF (2010), Battini *et al.* (2012) e Blanchard e Leigh (2013).

[136] IMF (2010).

[137] IMF (2010).

[138] "Este resultado em amplamente consistente com os efeitos da na procura de cortes da despesa e aumento de impostos que constam nos manuais (Keynesianos)" (IMF, 2010, p. 101).

vezes maior.[139] Todos os casos em que a austeridade parece ter tido efeitos expansionistas aconteceram ao mesmo tempo em que se verificou um grande aumento das exportações, ajudadas pela expansão da procura externa, provocadas pela desvalorização da taxa de câmbio, e por uma rápida descida das taxas de juro.[140] Realmente, quando o Banco Central não quer ou não pode compensar os efeitos recessivos dos cortes na despesa com política monetária expansionistas, os efeitos negativos das consolidações são maiores. *"Thus, in the presence of the zero interest rate floor, there could be large output costs associated with front-loaded fiscal retrenchment implemented across all the large economies at the same time."*[141]

Note-se que o comportamento dos Bancos Centrais ajuda, também, a explicar o paradoxo relativo ao aparente maior sucesso das políticas de consolidação, em alguns casos, a partir de cortes na despesa pública em detrimento de aumento de impostos (quando os multiplicadores da despesa são tipicamente maiores dos que os multiplicadores dos impostos). A verdade é que normalmente os Bancos Centrais têm uma maior propensão para neutralizar os efeitos negativos das consolidações, aplicando medidas de estímulo monetário, quando as consolidações são efetuadas pelo lado da despesa. Assim, quando a política monetária é neutra, pode-se concluir sem margem para dúvidas de que as consolidações orçamentais são recessivas no curto prazo,[142] e sobretudo quando são efetuadas com cortes nos gastos e no investimento público.[143]

---

[139] Ver IMF (2010).

[140] Ver Foresti e Marani. (2014).

[141] "Por isso, na presença de taxas de juro próximas de zero podem existir elevados custos em termos de produção associados a cortes aplicados em todas a grandes economias ao mesmo tempo." (IMF, 2010, p. 110).

[142] Ver IMF (2010), e Foresti e Marani (2014).

[143] Repare-se que a política monetária do BCE implementada após a crise não tem sido neutra, antes tem sido significativamente expansionista, e mesmo assim não se tem revelado suficiente para compensar os efeitos recessivos das medidas de austeridade no sentido de potenciar uma retoma significativa.

Capítulo 3
A Importância da Política Monetária

> "Quando a contração da procura agregada deixa a economia à deriva, a resposta natural do banco central é aliviar a política Monetária, baixando as taxas de juro. No entanto, neste tipo de recessão a economia não consegue responder porque o sector empresarial está em modo de minimização das dívidas. Quando o ajuste monetário continuado não consegue dar a volta à economia, o banco central entra em pânico e baixa as taxas de Juro quase a zero. Ainda assim nada acontece, e a economia cai naquilo a que os economistas chamam uma armadilha de liquidez."
>
> Koo (2009, p. 96)

3.1. Princípios de Reação a Crises e o Impacto da Política Monetária

É hoje consensual entre os economistas que o Banco Central deve reagir às crises financeiras. Em particular, na sequência de crises resultantes da queda do mercado imobiliário, que são tipicamente graves e que afetam fortemente o sistema bancário, é necessário uma ação rápida para evitar uma espiral negativa de desalavancagem abrupta, venda ao desbarato de ativos financeiros (*fire sales*), e eventual deflação.[144]

Não obstante, a intervenção do Banco Central poder gerar risco comportamental (*moral hazard*), no sentido em que pode voltar a induzir comportamentos menos prudentes de algumas instituições. Esse risco deve ser assumido face à possibilidade de ocorrência de uma falha sistémica do sistema financeiro. Como refere Martin Wolf seguindo, aliás, uma metáfora análoga de Ben Bernanke,[145] *"The concern about moral hazard is greatly exaggerated. Nobody argues there should be no fire service because the knowledge that it exists encourages people to take the risk of smoking in bed. ... Allowing a systemic financial collapse is no more the right way of dealing with a financial crises than letting London burn down would be the right response to a domestic fire."*[146] O problema do risco comportamental tem, por isso, que ser resolvido antes dos problemas acontecerem através da regulação e da supervisão, para evitar o aparecimento de instituições *too big too fail*.

Note-se, também, que nestas circunstâncias o risco da reação do Banco Central poder gerar um aumento da taxa de inflação no futuro é limitado. Primeiro, em face da possibilidade de colapso do sistema financeiro, o aumento da taxa de inflação que possa a acontecer no futuro é o menor dos problemas. Segundo, em períodos de crise, o multiplicador monetário reduz-se tipicamente porque os bancos não usam a liquidez que obtêm junto do Banco Central para conceder crédito à economia, fazendo por essa via aumentar a quantidade de moeda em circulação (na forma de depósitos à ordem). Por fim, parece também não existir uma relação significativa entre o aumento da quantidade de moeda em circulação e a inflação em países que já têm baixas taxas de inflação sobretudo em períodos de crise.[147]

A forma de reação convencional dos Bancos Centrais a crises financeiras implica a redução das taxas de juro de referência, e a injeção de

---

[144] Ver Reinhart e Rogoff (2009).

[145] Ver Bernanke (2015, p. 261).

[146] "A preocupação com o risco comportamental é grandemente exagerada. Ninguém argumenta que não devem existir bombeiros porque o conhecimento de que existem encoraja as pessoas a fumarem na cama. ... Deixar que aconteça um colapso financeiro sistémico é uma maneira tão certa de lidar com uma crise financeira como deixar que Londres arda na sequência de um incêndio doméstico." Wolf (2014, p. 142).

[147] Ver De Grauwe e Polan (2015).

liquidez no sistema financeiro de modo a assegurar o acesso contínuo e ilimitado dos bancos solventes a liquidez contra a entrega de ativos adequados que funcionam como colateral (seguindo o designado *liquidity provision principle*).

De facto, no imediato a liquidez assume-se como o problema principal deste tipo de crises. A queda súbita e significativa do preço dos ativos financeiros (por exemplo obrigações colateralizadas por crédito hipotecário) faz com que os investidores com um grau de alavancagem elevado tenham dificuldades em se financiar no mercado monetário sendo obrigados a vender ativos de forma urgente num mercado em forte queda. A intervenção do Banco Central como emprestador de último recurso é então necessária para estancar a queda do preços dos ativos, assegurar o funcionamento do mercado monetário através da manutenção da oferta de crédito de curto prazo, e evitar que os problemas de liquidez se transformem em problemas de solvência.[148]

A injeção de liquidez necessária ao bom funcionamento do mercado monetário é implementada através: *i*) do aumento da frequência da intervenção no mercado monetário interbancário através de operações de mercado aberto; *ii*) do aumento substancial dos montantes de liquidez cedidos ao mercado monetário; *iii*) da expansão do conjunto de ativos aceites como colateral nas operações reversíveis de cedência de liquidez; *iv*) do aumento dos prazos de maturidade das operações de mercado aberto de cedência de liquidez; *v*) do aumento da cedência de liquidez através do canal redesconto, como nos Estados Unidos da América, ou através da facilidade permanente de cedência de liquidez, como na Zona Euro.

Assim, a experiência acumulada com história da intervenção dos Bancos Centrais em situação de crise,[149] a par da investigação académica

---

[148] Esta ideia designada de "doutrina da responsabilidade" teve como percursor Walter Bagehot, comentador financeiro, e editor da revista *The Economist* que a propósito da falência do banco inglês *Overend, Gurney & Co.* em maio de 1866 defendeu que numa situação de pânico bancário o Banco Central deve emprestar livremente aos bancos contra a entrega de ativos adequados que funcionem como garantia, e a uma taxa com uma penalidade para evitar o problema do risco comportamental.

[149] Sabemos hoje, por exemplo graças aos trabalhos de Friedman e Schwartz (1963), Bernanke (2000), e Eichengreen e O'Rourke (2010), que a política monetária foi restritiva nos primeiros anos da Grande Depressão, em parte devido à necessidade de evitar os fluxos de ouro no âmbito do sistema monetário internacional de padrão-ouro. De facto, nos E.U.A. a

existente, indica-nos que o Banco Central deve reagir de imediato com medidas de política monetária expansionistas que devem ser mantidas durante um período de tempo suficiente.[150]

3.2. A Condução da Política Monetária na Situação de Armadilha de Liquidez.

Os Bancos Centrais na atualidade conduzem a política monetária através da fixação de uma taxa de juro que se torna referência para o mercado monetário interbancário de muito curto prazo.[151]

A intensidade da recente crise financeira obrigou os Bancos Centrais a baixarem esta taxa de juro para um nível que neste momento está em vários países muito próximo de zero. Na Zona Euro esta taxa está fixada neste momento em 0%, enquanto nos Estados Unidos da América subiu em dezembro de 2015 de 0% para 0.25%. Numa situação em que as taxas de juro atingem o designado *zero lower bound*, as medidas convencionais de política monetária (nomeadamente a manipulação da taxa de juro de referência do Banco Central) perdem eficácia como forma de estimular a procura agregada. Com a taxa de juro de referência fixada em zero, a deflação (causada pela queda da procura agregada) provoca um aumento das taxas de juro reais, ao ponto de uma taxa de juro nominal igual a zero se tornar excessiva relativamente aos objetivos de estabilidade de preços e de pleno emprego. O aumento das taxas de juro reais deprime ainda mais a procura agregada pela via da redução do consumo e do investimento, e causa um novo impulso deflacionário que pode

---

taxa de desconto subiu em 1929, e a massa monetária diminui entre 1929 e 1933, exacerbando consideravelmente os efeitos reais de um *crash* da bolsa seguido de uma crise bancária. O FED deixou, também, o sistema bancário colapsar, falhando numa das suas principias responsabilidades – atuar como emprestador de último recurso e suportar o sistema bancário numa situação de pânico. Na verdade, mais de 9700 dos cerca de 25000 bancos faliram entre 1929 e 1933, o que interrompeu o fluxo de crédito à economia, e ajudou a tornar uma crise financeira numa Grande Depressão.

[150] Veja-se a propósito o discurso de Ben Bernanke em honra de Milton Friedman em 2002: *"I would like to say to Milton Friedman and Anna: Regrading the Great Depression. You're right, we dit it. We're very sorry. But thanks to you, we wont't do it again."* http://www.federalreserve.gov/boarddocs/Speeches/2002/20021108/default.htm

[151] No caso da Zona Euro esta taxa de referência é a taxa de juro dos leilões de cedência de liquidez das operações principais de refinanciamento, que têm lugar todas as semanas, a chamada taxa repo do BCE.

A IMPORTÂNCIA DA POLÍTICA MONETÁRIA

fazer com que a economia entre numa *espiral recessiva*. Nestas circunstâncias extraordinárias os banqueiros centrais devem estar preparados
para pensar 'fora da caixa' aplicando, se necessário, medidas não convencionais.[152]

3.2.1. As Políticas Não Convencionais de Política Monetária

Numa situação em que as taxas de juro de referência do Banco Central
estão próximas de zero é, ainda, teoricamente possível restabelecer o
mecanismo de transmissão da política monetária através de implementação de medidas não convencionais de caráter excecional e temporário.
A literatura económica identifica três possibilidades para a condução da
política monetária na situação em que as taxas de juro estão muito próximas de zero:[153] *i*) a utilização de políticas adequadas de comunicação:
ii) o aumento do valor do balanço do Banco Central através de uma política de *quantitative easing*; e *iii*) a alteração no mercado secundário da
oferta relativa quanto às maturidades das obrigações, implicando uma
modificação da composição do balanço do Banco Central.

Relativamente à política de comunicação, que se torna especialmente importante quando as taxas de juro se aproximam de zero, acen-
tua-se, em particular, o papel dos comunicados, das conferências de
imprensa do Banco Central e discursos dos seus membros, bem como a
disseminação de publicações escritas suficientemente informativas dos
objetivos prosseguidos, como forma de influenciar as expectativas dos
agentes económicos relativamente a futuras ações de política. Na verdade, Ben Bernanke considera que os discursos são também instrumentos de política monetária, chamando-lhes '*open mouth operations*'! Para
o ex-Presidente do FED "*monetary policy is 98 percent talk and 2 percent
action.*"[154]

O Banco Central poderá assumir compromissos condicionais (mais
comuns) ou incondicionais credíveis em relação às taxas de juro, à compra de ativos financeiros, e a outras medidas destinadas a evitar o mau

---

[152] Ver Bernanke (2015).

[153] A evidência empírica, resultante da análise em períodos recentes (anteriores a 2004) relativa aos Estados Unidos da América e ao Japão parece permitir algum otimismo sobre a
eficácia destas medidas não tradicionais (Ver Bernanke *et al.*, 2004).

[154] Bernanke (2015, p. 498). Ver, também, Eggertsson e Woodford (2003a, b), Kohn e Sack
(2003), e Okina e Shiratsuka (2004).

funcionamento do mercado financeiro (a designada política de *forward guidance*).[155] Como exemplo do primeiro tipo de compromisso, o Banco Central anuncia que manterá as taxas de juro de referência baixas até que a economia recupere.[156] No segundo tipo de compromisso, o Banco Central anuncia que as taxas de juro se irão manter baixas durante um período de tempo indefinido. Se os agentes económicos tiverem a expectativa de que as taxas de juro de curto prazo se vão manter baixas durante um longo período de tempo, essa expectativa transmitir-se--á às taxas de juro nominais de longo prazo, fazendo baixar as taxas de juro reais da economia (aquelas que são importantes para as decisões de consumo e de investimento), permitindo uma recuperação económica que fará aumentar a inflação para valores mais próximos do objetivo do Banco Central.

A política de *quantitative easing* define-se pela injeção de liquidez nos bancos (reservas bancárias), para além do que é necessário para manter a taxa de juro de muito curto prazo do mercado monetário próxima de zero. No fundo, significa que o Banco Central retoma a condução da política monetária pelo lado da oferta, fazendo aumentar a base monetária e, consequentemente, o valor do seu balanço, no sentido de gerar expectativas inflacionistas. Esta política é implementada através da compra em larga escala de ativos financeiros a título definitivo, incluindo obrigações do tesouro, no âmbito das operações de *open-market*, o que faz aumentar o preço desses ativos e consequentemente baixar a sua taxa de juro implícita (a *yield*).

A política de *quantitative easing* pode ter um impacto positivo sobre a economia através de vários canais. Ben Bernanke (ex-presidente do FED) enfatiza três mecanismos através dos quais esta política pode afetar a economia.[157] Primeiro, considerando que a moeda e os ativos financeiros são substitutos imperfeitos, um aumento da oferta de moeda induz os indivíduos e as empresas a reequilibrarem os seus portefólios originando um aumento da procura de ativos financeiros. A conse-

---

[155] Ver Bernanke e Reinhart (2004).

[156] Por exemplo, no final de 2012, o FED assumiu o compromisso de manter a taxa de juro de referência (a taxa de juro dos fundos federais) nos níveis da altura entre 0% e 0.25%, enquanto a taxa de desemprego se mantivesse acima de 6.5%, e a taxa de inflação estivesse controlada em torno do objetivo de 2%.

[157] Ver Bernanke *et al.* (2004).

A IMPORTÂNCIA DA POLÍTICA MONETÁRIA

quência é o aumento dos seus preços e a redução das taxas de juro implícitas dos ativos o que poderá ter impacto positivo sobre a economia pela via do consumo e investimento. Segundo, o *quantitative easing* alivia a restrição orçamental do governo pela via da redução das *yields* e dos consequentes encargos com os juros das novas emissões de dívida pública, facilitando a aplicação de estímulos fiscais pela via da redução de impostos ou pela via do aumento da despesa pública. Note-se, que para que o *quantitative easing* tenha efeitos por esta via, é necessário o Banco Central mantenha esta política durante a recuperação económica. Caso contrário, as pessoas irão antecipar que o aumento da despesa ou o corte dos impostos irá dar lugar a um aumento dos impostos no futuro, e a consequência será uma redução do consumo e do investimento por motivos de precaução e incerteza. Terceiro, a política de *quantitative easing* pode completar o efeito sobre as expectativas decorrente da política de comunicação, ao sinalizar e credibilizar o comprometimento do Banco Central com a manutenção das taxas de juro baixas durante um longo período de tempo.

A alteração da composição do balanço do Banco Central, através, por exemplo de uma 'operação *twist*',[158] implica a aquisição de obrigações de longo prazo e venda de obrigações de curto prazo (incluindo obrigações do tesouro). O objetivo é alterar a oferta relativa de ativos com diferentes maturidades, e afetar a estrutura temporal das taxas de juro. Este tipo de operação pode permitir contornar as dificuldades decorrentes da interrupção do mecanismo normal de transmissão da política monetária, e fazer diminuir taxas de juro de longo prazo.[159]

Apesar de existir alguma evidência de que estas medidas alternativas podem ter alguns efeitos positivos na economia, permitindo restaurar alguma da eficácia da política monetária, o próprio Ben Bernanke, num artigo de 2004[160] aconselha prudência, baseando-se em parte na experiência não completamente bem sucedida do Japão no início da década

---

[158] Esta operação, feita na década de 60 durante a Administração Kennedy nos Estados Unidos da América com o intuito de atrair capitais do exterior e de manter as taxas de curto prazo estáveis ou em crescimento, e ao mesmo tempo reduzir as taxas de longo prazo, deve o seu nome à famosa dança da época – o *twist*.

[159] Ver Modigliani e Sutch (1966; 1967), Toma (1992) e Eichengreen e Garber (1991).

[160] Bernanke *et al.* (2004).

de 2000, e adverte para a incerteza associada aos efeitos quantitativos de tais medidas.

3.2.2. Medidas Ainda Menos Convencionais de Política Monetária[161]

Existem alguns estudos que defendem que se os Bancos Centrais aplicassem uma variante da regra de política monetária de Taylor[162] sem restrições, a taxa de juro de referência do Banco Central deveria ser negativa dada a severidade da recessão que se seguiu à crise nos mercados financeiros.[163] A uma taxa de juro negativa, imagine-se de 5% poder-se-ia pedir emprestado €100 e pagar apenas €95 ao fim de um ano. Isto incentivaria certamente as pessoas e as empresas a pedir emprestado possibilitando um aumento do consumo e do investimento, e logo uma aumento da procura agregada.

O problema é que, com reconheceu Irving Fisher na década de 30 do século passado, a existência de notas e moedas em circulação que pagam uma taxa de juro igual a zero faz com que não seja possível fixar uma taxa de juro negativa sobre os depósitos bancários acima dos custos de transação (incluindo os custos de transporte) e de armazenamento (aluguer ou compra do espaço, manutenção e seguros) associados às notas e moedas,[164] sem que haja uma substituição de depósitos bancários por notas e moedas. Por isso, ninguém emprestaria a taxas negativas! Seria preferível aplicar os fundos em notas e moedas e guardá-las no cofre. Da mesma forma, a emissão de ativos financeiros (bilhetes do tesouro, por exemplo) com taxas de juro implícitas negativas seria dominada como forma de reserva de valor pelas notas e moedas em circulação. Existiriam, assim, oportunidades de arbitragem para quem se pudesse financiar a

---

[161] Adaptado de Fernandes e Mota (2015).

[162] A Regra de Taylor é uma regra de política monetária proposta por John Taylor em 1993, em que a taxa de juro de referência do Banco Central reage positivamente ao diferencial entre a inflação atual e a inflação objetivo, e em relação ao diferencial entre o produto atual e potencial da economia. Note-se, que apesar desta regra ter influência na condução da política monetária, a verdade é que a decisão no que respeita à alteração da taxa de juro de referência é puramente discricionária nos Bancos Centrais.

[163] Por exemplo no início de 2009 a taxa de juro de referência nos Estados Unidos da América deveria ser fixada no intervalo entre -5% e -7% (Ver Buiter, 2009).

[164] O BCE estima que os custos de transação associados aos pagamentos em notas e moedas seja, na Zona Euro de cerca de 1.1% do PIB e de 2.3 cêntimos por transação.

A IMPORTÂNCIA DA POLÍTICA MONETÁRIA

taxas de juro nominais negativas e investir em notas e moedas.[165] Se as taxas de juro nominais associadas aos depósitos forem apenas ligeiramente negativas durante um curto período de tempo, a inconveniência e os custos associados à detenção de elevados volumes de notas de moedas[166] pode permitir ultrapassar momentaneamente o problema do *zero lower bound*. Mas a situação não poderá persistir durante muito tempo no contexto do atual sistema monetário.

Teoricamente podem ser aplicadas taxas de juro negativas sobre depósitos tal como são aplicadas taxas positivas.[167] A emissão de obrigações com taxas de juro negativas também não é problemática[168] e a existência de 'dividendos negativos' (implicando um pagamento anual por parte do acionistas) não é tecnicamente difícil, embora não seja legal. Já a imposição de taxas de juro negativas sobre as notas e moedas é consideravelmente mais problemática, ainda que não impossível. A dificuldade prende-se com o facto das notas e moedas serem emitidas sem maturidade e ao portador. Sem ser possível identificar o detentor da circulação monetária não é possível impor taxas de juro negativas sobre as notas e moedas porque os detentores não se revelariam.[169]

Existem, no entanto, três possibilidades para ultrapassar este problema: *i*) acabar com as notas e moedas; *ii*) aplicar um imposto sobre as notas e moedas; *iii*) dissociar a função de unidade de conta da moeda da sua função de meio de pagamento.

A primeira possibilidade consiste em acabar com as notas e moedas fazendo com que toda a moeda consista de instrumentos sujeitos a

---

[165] Ver Buiter (2009).

[166] Como o roubo, a destruição física, a dificuldade de utilização em transações de montantes elevados, e a dificuldade de efetuar pagamentos remotos.

[167] Por exemplo os bancos Norte Americanos têm aplicado taxas negativas a grandes depósitos à ordem não remunerados garantidos pela *Federal Deposit Insurance Corp* (FDIC) sob o programa *Transaction Account Guarantee* (TAG).

[168] Por exemplo, as *yields* das *Treasury Inflation-protected Securities*, conhecidas como TIPS, têm sido negativas desde março de 2011 para a maturidade de 5 anos e desde agosto de dezembro de 2011 para as maturidades de 7 e dez anos respetivamente. Na Europa, as *yields* dos bilhetes de tesouro com maturidade de 3 meses tornaram-se negativas em meados de 2011 na Suíça, e em agosto de 2012 na França. Neste momento países com a Alemanha, a França, a Suíça e Dinamarca emitem obrigações com taxas de juro negativas para maturidades até 10 anos. Em abril de 2015 a Suíça tornou-se o primeiro país na história a emitir obrigações do tesouro a 10 anos com taxas negativas.

[169] Ver Buiter (2003).

registo (como os depósitos) sobre os quais é fácil aplicar taxas de juro negativas.[170] A perda dos benefícios associados ao uso da moeda para as transações de baixo valor no mercado de retalho poderia ser compensada pela oferta a todos os residentes de uma conta gratuita pelo Banco Central, administrada através dos bancos comerciais ou dos correios, e movimentada através de um cartão multibanco. Uma outra alternativa seria manter, por exemplo, as moedas de €1 e €2 e eventualmente as notas de €5 para as transações de reduzido valor, e impossibilitar a sua troca ao par por depósitos bancários.[171]

A segunda hipótese implica aplicar um imposto sobre a circulação monetária replicando a existência de taxas de juro negativas. Esta ideia existe já desde o século XIX, sendo atribuída pioneiramente ao economista e empresário germânico Silvio Gesell e tendo sido apoiada por Irving Fisher durante a Grande Depressão. Este método requer que as notas, cujo imposto tenha sido pago sejam carimbadas ou identificadas de alguma maneira. Este imposto desincentivaria a detenção de notas, uma vez que notas não marcadas só seriam aceites a desconto. Uma outra variante é atribuir às notas de banco uma data de validade. A menos que o imposto seja pago, e as notas carimbadas até à data limite, elas perdem o seu estatuto de moeda. Para que as notas não carimbadas não continuem a circular a par com notas carimbadas o governo deve impor uma penalidade associada à utilização de notas não marcadas que pode passar pelo confisco, por multas e pela criminalização da sua utilização. Outra forma de impor um imposto sobre a circulação monetária é referida por Gregory Mankiw[172] que a ouviu de um aluno num dos seus seminários. Considerando que todas as notas em circulação têm um número de série que acaba num algarismo entre 0 e 9 e que têm o ano de emissão impresso, uma vez por ano o governo poderia decretar que todas as notas que acabassem num algarismo selecionado aleatoriamente entre 0 e 9, impressas nesse ano ou em anos anteriores, perderiam o seu valor como moeda. Com este esquema o governo, na verdade estaria a

---

[170] Note-se que em 2013, segundo dados do BCE, a circulação monetária (notas e moedas em circulação) representam apenas cerca de 9% da moeda em circulação (em sentido lato de M3), pelo que a abolição das notas e moedas poderia não ser problemática (ver Buiter, 2009, e Rogoff, 2014).

[171] Ver Buiter (2009).

[172] Mankiw (2009).

A IMPORTÂNCIA DA POLÍTICA MONETÁRIA

impor uma taxa de juro negativa esperada de 10% sobre a moeda em termos globais.[173] As pessoas teriam incentivos a desfazerem-se da moeda (causaria um efeito de *batata quente*![174]), emprestando a uma taxa de juro negativa que não fosse menor ou igual a -10%, ou comprando bens duradouros.

Esta forma de permitir baixar para valores negativos as taxas de juro nominais, apresenta, no entanto, vários problemas, dos quais se elencam: *i*) os custos administrativos elevados associados às dificuldades técnicas da sua implementação; *ii*) o facto penalizarem significativamente as pessoas que dependem dos rendimentos dos depósitos, como os mais velhos; *iii*) a possibilidade das notas não carimbadas circularem como moeda contrafeita, o que implica a criminalização da sua utilização expondo o carácter muito intrusivo e pouco liberal deste método; *iv*) o facto de levantar problemas de legalidade; *v*) a dificuldade das pessoas aceitarem taxas de juro negativas sobre a moeda – estas medidas seriam altamente impopulares.

O terceiro método consiste em dissociar a função de unidade de conta da moeda da sua função de meio de pagamento, estabelecendo uma taxa de câmbio variável entre o ativo não monetário que serve de unidade de conta e a moeda que serve de meio de pagamento. Isto permite que a taxa de juro associada ao ativo que serve de unidade de conta possa ser negativa embora a moeda que serve de meio de pagamento permanece sujeita ao *zero lower bound*. A operacionalização deste método implicaria num primeiro passo abolir fisicamente as notas e moedas de euro. O euro mantém a sua função de unidade de conta, o que significa que preços e salários continuariam a ser expressos em euros (o governo pode incentivar a utilização do euro como unidade de conta impondo que todos os contratos que envolvem os Estado sejam denominados em euros). O passo seguinte seria a introdução da nova moeda com a função de meio de pagamento. O governo fixa a taxa de câmbio entre o euro e a nova moeda. Esta possibilidade levaria, no entanto, a necessidade de implementar constantes reformas monetárias o que implicaria elevados custos de transação, e a possível descredibilização da unidade monetária.

---

[173] Repare-se que do ponto de vista individual esta taxa de juro poderia ser maior ou menor do que -10% tudo dependendo da numeração das notas detidas em carteira.

[174] Ilgmanm e Menner (2011).

Assim, embora existam possibilidades teóricas para remover o *zero lower bound*, isso implicaria grandes transformações no sistema monetário existente. E se é verdade que o sistema monetário tem evoluído constantemente, muitas vezes fruto das circunstâncias históricas e políticas, ao ponto de não se poder dizer que o atual sistema seja natural ou que tenha sido cuidadosamente desenhado,[175] não deixa, também, de ser verdade que as consequências da aplicação destas reformas seriam em grande medida incertas, introduziriam custos burocráticos e ineficiências, e sua previsível impopularidade torná-las-ia de muito difícil implementação.

3.3. A reação do BCE à Crise financeira

A reação dos bancos centrais, incluindo o BCE, em resposta aos problemas de liquidez do sistema financeiro gerados pela crise despoletada no mercado de habitação de *sub-prime* nos Estados Unidos da América, que se transformaram numa crise financeira à escala global, foi bem diferente da reação aquando da *crash* da bolsa de Wall Street em 1929 que precipitou a Grande Depressão, tendo contribuído para evitar o colapso do sistema financeiro, e contido a transmissão da crise financeira à economia real.[176] Não obstante, a atuação do BCE não está isenta de críticas.

Tal como reconheceu o próprio Jean-Claude Trichet (ex-presidente do BCE),[177] esta reação assentou mais na experiência da condução da política monetária em crises do passado e no bom senso, do que propriamente nos modelos macroeconómicos disponíveis para a análise dos efeitos da política monetária que, como vimos na introdução, são de pouca utilidade em situações de crise como a que enfrentamos.

Nas secções seguintes oferece-se uma panorâmica crítica da atuação do BCE, dividindo o período que vai de agosto de 2007 até ao presente em três fases. A primeira fase começa em agosto de 2007 com o início dos problemas no mercado monetário, decorrentes da exposição das

---

[175] Ilgmanm e Menner (2011).

[176] Após o *crash* de Wall Street em 1929, o FED e os outros Bancos Centrais permaneceram passivos à medida que o sistema financeiro colapsava e as economias entravam em deflação. Isso transformou uma crise financeira na Grande Depressão.

[177] Ver Discurso de Abertura de Jean Claude Trichet na ECB Central Banking Conference, Frankfurt, 18 de novembro de 2010: https://www.ecb.europa.eu/press/key/date/2010/html/sp101118.en.html.

instituições financeiras ao mercado imobiliário de *sub-prime* americano. A segunda fase é despoletada pela falência do banco de investimento americano *Lehman Brothers*, que faz evoluir a turbulência existente nos mercados financeiros para uma crise financeira global, causando uma Grande Recessão, e vai até terceiro trimestre de 2009. A terceira fase inicia-se no quarto trimestre de 2009, com os desenvolvimentos nos mercados de obrigações do tesouro que originam a chamada Crise das Dívidas Soberanas na Zona Euro, que não está, ainda, completamente resolvida.

3.3.1. A Resposta à Turbulência nos Mercados Financeiros Após Agosto de 2007

O BCE merece reconhecimento por ter sido o primeiro Banco Central a reagir aos acontecimentos de agosto de 2007 que precipitaram o início da crise financeira. De facto, o BCE interveio nos mercados numa escala sem precedentes assegurando de forma plena o papel de emprestador de último recurso para bancos solventes, quando em 9 de agosto de 2007 os mercados foram abalados pelo anúncio do banco francês *BNP Paribas* da suspensão dos resgates de três dos seus fundos de investimento fortemente expostos ao mercado imobiliário de *sub-prime* americano.[178]

Este problema com o BNP originou tensões no mercado monetário em virtude do aumento súbito do risco de contraparte. Na ausência de informação fidedigna sobre o grau de exposição ao mercado imobiliário de *sub-prime* dos Estados Unidos da América, os bancos começaram a ter relutância em emprestar entre si originando uma diminuição da atividade no mercado monetário, o aumento das taxas de juro interbancárias, e um aumento da sua volatilidade. Algum tempo depois, em setembro de 2007, o *Northen Rock*, um dos principais bancos do Reino Unido, foi ajudado pelo Banco de Inglaterra (BoE), após uma corrida ao banco na sequência dos problemas criados no sistema financeiro pela crise do mercado de *sub-prime*, tendo sido posteriormente nacionalizado. Nos Estados Unidos da América, em março de 2008, o *Federal Reserve Bank of New York* atribuiu fundos de emergência ao banco de investimento ame-

---

[178] Só nesse dia o BCE cedeu 95 mil milhões de euros a 44 bancos, ao que se somaram mais 109 mil milhões nos três dias seguintes, o que ilustra a dimensão do problema.

ricano *Bear Stearns* após uma corrida ao banco, que em dois dias esgotou as suas reservas. O Banco não pôde, no entanto, ser salvo, e o *Federal Reserve Bank of New York*, temendo que a falência do *Bear Stearns* representasse um considerável risco sistémico para o sistema financeiro, ajudou à sua compra pelo *JP Morgan Chase* assumindo o risco por 29 mil milhões de dólares de ativos de elevado risco.

Estes desenvolvimentos causaram, também, uma queda das cotações no mercado de capitais, à medida que os investidores se começaram a deslocar para ativos de refúgio.

Durante todo este período, o BCE procurou proporcionar toda a liquidez necessária ao bom funcionamento do mercado monetário[179] (através de um aumento muito substancial da liquidez cedida nas operações principais de refinanciamento, do aumento das operações de extraordinárias de regularização, para assegurar que a taxa de juro de muito curto prazo do mercado monetário – a EONIA[180] – se mantivesse perto da taxa de juro de referência, e do aumento do peso das operações de refinanciamento a prazo alargado de três e seis meses, mas à taxa de juro de referência que vigorava desde junho de 2007. A partir daí, os bancos que tinham perdido a capacidade de obtenção liquidez através do mercado monetário, ficaram cada vez mais dependentes do financiamento junto do BCE.

Note-se, no entanto, que o BCE mantém as taxas de juro das operações principais de refinanciamento em 4% durante cerca de um ano; desde junho de 2007 até julho de 2008, e nesse mês chega inclusive a subir a taxa de juro de referência para 4.25%, quando o abrandamento da economia europeia, que fazia antever uma severa recessão, era já um problema muito mais grave do que as supostas tensões inflacionistas (ver Figura 3.1).

---

[179] O bom funcionamento do mercado monetário é fundamental para que o mecanismo de transmissão da política monetária opere através do designado canal de taxa de juro, precisamente aquele através do qual a política monetária tem mais impacto na economia.

[180] A EONIA (*Euro Overnight Index Average*) é a taxa de juro de referência do mercado monetário do euro para o prazo *overnight*. É uma taxa de juro efetiva, calculada como média ponderada de todas as operações de concessão de crédito, efetuadas no mercado interbancário do euro pelo prazo *overnight*, sem garantia, iniciadas na área do euro pelos bancos contribuintes.

A IMPORTÂNCIA DA POLÍTICA MONETÁRIA

Figura 3.1. *Taxas de Juro de Referência do Banco Central Europeu*

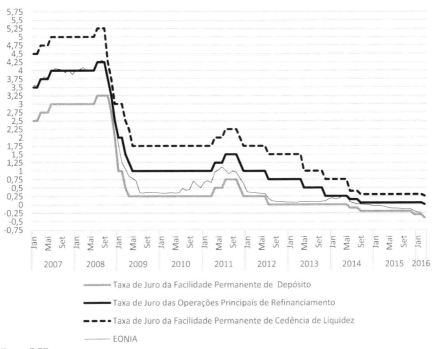

Fonte: BCE

Infere-se, desta manutenção da taxa de juro de referência, que o BCE, liderado por Jean-Claude Trichet, encarou a crise como a consequência de um pânico bancário que originou um problema de carência de liquidez – um momento único de incerteza nos mercados, não descortinando razões fundamentais que justificassem a descida das taxas de juro.[181] O BCE não considerou, assim, que esta turbulência nos mercados financeiros constituísse um problema capaz de se transmitir à economia real, no pressuposto do Banco Central ser capaz de suprir uma carência momentânea de liquidez. Isto constituiu um claro erro de política monetária.

Apesar deste período ter marcado o início de uma cooperação sem precedentes entre os Bancos Centrais no que toca à cedência de liquidez ao sistema financeiro, a verdade é que a visão dos banqueiros centrais sobre a crise e os seus desenvolvimentos divergia nesta altura.

[181] Ver Irwin (2014).

Mervin King (Governador do BoE) tinha uma visão ainda mais cética acerca da emergência da crise do que Trichet, considerando que se assistia a uma necessária correção de um período de excessos no sistema bancário (conceção que manteve durante mais de um ano desde o começo da crise). Já o FED liderado por Ben Bernanke (académico reputado, e especialista nos erros de política monetária cometidos na Grande Depressão), apesar de ter reagido aos problemas de liquidez em agosto de 2007, seguindo o BCE,[182] mostrou-se desde o início muito mais preocupado com a interligação entre os problemas do sector bancário e do mercado monetário com a economia real. Por essa razão, para além de utilizar, tal como o BCE, os instrumentos tradicionais de política monetária para a cedência de liquidez, começa a baixar a taxa de juro de referência do FED (a *federal funds rate*) de uma forma rápida logo em setembro de 2007, no que constituiu o primeiro de três cortes nas taxas de juro ainda em 2007 (ver Figura 3.2). Entre setembro de 2007 e dezembro de 2008 a taxa de juro de referência baixa de 5.25% para o intervalo 0.00%-0.25%. O FED foi o Banco Central que mais cedo e mais rapidamente baixou as taxas de juro de referência.

---

[182] Em 8 de agosto de 2007, a Reserva Federal de Nova Iorque injetou 24 mil milhões de dólares no mercado monetário interbancário. Comparando com a intervenção do BCE no mesmo dia de 95 mil milhões de euros (130 mil milhões de dólares) constata-se que curiosamente a crise no mercado imobiliário de suprime americano começou por se fazer sentir mais intensamente na Europa.

A IMPORTÂNCIA DA POLÍTICA MONETÁRIA

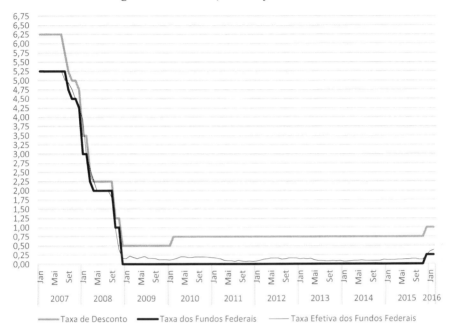

Figura 3.2. *Taxas de Juro de Referência do FED*

Fonte: FED

Não há duvida que o FED, foi o Banco Central que melhor antecipou a possibilidade de surgir um tipo de ciclo vicioso (que Bernanke batizou de acelerador financeiro) do tipo crise bancária, provocada pela queda súbita do preço dos ativos com exposição ao mercado imobiliário de *suprime* americano, congelamento do mercado monetário, e consequente queda do crédito concedido à economia, que faz contrair o consumo e o investimento, faz abrandar a taxa de crescimento, refletindo-se em mais problemas para os bancos. Precisamente o tipo de dinâmica que originou a Grande Depressão dos anos 30 do século passado.[183]

3.3.2. A Resposta à Crise Financeira Após Setembro de 2008

Os problemas no mercado monetário agudizaram-se na sequência da falência do banco de investimento americano *Lehman Brothers*. Após um êxodo maciço dos seus clientes, a queda drástica do valor das suas ações,

---
[183] Ver Bernanke (2015).

e a depreciação significativa dos seus ativos, o governo dos Estados Unidos da América não quis ajudar o banco[184] ou de prestar garantias em montante suficiente que possibilitasse a sua aquisição por outra instituição financeira. O *Lehman* entrou em processo de falência em 15 de setembro de 2008. A incerteza sobre a saúde financeira dos bancos aumentou de forma abrupta, e os mercados monetários praticamente pararam de funcionar. Nos dias que se seguiram a esta falência, o mercado financeiro global esteve mesmo em risco de colapsar. A incerteza dos bancos relativamente ao acesso a liquidez interrompeu de imediato o fluxo de crédito à economia real (empresas e famílias). Estas tensões na oferta de crédito são particularmente importantes na Zona Euro, uma vez que cerca de 70% do financiamento das empresas depende de empréstimos bancários.[185] A crise começou neste momento a propagar-se à economia real de uma forma relativamente sincronizada entre os países. O PIB da Zona Euro contrai-se 0.2% no terceiro trimestre de 2008, e 1.5% no quarto trimestre, enquanto que a inflação se reduz a 1.6% em dezembro.

O BCE reage iniciando em outubro de 2008, de forma coordenada com outros Bancos Centrais,[186] uma sequência de descidas da taxa de juro de referência. Em oito meses a taxa das operações principais de refinanciamento baixa 325 pontos base, de 4.25% em outubro de 2008 para 1% em Maio de 2009, tendo-se mantido a esse nível até abril de 2011 (Ver Figura 3.1). Note-se que, no que diz respeito à taxa de juro de referência, o BCE apenas começou a responder aos eventos da crise em outubro de 2008, ou seja, um mês depois da falência do *Lehman Brothers* e um ano depois do início da crise nos EUA.

O BCE implementa, também, um conjunto de medidas extraordinárias de política monetária (nomeadamente no que se refere à gestão da liquidez) destinadas ao sector bancário, modificando o seu *framework*

---

[184] A falência do *Lehman* pode não ter resultado de uma verdadeira decisão, mas antes da incapacidade das autoridades americanas em ajudar o Banco (ver Irwin, 2014).

[185] Nos Estados Unidos da América as empresas financiam-se sobretudo no mercado de capitais, através da emissão de título, e os empréstimos bancários representam apenas cerca de 30% das suas necessidades de financiamento.

[186] Nomeadamente com os Bancos Centrais do Canadá, Inglaterra, Suécia, Suíça, e com o FED.

operacional, através de um programa designado de *Enhanced Credit Support.*[187]

Os principais elementos deste programa foram:

i. Decisão excecional, tomada a 8 de outubro de 2008, de adotar um procedimento de leilão de taxa fixa para as Operações Principais de Refinanciamento semanais com colocação total (*full allotment*), o que significa que os bancos comerciais podiam obter toda a liquidez solicitada à taxa fixa, desde que dispusessem de ativos elegíveis que servissem como colateral.[188] Esta foi uma das primeiras grandes medidas tomadas pelo BCE, praticamente um ano depois do despoletar da crise, para assegurar a continuação da capacidade de financiamento dos bancos, e sinalizar ao mercado que disponibilizaria toda a liquidez que fosse necessária para evitar uma crise de liquidez. Esta medida conduziu a um aumento significativo do volume total das operações de mercado aberto, visto que o montante colocado passou a ser determinado pelo montante agregado licitado pelos bancos.

ii. Aumento do prazo de maturidade das operações de cedência de liquidez. O montante de refinanciamento atribuído via Operações de Refinanciamento de Longo Prazo (LTROs) aumentou em cerca de 270 mil milhões de euros desde 2007. Este aumento foi o resultado da implementação de uma série de operações de cedência de liquidez com prazo de maturidade até 6 meses, lançadas em setembro de 2008, e posteriormente condução excecional de três operações de refinanciamento de prazo alargado com maturidade de 12 meses.[189]

iii. Ajustamento da liquidez no período de manutenção das reservas obrigatórias. O Eurosistema ajustou a distribuição de liquidez

---

[187] Ver discurso de Jean-Claude Trichet, Presidente do BCE, em 13/07/2009: http://www.ecb.int/press/key/date/2009/html/sp090713.en.html) e ECB – *Monthly Bulletin* – Oct. 2010.

[188] Em circunstâncias normais, o BCE conduz as operações de *open-market* através de leilões de taxa variável em que os bancos pagam a taxa de juro licitada, e em que os montantes de liquidez cedidos em montante previamente fixado são alocados pelos bancos satisfazendo primeiro os pedidos de liquidez a taxas de juro mais altas.

[189] Decidida na reunião de 7 de maio de 2009 do Conselho de Governo do BCE. Esta é uma medida verdadeiramente excecional. Note-se, que períodos normais, o ECB conduz uma operação de refinanciamento de longo prazo por mês com maturidade de três meses.

fornecida ao longo do período de manutenção das reservas obrigatórias, oferecendo liquidez no início do período de manutenção (*frontloading*), reabsorvendo o excesso de liquidez resultante através de operações de *fine-tuning* diárias, gerindo, assim, as condições de liquidez até ao final do período de manutenção. O objetivo era manter constante a oferta total de liquidez ao longo de todo o período de manutenção, e satisfazer a variação da procura de liquidez por parte dos bancos sem colocar pressão sobre as taxas de juro de curto prazo.

iv. Provisão de liquidez em moeda externa, nomeadamente em dólares, contra ativos colaterais denominados em euros na base de *swaps* cambiais realizadas com o FED. Em 2007, o BCE estabeleceu um acordo cambial recíproco (linhas de s*wap*) no âmbito do *Term Auction Facility* (TAF) disponibilizado pelo FED. Em cada operação foi disponibilizado um total de 10 mil milhões de dólares aos bancos com acesso à facilidade permanente de cedência de liquidez, por um prazo aproximado de um mês. Em 2007 foram conduzidas duas operações, posteriormente renovadas em janeiro de 2008. Dada a reduzida procura de dólares após estas operações, em fevereiro de 2008, o BCE interrompeu temporariamente esta linha. No entanto, como as pressões de liquidez nos mercados de financiamento voltaram a surgir no início de março de 2008, o BCE decidiu reativar o financiamento através de leilões de 25 mil milhões de dólares numa base bi-semanal. Esta linha de s*wap* foi repetidamente prolongada até expirar em fevereiro de 2010, decisão que foi rapidamente revertida em maio de 2010, altura em que esta linha foi reativada como parte de um pacote destinado a fazer face às graves tensões que ressurgiram no contexto da crise das dívidas soberanas.

v. Extensão da lista de ativos colaterais admitidos nas operações de refinanciamento de mercado aberto para melhorar o acesso dos bancos à liquidez oferecida pelo BCE, facilitando a transmissão da política monetária na Zona Euro. Para além de *covered bank bonds*,[190] a partir de janeiro de 2007, passaram a estar incluídos

---

[190] As *covered bonds* são instrumentos de dívida de longo prazo, garantidos por financiamentos imobiliários residenciais ou comerciais.

A IMPORTÂNCIA DA POLÍTICA MONETÁRIA

nessa lista ativos não transacionáveis, compostos, em particular, por créditos (empréstimos bancários), tendo a sua utilização em 2007 atingido os 100 mil milhões de euros, ou seja, 1% do total dos ativos dados como garantia na Zona Euro. Em outubro de 2008, o Conselho do BCE passou a aceitar ativos com *rating* até BBB –, com exceção dos instrumentos de dívida titularizados (*asset-backed securities*) que mantiveram o limite de A–. Em novembro, o BCE passou, também, a aceitar instrumentos de dívida transacionáveis emitidos na Zona Euro e denominados em dólares, libras e ienes emitidos na Zona Euro.

vi. Aumento do número de contrapartes admitidas nas operações de refinanciamento, que passaram a incluir, por exemplo o Banco Europeu de Investimento (BEI). Note-se que antes da crise participavam em média cerca de 360 instituições financeiras em cada leilão das operações principais de refinanciamento. Este número subiu para cerca de 800 após a crise.[191]

vii. O BCE decidiu em maio de 2009 estabelecer um programa de compra definitiva de *covered bonds* denominadas em euros e emitidas na Zona Euro, com o objetivo de contribuir para a recuperação deste mercado.[192] O mercado de *covered bonds* é o segundo mais ativo no segmento de rendimento fixo na Zona Euro a seguir ao mercado de obrigações soberanas, e é a principal fonte de financiamento da grande maioria dos bancos da Zona Euro. Este mercado quase colapsou quando a crise financeira se intensificou. Ao abrigo deste programa, o BCE adquiriu cerca de 60 mil milhões de euros entre julho de 2009 e junho de 2010, sendo que 27% dessas aquisições foram feitas em mercado primário, e as restantes 73% em mercado secundário, o que representa cerca de 2.5% do total de *covered bonds*. As *covered bonds* adquiridas tinham maturidades entre três a dez anos, e o BCE manifestou a sua intenção de as manter até ao seu vencimento.

---

[191] Ver ECB – *Monthly Bulletin*, Oct. 2010.
[192] Note-se que até esta data a compra definitiva de ativos por parte do BCE manteve-se residual.

Estas medidas tiveram dois objetivos fundamentais. Primeiro, evitar a desalavancagem desordenada do setor bancário capaz de originar uma crise bancária. Segundo, ultrapassar os bloqueios criados pela crise no mecanismo de transmissão da política monetária, suportando o acesso a financiamento por parte dos bancos (evitando que problemas de liquidez se transformem em problemas de solvência), no sentido de manter o fluxo de crédito à economia.

Como consequência, assistiu-se ao aumento substancial do valor do balanço do BCE, atingindo 2021,484 biliões de euros em dezembro de 2008 (ver Figura 3.3), o que reflete um aumento do papel de intermediação financeira assumido pelo Eurosistema na tentativa de restaurar o mecanismo de transmissão da política monetária.

Estas medidas contribuíram para a estabilização das condições do mercado monetário na Zona Euro, para a redução da volatilidade das taxas de juro de muito curto prazo, e para limitar, de certa forma, a volatilidade das EURIBOR,[193] ao ponto do BCE começar, em outubro de 2009, a retirar gradualmente os estímulos monetários antecipando uma retoma da economia, também, gradual mas sustentável. Mais uma vez, e à luz do que aconteceu na sequência da crise das dívidas soberanas, o BCE mostrou-se demasiado otimista sobre a evolução da economia real.

---

[193] As EURIBOR (*Euro Interbank Offered Rate*) são as taxas de juro de referência do mercado monetário interbancário do euro para os prazos compreendidos entre 1 semana e 1 ano.

Figura 3.3. *A Evolução do Valor do Balanço do Banco Central Europeu*

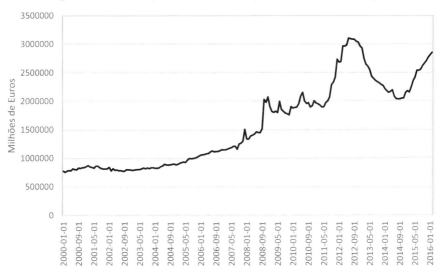

Fonte: ECB

3.3.3. A Resposta à Crise das Dívidas Soberanas Após 2010

No início de 2010, emergiram novas tensões nos mercados de obrigações soberanas de alguns países da Zona Euro, na sequência das dúvidas existentes sobre a sustentabilidade das finanças públicas gregas. O *spread* das *yields* das obrigações do governo gregas em relação às suas congéneres alemãs disparou nos mercados secundários de dívida, e este problema grego alastrou-se, a partir do primeiro trimestre de 2010, por contágio aos países periféricos da Zona Euro, como a Irlanda, Portugal e, mais tarde à Espanha e à Itália.[194] A liquidez nestes segmentos do mercado secundário de dívida diminuiu consideravelmente, porque o aumento súbito da perceção de risco por parte dos investidores levou-os a venderem estas obrigações, o que se traduziu numa descida do seu preço e na subida das *yields*. Estes desenvolvimentos deram origem a um ciclo vicioso de subida das *yields*, descida da notação de *rating*, que originou novo impulso sobre as *yields*, e assim sucessivamente, afetando a capacidade de financiamento dos governos, e colocando em risco o sis-

---

[194] A terceira fase da crise tem contornos diferentes nos dois lados do Atlântico. Nos Estados Unidos da América a maior preocupação era a recuperação da economia, enquanto que a Zona Euro se viu a braços com uma crise de dívida nos países periféricos.

tema bancário (incluindo bancos franceses e alemães) largamente exposto à dívida pública dos países periféricos.

A continuação e o agravamento da crise económica, a par da emergência da chamada crise das dívidas soberanas, colocou novamente em risco a estabilidade do sistema financeiro, e dificultou o funcionamento do mecanismo normal de transmissão da política monetária, determinado a necessidade de novas medidas de política monetária.

Assim, em 10 de maio de 2010, o BCE anuncia o lançamento do *Securities Market Programme*, através do qual o Banco Central interveio nos mercados de dívida pública e privada para assegurar a profundidade e a liquidez nos segmentos disfuncionais, e restabelecer o mecanismo de transmissão da política monetária. Com este programa o BCE decidiu comprar cerca de 220 mil milhões de obrigações soberanas de países a braços com subidas significativas das *yields* nos mercados secundários independentemente do seu *rating*, o que inclui obrigações gregas, portuguesas, irlandesas, espanholas e italianas[195]. Note-se que a compra de obrigações ao abrigo deste programa foi completamente esterilizada, o que significa que o BCE conduziu operações de absorção de liquidez de maneira a não fazer aumentar o valor do seu balanço.[196]

O BCE reintroduziu, ainda, em outubro de 2011 os leilões de taxa fixa com colocação total nas operações de refinanciamento a prazo alargado, reestabeleceu a linha de crédito em dólares na base de *swaps* cambiais realizados com o FED, e em novembro de 2011 lançou um segundo programa de compra de *covered bonds*, num total de 40 mil milhões de euros.

Após o anúncio destas medidas, as tensões diminuíram nos mercados de dívida, mas esta acalmia foi meramente temporária, já que as *yields* das obrigações dos países periféricos da Zona Euro voltaram a subir.

Posteriormente, na sua habitual reunião mensal de dezembro de 2011, o BCE (já com Mario Draghi na presidência) decidiu:[197]

i. Descer a taxa de juro de referência em 25 pontos base, regressando ao nível mais baixo em termos históricos até aí de 1%, depois

---

[195] A última compra de obrigações ao abrigo deste programa ocorreu em fevereiro de 2012, e o programa foi encerrado em setembro do mesmo ano.

[196] Esta medida representou um marco na atuação do BCE, e suscitou alguma polémica ao nível da independência do BCE e da cláusula de *no bail-out*, tendo, por isso, tido forte oposição de Axel Weber (o então presidente do *Bundesbank*).

[197] Ver http://www.ecb.int/press/tvservices/webcast/html/webcast_111208.en.html.

de já ter descido em 25 pontos base em setembro. Note-se que a redução desta taxa de juro que se tinha sucedido até maio de 2009 e mantida a partir daí, foi invertida em abril de 2011, com uma subida de 25 pontos base e de novo em julho de 2011, com uma nova subida de mais 25 pontos base. Esta inversão na tendência de descida das taxas de juro resultou claramente de uma subestimação da crise e contribuiu para um aumento da incerteza quanto ao rumo da política monetária.

ii. Novas medidas extraordinárias (e temporárias) para reforçar o acesso do sector bancário a liquidez, e facilitar o funcionamento do mercado monetário na Zona Euro. Estas medidas enquadraram-se nos esforços continuados para suportar a liquidez do sistema bancário da Zona Euro, e sucederam-se à ação coordenada de diversos Bancos Centrais empreendida em 30 de novembro, destinada a providenciar liquidez ao sistema financeiro global. Esperava-se que estas medidas assegurem maiores níveis de concessão de crédito às empresas e famílias. Neste sentido foram conduzidas duas operações de refinanciamento de longo prazo (LTROs), com uma maturidade de 36 meses (a primeira das quais realizada em dezembro de 2011), implementadas através de leilões a taxa de juro fixa, com colocação total. Estas operações injetaram cerca de mil milhões de euros no sistema financeiro, sendo que os principais beneficiados foram os bancos espanhóis, italianos, gregos, irlandeses e portugueses. Foi, também, alargado de novo o leque de colaterais elegíveis para as operaçoes com o BCE, através da redução do nível de *rating* aceite para certos títulos, e da possibilidade de os bancos centrais nacionais aceitarem, temporariamente, como colaterais outros ativos como empréstimos bancários.

iii. Finalmente, o BCE reduziu a taxa de reservas obrigatórias de 2% para 1% a partir de janeiro de 2012, o que permitiu a libertação de reservas excedentárias, e contribuiu para uma alteração importante da liquidez interbancária.

Estas medidas melhoraram substancialmente a liquidez do sistema bancário, permitiram assegurar o financiamento dos bancos a longo

AUSTERIDADE EXPANSIONISTA

prazo, e ajudaram a evitar o completo colapso do crédito. Contudo, o aumento da liquidez interbancária não originou um aumento substancial do crédito concedido ao sector privado. Na verdade, os bancos acabaram por usar a liquidez obtida pela via das LTROs para comprar obrigações do tesouro, ou estacionaram-na em depósitos junto dos Bancos Centrais.

Em julho de 2012, Mario Draghi, numa conferência com investidores em Londres para assinalar o início dos Jogos Olímpicos, faz uma declaração contundente com impacto significativo nos mercados; a de que o BCE fará tudo o que for necessário para salvar o euro: *"Within our mandate, the ECB is ready to do whatever it takes to preserve the euro. And believe me, it will be enough."*[198]

Em setembro de 2012, o BCE decide terminar com o *Securities Market Programme*, anunciando um novo programa; *Outright Monetary Transactions* (OMT), através do qual o BCE compraria obrigações emitidas por países da Zona Euro com maturidades entre 1 e 3 anos em mercado secundário. O objetivo era assegurar o funcionamento apropriado do mecanismo de transmissão da política monetária em todos os países da Zona Euro. Note-se que, tal como no caso do *Securities Market Programme*, as OMT seriam totalmente esterilizadas.[199]

A compra de obrigações ao abrigo deste programa estava dependente da verificação de algumas condições: *i*) os países teriam que ter solicitado assistência financeira ao através do *European Stability Mechanism / European Financial Stability Facility: ii*) os países teriam que ter concluídas as revisões periódicas sobre o andamento das medidas a implementar no âmbito do memorando de entendimento subjacente ao programa de assistência financeira; *iii*) os países teriam que ter voltado a ter acesso aos mercados de dívida, emitindo e colocando com sucesso uma nova série de obrigações com maturidade de 10 anos.

Este instrumento apesar de não ter sido ativado, nem sequer regulamentado, ficando-se pelo plano das ideias, teve um impacto positivo na descida das *yields* das obrigações do tesouro dos países periféricos

---

[198] "No âmbito do nosso mandato, o BCE está preparado para fazer tudo o que for preciso para preservar o euro. E acreditem em mim, será suficiente."

[199] Note-se que este que programa teve forte oposição do *Bundesbank*, e do próprio governo alemão com base no argumento de era suscetível de diminuir os incentivos dos países periféricos da Zona Euro para implantar reformas, e a acelerar a consolidação orçamental.

A IMPORTÂNCIA DA POLÍTICA MONETÁRIA

da Zona Euro, e consequente descida dos *spreads* em relação às *yields* da Alemanha e da França.

Estes programas acabaram por se refletir no valor do balanço do BCE. A Figura 3.3 mostra que o balanço do BCE praticamente triplicou de janeiro de 1999, onde atingia 1 157 534 milhões de euros, para junho de 2012, atingindo 3 102 227 milhões de euros. Este aumento foi muito mais pronunciado a partir do início da crise, e reflete a resposta maciça da política monetária através de procedimentos não habituais destinados a apoiar o mecanismo de transmissão da política monetária numa situação de grande *stress* nos mercados financeiros. A partir de 2012, o valor do Balanço desceu para cerca de 2 181 079 milhões de euros em fevereiro de 2014, refletindo uma redução parcial dos estímulos monetários. Apesar de ter evitado o colapso do mercado financeiro, a intervenção do BCE não se revelou suficiente em face da dimensão da crise.

Com as taxas de juro de referência muito próximas de zero, e face à dificuldade de estabilização da taxa de inflação abaixo, mas perto, de 2% no médio prazo, e da dificuldade da retoma económica na Zona Euro, o BCE vê-se obrigado a entrar no campo das medidas não convencionais de política monetária.

Em julho de 2013, o BCE adota o designado *forward guidance* na sua política de comunicação anunciando que espera que as taxas de juro de referência se irão manter baixas ou inclusive descer por um período prolongado de tempo.

Em janeiro 2015 o BCE anuncia finalmente um programa de *quantitative easing – Expanded Asset Purchase Programme*, com início em março de 2015 e para durar pelo menos até setembro de 2016. O programa tem as seguintes características: *a*) expansão dos ativos a comprar em mercado secundário, que passam a incluir obrigações emitidas pelos governos centrais da Zona Euro, agências e instituições europeias; *b*) as compras combinadas de ativos devem ascender a 60 mil milhões de euros por mês, o que deverá fazer aumentar o valor do balanço do BCE de novo para os valores de 2012 ou seja de cerca de 3 triliões de euros; *c*) o programa é *open ended*, começou em março de 2015 e devia durar pelo menos até setembro de 2016; *d*) o programa está desenhado para assegurar o mandato de estabilidade de preços na Zona Euro.

Este programa é justificado pelo facto da inflação atual e da inflação esperada ter atingido mínimos históricos, colocando em risco o objetivo final de política monetária do BCE que é a manutenção da inflação perto, embora abaixo de 2% no médio prazo. O objetivo é também estimular a economia através do aprofundamento da flexibilização monetária, num contexto em que as taxas de juro de referência do BCE estão próximas de zero, e para tornar mais fácil o acesso ao crédito por parte das empresas e das famílias,[200] no sentido de relançar o consumo e o investimento.

Note-se que, o programa é implementado através de compras mensais de ativos (10 mil milhões de euros de *covered bonds* e *asset backed securities*, 44 mil milhões de euros de obrigações do tesouro e de agências governamentais (compradas na proporção da quota de capital de cada país no capital do BCE),[201] e 6 mil milhões de obrigações supranacionais) efetuadas pelo BCE (14 mil milhões) e pelos Bancos Centrais dos países da Zona Euro (46 mil milhões), e que o risco de cerca de 80% das compras de ativos por parte dos Bancos Centrais Nacionais corre por conta de cada Banco Central. Naturalmente que com esta medida o BCE pretende criar incentivos para impedir restruturações da dívida pública. O programa impõe, ainda, um limite de compras por ativo de 25% do montante da emissão (por forma a impedir que o BCE tenha o poder de bloquear uma restruturação de dívida), e um limite de 33% das emissões emitidas pela mesma entidade emitente (para preservar o funcionamento do mercado, e garantir a formação do preço no mercado para os ativos).

Este programa de compra de ativos por parte do BCE foi bem-sucedido na descida das taxas de juro implícitas nas obrigações do tesouro dos Estados-Membros, incluindo as dos países periféricos. De facto, considerando a média ponderada pelo PIB, as *yields* das obrigações do tesouro da Zona Euro baixaram cerca de 150 pontos base desde junho de 2014 a março de 2015. Estimava-se, também, que o programa originasse uma poupança para Portugal em termos de juros da dívida pública na ordem dos 62.6 milhões de euros entre março e dezembro de 2015, e de 153.5 milhões entre janeiro e setembro de 2016.[202] Contudo, os resul-

---

[200] As instituições que vendem obrigações podem usar os fundos para comprar outros ativos e aumentarem o crédito concedido à economia.

[201] As obrigações do tesouro a serem compradas em mercado secundário têm de ter uma maturidade residual entre 2 a 30 anos, serem denominadas em euros, e serem elegíveis como colateral nas operações de *open-market* do BCE.

[202] Ver Claeys *et al.* (2015).

tados ao nível do relançamento da retoma e da inflação não têm sido tão bons. A retoma na Zona Euro mantem-se insipiente e a inflação muito baixa (-0.2% em fevereiro de 2016 depois de ter atingido um mínimo de -0.6 em janeiro de 2015), e longe do objetivo de 2%.

Por esta razão o BCE anunciou em dezembro de 2015 o prolongamento do programa de *quantitative easing* pelo menos até março de 2017, e a extensão da lista de ativos elegíveis para compras regulares pelos respetivos Bancos Centrais Nacionais aos instrumentos de dívida transacionáveis denominados em euros emitidos por administrações regionais e locais situadas na área do euro. O BCE baixou, ainda, a taxa de juro da facilidade permanente de depósito para -0.3%.

Com o objetivo de "reduzir ainda mais a restritividade das condições de financiamento, estimular a concessão de novo crédito e, desse modo, reforçar o dinamismo da retoma económica da área do euro e acelerar o regresso da inflação a níveis abaixo, mas próximo, de 2%", em março de 2016 o BCE anuncia um novo pacote medidas:[203]

i. Descida da taxa de juro das operações principais de refinanciamento para zero.

ii. Descida da taxa de juro da facilidade permanente de depósito para -0.4% e da taxa de juro da facilidade permanente de cedência de liquidez para 0.25%.

iii. Aumento do volume de compras mensais ao abrigo do *Expanded Asset Purchase Programme* de 60 para 80 mil milhões de euros a partir de abril de 2016, e alargamento dos ativos elegíveis que passam a inclui de obrigações denominadas em euros emitidas por entidades não bancárias com nível de *rating* de investimento ao abrigo de um novo programa de compra de ativos do setor empresarial (*corporate sector purchase programme*).

iv. Lançamento em junho de 2016 de 4 novas operações de refinanciamento de longo prazo (LTRO) com maturidade de 4 anos, e com taxa de juro igual à da facilidade permanente de depósito.

---

[203] Ver conferência de imprensa de Mario Draghi, Presidente do BCE, e Vítor Constâncio, Vice-Presidente do BCE de 10 de março de 2016:
https://www.ecb.europa.eu/press/pressconf/2016/html/is160310.pt.html

3.3.4. Perspetiva Crítica da Atuação do BCE

A intervenção do BCE ajudou a estabilizar os mercados financeiros, e foi decisiva para evitar uma grande depressão ao estilo da que aconteceu em 1929. Nesse sentido, a investigação acumulada nos últimos anos relativa ao papel da política monetária e às medidas que os Bancos Centrais devem tomar em situações de crise teve um papel decisivo para evitar o completo colapso dos mercados financeiros.

Contudo, identificam-se vários erros na forma como o BCE reagiu à crise financeira, nas suas diferentes etapas, que derivam em parte do seu ambiente institucional; de onde se destaca o objetivo final único de política monetária centrado na estabilidade dos preços no médio prazo (definido pelo Tratado da União Europeia), a proibição de monetização direta dos défices orçamentais, as reservas da Alemanha a alguns programas de monetização indireta, e a cláusula de no *bail out*, que origina que os bancos da Zona Euro sejam tratados mais favoravelmente do que os Estados.

Primeiro, o BCE subestima o impacto da crise financeira na economia real, começando a descer as taxas de juro de referência muito tardiamente – apenas em outubro de 2008 – mais de um ano depois do início da crise. Note-se, que em comparação, o FED começa a descer as taxas de juro de forma rápida logo em setembro de 2007. Se é certo que a crise tem o seu epicentro no mercado imobiliário dos Estados Unidos da América, o seu efeito sobre os mercados financeiros globais foi imediato, e era antecipável que os efeitos reais se viessem a fazer sentir na Zona Euro.

Segundo, o BCE sobrestimou a robustez da retoma, começando a diminuir os estímulos monetários em outubro de 2009. O BCE chega inclusive a subir duas vezes as taxas de juro de referência, em abril e novamente em julho de 2011 (reagindo a um aumento do preço das *commodities*), quando não existiam substanciais pressões inflacionistas (aliás como se veio a verificar), antes de as voltar a reduzir – o que constituiu um claro erro de política monetária. Em comparação, o FED baixa rapidamente as taxas de juro sem hesitações e inversões, e ao contrário do que acontece com o BCE não retira prematuramente os estímulos monetários. Esta situação é visível pela comparação da evolução do valor do balanço dos dois Bancos Centrais (ver Figuras 3.3 e 3.4).

A IMPORTÂNCIA DA POLÍTICA MONETÁRIA

Figura 3.4. *A Evolução do Valor do Balanço do FED*

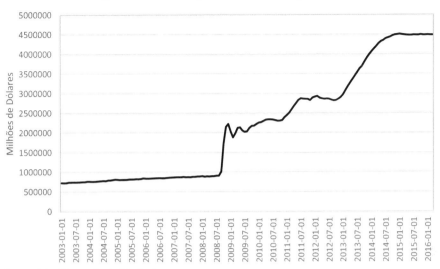

Fonte: *Federal Reserve Bank of St. Louis*

Não podemos, por isso, deixar de estar em total sintonia com a posição de Ben Bernanke, nada mais do que o presidente do FED à data, expressa no seu recente livro *Courage to Act*, onde atribui claras responsabilidades à política macroeconómica seguida na Europa:

> *"At the same time the ECB exacerbate the effect of this fiscal austerity by tightening monetary policy when inflation rose above the ECB's target 'below but close to 2 percent,' it twice raised interest rates in April and July of 2011, despite high unemployment and continued financial stress. Unlike the FED, it decided against looking through temporary increase in oil and crop prices. **I found the decision hard to understand** [nossa ênfase]."*
>
> ...
>
> ***Fiscal austerity throughout the Eurozone, along with high interest rates from the ECB, virtually guaranteed very low growth in Europe as a whole and outright economic contraction and soaring jobless in countries like Greece, Ireland, and Portugal.***" [204]

---

[204] "Ao mesmo tempo o BCE exacerbou os efeitos da austeridade fiscal ao conduzir política monetária restritiva quando a inflação subiu acima do objetivo do BCE de 'abaixo mas perto de 2%' subindo duas vezes as taxas de juro em abril e em julho de 2011, apesar do elevado desemprego e a continuação de *stress* financeiro. Ao contrário do FED, decidiu contra

Terceiro, o BCE não se assumiu como emprestador de último recurso para os governos da Zona Euro, que possibilitasse uma melhor gestão da dívida pública, e uma maior absorção dos riscos de contágio dos Estados periféricos da Zona Euro.[205] Apesar da escala da intervenção, e não obstante se ter verificado uma alteração na forma de condução da política monetária depois de Mario Draghi ter assumido a presidência do BCE, a verdade que é que a sua atuação se continuou a reger pelos princípios claramente enunciados por Jean Claude Trichet em 2010: *a*) na implementação das medidas enunciadas de política monetária de reação à crise mantem-se o foco na manutenção da estabilidade de preços como objetivo final do BCE; *b*) as medidas habituais e não habituais destinam-se a remover os obstáculos criados pela crise no mecanismo normal de transmissão da política monetária, e a manter a estabilidade do sistema financeiro; *c*) os instrumentos utilizados na implementação das medidas mantêm-se dentro do leque de ferramentas tradicionalmente usadas pelos Bancos Centrais; *d*) as medidas não habituais de política monetária devem ter um caráter temporário; *e*) as medidas não habituais devem ser acompanhadas de medidas destinadas a restabelecer o normal funcionamento dos mercados, nomeadamente através da solidez bancária e da credibilidade fiscal dos governos.

Assim, apesar da semelhança quantitativa na evolução do valor do balanço do BCE e do FED (ver Figuras 3.3 e 3.4),[206] Existem, no entanto, diferenças qualitativas. O aumento do valor do balanço do FED deveu-se sobretudo à compra de ativos com risco mínimo como obrigações do governo americano e obrigações garantidas pelo governo americano em mercado secundário – ou seja, à sua política de *quantitative easing* seguida desde praticamente o início da crise.[207] Já o aumento do valor do balanço

---

considerar o aumento do preço do petróleo e dos seriais como temporários. Eu considerei esta decisão difícil de entender. ... A austeridade fiscal através da Zona Euro, acompanhada de elevadas taxas de juro do BCE, garantiram virtualmente um crescimento muito baixo na Europa como um todo e diretamente uma contração económica e um aumento das pessoas sem emprego em países como a Grécia, Irlanda e Portugal." Bernanke (2015, p. 506).

[205] Ver Lapavitsas (2012).

[206] O valor do balanço do Banco de Inglaterra praticamente quadruplicou desde o início da crise.

[207] O FED conduziu políticas de *quantitative easing* (QE), formalmente designada de *Large Scale Asset Purchases*, em três *rounds* conhecidos por QE1 (a partir de novembro de 2008 até março de 2010), QE2 (a partir de novembro de 2010 até meados de 2011, implicando

do BCE deveu-se ao amento dos montantes de liquidez cedidos aos bancos – ou seja à política de *credit easing*.

Se é certo que numa fase inicial, a política de *credit easing* possa ter sido adequada no caso do BCE em face da maior dependência das empresas do sector bancário para financiamento, a verdade é que a emergência da crise das dívidas soberanas na Europa teria justificado a aplicação de programas de *quantitative easing* mais cedo. Verifica-se, portanto, que as medidas de política monetária se destinaram, sobretudo, a restabelecer o normal funcionamento do mecanismo de transmissão da política monetária. Na verdade, o BCE implementa o seu programa de *quantitatve easing* tardiamente, apenas em 2015, tendo o feito muito depois do FED, do BoE e do Banco do Japão, o que permitiu o desenvolvimento de uma crise de dívida soberana na Grécia, o seu contágio aos outros países periféricos da Zona Euro, e uma apreciação do euro no mercado cambial face às principais divisas originando uma diminuição da competitividade. De facto, a julgar pelo sucesso do programa na redução das taxas de juro das obrigações do tesouro dos países periféricos da Zona Euro, constata-se que se o BCE tivesse reagido mais cedo teria por certo impedido a ocorrência de uma crise das dívidas soberanas na Zona Euro.[208] Repare-se que foi graças à ação do BCE, e não às

---

compras mensais de ativos no montante de 75 mil milhões de dólares), e QE3 (de setembro de 2012 a outubro de 2014, implicando compras mensais de ativos no montante de 85 mil milhões de dólares). O Banco de Inglaterra implementou, também, *quantitative easing* muito mais cedo do que o BCE, com programas a partir de março de 2009, outubro de 2011 e fevereiro de 2012, assim como o Banco do Japão, que foi o pioneiro na aplicação do QE no início da década de 2000.

[208] Para Blyth (2013) a política ideal em 2009 exigia que o BCE (ou a Alemanha enquanto principal credor) tivesse comprado a título definitivo dívida pública grega no mercado secundário, que estava sujeita a risco de reprogramação. Esta política, que teria custado 50 mil milhões de euros, poderia ter evitado o desenvolvimento por contágio da crise das dívidas soberanas na Zona Euro. Segundo o mesmo autor existem duas razões que justificaram a inação do BCE e da Alemanha. A primeira razão relaciona-se com os estatutos do BCE e com o Tratado que institui a UE que impede o BCE, ou um país de resgatar outro (exceto em circunstancias excecionais – por exemplo desastres naturais), para evitar o problema de risco comportamental (*moral hazard*). A segunda razão está associada ao facto do problema grego ter ocorrido na proximidade de eleições regionais na Alemanha, e ter sido politicamente mais fácil para o governo alemão culpar os gregos do que explicar ao povo alemão de que era necessário que o BCE resgatasse a Grécia por causa do risco sistémico. Esta linha de pensamento é partilhada por autores como Robert Kuttner (2013, p. 134), que sugere,

políticas de austeridade (diríamos mesmo apesar das políticas de austeridade) que a confiança voltou aos mercados de obrigações do tesouro. A comprovar esta ideia apresenta-se o facto das taxas de juro implícitas nas obrigações do tesouro portuguesas para os diferentes prazos estarem a níveis de mínimos históricos ao mesmo tempo que as três principais agências de *rating* mantêm a notação de "lixo"[209] para essas mesmas obrigações. A principal razão para as taxas de juro se manterem baixas prende-se com o facto do BCE estar a assumir grande parte da procura. Este atraso na intervenção do BCE justifica-se também pelas diferenças existentes ao nível dos objetivos finais de política monetária. De facto o BCE tem um mandato para o controlo da taxa de inflação, mas não para ajudar diretamente a retoma da economia suportando a procura agregada.

Quarto, o BCE tem conduzido a política monetária fortemente expansionista ao mesmo tempo que advoga e pressiona para a aplicação de medidas de austeridade tendentes a consolidar as finanças públicas. Por isso, tal como refere Thomas Fazi,[210] o BCE em vez de ser um *'lender of last resort'*, é um *'dealer of last resort.'* O *mix* de política macroeconómica é, assim, contraditório. Dada a gravidade da crise, a política monetária (mesmo não convencional) não consegue só por si relançar a economia, e a sua eficácia está a ser fortemente condicionada pela aplicação de políticas fiscais contracionistas. Também aqui vale a pena referir a posição de Ben Bernanke, que apesar de ter liderado uma instituição independente como o FED, cujo propósito é conduzir a política monetária e não a política fiscal, não deixou de expressar a ideia de que a política monetária só por si não é suficiente para debelar a crise: *"As Keynes had first suggested in the 1930s, in an economic slump public spending could replace private spending for a time.* **With the economy still in free fall and with interest rates already near zero, the economy certainly needed fiscal help** [nossa ênfase] *– increased government spending, tax cuts to promote private spending,*

---

no entanto, que um valor ligeiramente mais alto, na casa dos 150 mil milhões teria sido suficiente para conter a crise grega.

[209] No momento em que escrevemos (março de 2016) a notação de *rating* da dívida de longo prazo portuguesa é nível especulativo: BB+ estável (*S&P*); Ba1 estável (*Moody's*); BB+ positivo (*Fitch*).

[210] See *"The case against quantitative easing and for Overt Money Financing (OMF) in the eurozone."*

or both."[211] Neste sentido, Bernanke critica a política fiscal seguida nos Estados Unidos da América a partir de 2011, por contrariar o sentido expansionista da política monetária, ainda que esta não se compare com a intensidade que a austeridade tem assumido na Europa. Ainda citando Bernanke:

> *Tim* [Geithner] *and I largely agree that Europe was getting it wrong. We did not hesitate to say so.*
>
> ...
>
> *Fiscal policy for the Eurozone as a whole was highly contractionary. The Eurozone´s macroeconomic approach seemed to boil down to 'no pain, no gain' irrespective of whether the pain was actually achieving anything.* [nossa ênfase]"[212]

Nesta fase do pensamento económico, esta não é uma ideia nova. É algo que é ensinado em disciplinas introdutórias de Macroeconomia pelo mundo fora, no âmbito de modelos de inspiração Keynesiana. Na verdade sabe-se que, neste contexto, que a política monetária não pode resultar sem a política fiscal. O aumento da liquidez interbancária determinado pelas políticas de *quantitative easing* acaba por ficar armadilhado no sistema financeiro por falta de agentes privados que peçam emprestado para investir e para consumir.[213] É por isso, fácil de perceber que apesar de a crise ter tido o seu epicentro nos Estados Unidos da América, a retoma tem sido mais forte e mais rápida nesse país porque a política monetária foi aí mais expansionista, e porque a política fiscal depois dos estímulos iniciais foi menos restritiva do que na Europa.[214]

---

[211] "Tal como Keynes sugerir pela primeira vez nos anos 1930, numa recessão a despesa pública pode substituir a despesa privada durante algum tempo. Com a economia ainda em queda livre e com as taxas de juro já próximas de zero, certamente que a economia necessita de ajuda fiscal – aumento dos gastos do governo, descida de impostos para promover a despesa privada, ou as duas coisas." (Bernanke, 2015, p. 387).

[212] "Tim [Geithner] e eu concordamos largamente que a Europa está interpretar isso erradamente. Nós não hesitamos em dizê-lo. ... A política fiscal para a Zona Euro como um todo foi altamente contracionista. A abordagem macroeconómica da Zona Euro parece resumir-se a 'sem dor não há ganho' independentemente da dor efetivamente não levar a algum lado." Bernanke (2015, p. 505-506).

[213] Koo (2015) designa este problema de 'armadilha do *quantitative easing*'.

[214] Ver Bernanke (2015).

Capítulo 4
O Impacto da Política Fiscal

"The boom, not the slump, is the right time for austerity at the Treasury"[215]

John Maynard Keynes (1937)

4.1. Os Multiplicadores Fiscais

Existem dois aspetos determinantes dos efeitos da política fiscal. O valor dos multiplicadores fiscais, e a extensão e dimensão dos efeitos de histerese.[216] Este capítulo versa o primeiro aspeto, enquanto o segundo será abordado no capítulo seguinte.

A ideia do multiplicador fiscal foi apresentada pioneiramente em 1931, em plena Grande Depressão, por Richard Kahn, um dos discípulos de Keynes. O multiplicador fiscal é igual ao quociente entre a variação do rendimento nacional e a variação do instrumento de política fiscal que lhe deu origem. Por exemplo, o multiplicador da despesa pública diz-nos quanto o rendimento varia por variação unitária da despesa pública.

---

[215] "O período de expansão, e não o período de recessão, é o tempo certo para a austeridade no Tesouro."

[216] Ver DeLong e Summers (2012).

Na verdade temos vários multiplicadores fiscais – tantos quanto os instrumentos de política fiscal. Podemos, por isso, falar no multiplicar da despesa pública (e dentro deste multiplicador temos os multiplicadores associados às várias categorias de despesa, como as compras de bens e serviços, as transferências para as famílias, ou o investimento público), e no multiplicador associado à receita pública (onde se incluem os multiplicadores dos impostos diretos e indiretos).

O multiplicador fiscal é considerado grande ou pequeno tendo como referência um em valor absoluto.[217] Se o multiplicador for maior do que um, o aumento da despesa pública originará um aumento do rendimento nacional maior do que o aumento inicial da despesa. Neste caso, políticas de austeridade que levem à redução da despesa originarão um efeito negativo no rendimento maior do que a redução da despesa inicial, tornando a consolidação orçamental, e a tentativa de reduzir o valor da dívida em percentagem do PIB impossível. Se o multiplicador estiver compreendido entre zero e um, políticas fiscais restritivas aplicadas do lado da despesa podem ser bem-sucedidas no que diz respeito à consolidação orçamental, mas têm efeitos negativos no produto. Já um valor negativo do multiplicador da despesa está associado à ideia de austeridade expansionista. O valor do multiplicador fiscal é, por isso, crítico para se perceber os efeitos das políticas de consolidação orçamental. Quando maior o multiplicador maiores os custos da consolidação orçamental, e maior a probabilidade da redução da despesa ter como efeito um aumento, e não uma diminuição, do défice orçamental e da dívida pública em percentagem do PIB.

O efeito multiplicador não é imediato – antes os feitos estendem-se no tempo. Por essa razão se distingue entre: *multiplicador de impacto*, que capta o efeito num determinado período de tempo; *multiplicador cumulativo*, que capta o efeito cumulativo da variação dos instrumentos fiscais num horizonte temporal mais lato, abrangendo vários períodos de tempo, e *multiplicador de pico*, que capta o efeito máximo da alteração do instrumento fiscal sobre o produto.

---

[217] Note-se que os multiplicadores da despesa são normalmente positivos enquanto os da receita são negativos.

O IMPACTO DA POLÍTICA FISCAL

A literatura económica acerca dos efeitos da política fiscal é vasta e de certa forma controversa.[218] Isto acontece porque não existe consenso dos economistas sobre o valor dos multiplicadores fiscais. Estimativas razoáveis do multiplicador encontram-se no intervalo que vai de 0.5 até 2.5.[219]

Apesar deste intervalo de valores admissíveis para o multiplicador fiscal ser grande, o que implica incerteza quando aos efeitos da política fiscal, existem algumas regularidades perfeitamente documentadas. De facto, a evidência empírica recente mostra que os multiplicadores fiscais são dependentes do estado da economia, e são influenciados, também, pelas características fundamentais de cada país. Assim:

Primeiro, a política fiscal é um poderoso instrumento de estabilização macroeconómica especialmente numa situação de recessão.[220] Neste caso, é pouco provável que um aumento dos gastos públicos cause um efeito de neutralização do investimento privado.[221] Os economistas que se opõem à condução de política fiscal expansionista pela via do investimento e consumo públicos referem a possibilidade de ocorrer o designado efeito de *crowding out*. A argumentação típica considera que um aumento da despesa pública origina défices orçamentais que têm que ser financiados pela emissão de dívida pública que causa um aumento da procura de fundos. A consequência é um aumento das taxas de juro (admitindo que a poupança não aumenta) à qual o governo se consegue financiar nos mercados em virtude do aumento do risco de não cumprimento, e um consequente aumento das taxas de juro do crédito concedido às empresas. Isto conduz a uma redução do investimento privado o que neutraliza o efeito do aumento do investimento público potencialmente menos rentável, contribuindo para um declínio da acumulação de capital e do produto, e fazendo reduzir a oferta de bens. Contudo, a verificação do efeito de *crowding out* depende do estado da economia. Este efeito só ocorre quando a economia está a operar próximo do pleno

---

[218] Ver, por exemplo, a revisão de literatura efetuada por Battini *et al.* (2012) e Gechert (2013).

[219] Ver Ramey (2011), DeLong e Summers (2012), e Auerbach e Gorodnichenko (2012).

[220] Gechert e Rannenberg (2014) concluem através de uma *meta regression analysis* que os multiplicadores da despesa aumentam entre 0.6 e 0.8 nas fases de recessão. Ver também Owyang *et al.* (2013) para o caso dos Estados Unidos da América e do Reino Unido.

[221] Ver Almunia (2010), Auerbach e Gorodnichenko (2012), e IMF (2010, 2012).

emprego dos fatores produtivos. Nesta situação, o aumento da despesa do governo financiada por empréstimos origina que o governo compita com os agentes privados por financiamento causando um aumento do preço do crédito – a taxa de juro. Assim, em circunstâncias normais, se o governo procurar equilibrar o défice orçamental, e se evitar investir na economia vai libertar fundos que serão imediatamente aproveitados pelo sector privado. Concedendo que o sector privado é um utilizador mais eficiente dos recursos,[222] uma diminuição dos empréstimos contraídos pelo governo, e um aumento dos empréstimos contraídos pelo sector privado contribui para uma distribuição mais eficiente dos recursos potenciando o crescimento económico.[223] Porém, quando a economia está em recessão existe um excesso de oferta de fundos, o investimento privado reduz-se em face das más perspetivas para a procura das empresas, e o efeito de aumento das taxas de juro é menos provável. Mesmo na situação de baixas taxas de juro, as empresas não vão usar os recursos libertados pela consolidação orçamental, que deixarão de ser usados.[224] Ao contrário o investimento público compensa a falta de investimento privado, originando pela via do multiplicador uma aumento do produto e do emprego. A consequência é um aumento da procura agregada, que se traduz em melhores perspetivas para as vendas das empresas levando a um aumento do investimento privado. Neste caso, temos aquilo que se designa o efeito de *crowding-in* do investimento público.

Segundo, a eficácia da política fiscal é maior quando as taxas de juro estão próximas de zero (situação de armadilha de liquidez) como é o caso atual da Zona Euro.[225] De facto, quando existe excesso de oferta na economia, e as taxas de juro estão próximas de zero, e quando os Bancos Centrais estão dispostos a estimular suficientemente a economia, por exemplo através do designado *quantitative easing* (condições que prevalecem atualmente na Zona Euro), os multiplicadores fiscais podem

---

[222] Quando não existe concorrência nos mercados esta situação não se verifica necessariamente.

[223] Koo (2009).

[224] Koo (2009).

[225] Ver, por exemplo, Hall (2009), Gordon e Krenn (2010), IMF (2010), Christiano *et al.* (2011), Woodford (2011), Eggertsson (2011), Krugman (2012a), Romer (2012), Solow (2012), DeLong *et al.* (2012) e Erceg e Lindé (2014).

ser significativamente maiores do que os que são estimados em tempos normais. Existe, ainda, evidência de que os multiplicadores da despesa aumentam mais do que os multiplicadores dos impostos na situação de armadilha de liquidez.[226] Acresce que a política fiscal pode ser um instrumento efetivo de gestão da procura agregada se existir uma apropriada coordenação com a política monetária.[227] O impacto positivo dos estímulos fiscais são, assim, fortemente potenciados pela política monetária expansionista.

Terceiro, os multiplicadores fiscais para a Zona Euro como um todo são maiores do que os multiplicadores dos países individualmente considerados. Isto significa que numa união monetária, a coordenação das políticas fiscais entre os países é importante no sentido de neutralizar os efeitos da fuga pela via das importações devido ao aumento da procura externa.[228]

Quarto, os multiplicadores fiscais são maiores quando os consumidores não têm acesso ao crédito, e estão constrangidos a consumir a partir do seu rendimento corrente.[229]

Quinto, existe evidência de que em períodos de recessão os multiplicadores da despesa pública são significativamente maiores em valor absoluto do que os multiplicadores dos impostos. Isto acontece porque numa recessão é provável que os consumidores poupem o equivalente à diminuição de impostos, pelo que o impacto na procura agregada é baixo em comparação com os gastos diretos do governo.[230] Dado que os mais pobres têm naturalmente taxas de poupança mais baixas, é de esperar que uma redução de impostos nos agentes de classe de rendimentos mais baixa terá um maior impacto do que uma redução equivalente nos agentes de classe mais elevada.[231]

Sexto, os multiplicadores fiscais variam em função do sentido da alteração do instrumento fiscal. As pessoas reagem de forma assimétrica a

---

[226] Erceg e Lindé (2013).

[227] Ver, por exemplo, Wren-Lewis (2000), Eggertsson (2006), Arestis (2011), e Romer (2012).

[228] Ver IMF (2009, 2010).

[229] Ver Gali *et al.* (2007).

[230] Gechert e Rannenberg (2014) concluem através de uma *meta regression analysis* que os multiplicadores da despesa excedem os multiplicadores dos impostos em cerca de 0.3. Ver também OECD (2009).

[231] Ver, por exemplo, Battini *et al.* (2012), e Gechert (2013).

AUSTERIDADE EXPANSIONISTA

uma subida ou a uma descida de impostos. Numa recessão, perante uma descida de impostos, é provavelmente que as pessoas poupem uma parte substancial do rendimento disponível extra que obtêm originado um multiplicador baixo em valor absoluto. Mas um aumento de impostos vai originar uma descida do consumo resultando num multiplicador de impostos mais elevado. Por essa razão um aumento de impostos seguido de uma diminuição posterior dos mesmos quando as condições orçamentais foram mais favoráveis terá um efeito negativo persistente sobre a procura agregada.[232]

Sétimo, os multiplicadores fiscais podem variar em função do carácter permanente ou temporário da alteração do instrumento fiscal. Por exemplo um corte permanente de impostos pode originar um aumento do consumo, enquanto um corte temporário pode fazer com que o acréscimo de rendimento disponível seja poupado.[233]

Finalmente, os multiplicadores fiscais dependem das características dos países tais como: *a)* o nível de desenvolvimento – o multiplicador do consumo público é maior nos países industrializados do que nos países em vias de desenvolvimento;[234] *b)* o regime cambial – os multiplicadores são maiores em regimes de câmbios fixos, ou numa união monetária, do que em câmbios flexíveis, porque a autoridade monetária é forçada a acomodar a política fiscal;[235] *c)* a dimensão e o grau de abertura da economia medido em termos de comércio de bens e serviços – os multiplicadores fiscais são menores nas pequenas economias abertas, porque parte do efeito se perde pela via das importações, do que em economias relativamente fechadas;[236] *d)* o nível da dívida pública – os multiplicadores fiscais são maiores em países com menor dívida pública em percentagem do PIB);[237] *f)* a rigidez do mercado de trabalho – países com mercados de trabalho mais rígidos têm multiplicadores maiores – isto acontece porque a rigidez salarial amplifica a resposta do produto e do emprego a choques de procura;[238] *e)* a importância dos estabilizadores automáticos – quanto maior a importância dos estabilizadores automá-

---

[232] Baum *et al.* (2012).
[233] Ver, por exemplo, Spilimbergo *et al.* (2009).
[234] See, *e.g.*, Ilzetzki *et al.* (2013), and Kraay (2012).
[235] Ver, por exemplo, Castro e Fernández (2013), Erceg e Lindé (2013) e Ilzetzki (2013).
[236] O multiplicador fiscal é, por isso, uma função negativa da propensão marginal a importar.
[237] Ver Ilzetzki *et al.* (2013).
[238] Cole e Ohaniam (2004), e Gorodnichenko *et al.* (2012).

O IMPACTO DA POLÍTICA FISCAL

ticos menor o valor dos multiplicadores fiscais, uma vez que a resposta automática das transferências e dos impostos neutraliza parte do impacto do choque fiscal inicial;[239] f) o grau de desigualdade na distribuição do rendimento e da riqueza – países com maiores índices de desigualdade tendem a ter multiplicadores fiscais maiores.[240]

O quadro 4.1 e a Figura 4.1 mostram os valores médios dos multiplicadores fiscais e os seus desvios-padrão, tendo em conta uma diversa gama de estudos. Verifica-se que o multiplicador da despesa pública genérica é aproximadamente igual a um, e significativamente superior em valor absoluto ao multiplicador dos impostos que é igual a 0.54. O multiplicador mais elevado é o do investimento público (cerca de 1.36). Na mesma linha vão os resultados apresentados pelo *Economic Outlook* da OCDE de 2009 (Ver Quadro 4.2). O multiplicador da despesa é sistematicamente superior em valor absoluto ao multiplicador dos impostos, e de entre os multiplicadores dos impostos, o multiplicador do IRS (0.5) é em média maior do que o multiplicador do IRC (0.3).

Quadro 4.1. *Estatísticas Descritivas dos Valores dos Multiplicadores Fiscais Reportados nos Estudos Económicos*

Instrumento Fiscal	Média	Mediana	Desvio-Padrão	Máximo	Mínimo
Multiplicador Indiscriminado	0.85	0.79	0.77	3.9	-1.75
Despesa Pública (incluindo despesas militares)	1.01	1.00	0.78	3.90	-1.75
Despesa Pública (não considerando despesas militares)	1.00	1.00	0.79	3.90	-1.70
Transferências para as Famílias	0.39	0.25	0.47	2.10	-0.83
Impostos	0.54	0.36	0.66	3.57	-1.5
Défice Público	0.31	0.34	0.43	1.10	-0.29
Consumo Público	0.8	0.89	0.57	3.00	-1.75
Investimento Público	1.36	1.15	0.89	3.80	-1.75
Gastos Militares	1.07	0.98	0.82	3.56	-0.43
Emprego Público	0.90	0.95	0.77	2.93	-0.61

Fonte: Sebastian Gechert (2013, p. 11). "What Fiscal Policy is Most Effective? A Meta Regression Analysis." *Macroeconomic Policy Institute* – Working Paper nº 117.

[239] Doll *et al.* (2012).
[240] Ver Brinca *et al.* (2016).

Figura 4.1. Os *Valores* Médios *dos Multiplicadores Fiscais Reportados nos Estudos Económicos*

(Os pontos representam o valor médio do multiplicador, enquanto que as barras representam os desvios-padrões que capta a incerteza associada às estimação do valor do multiplicador)

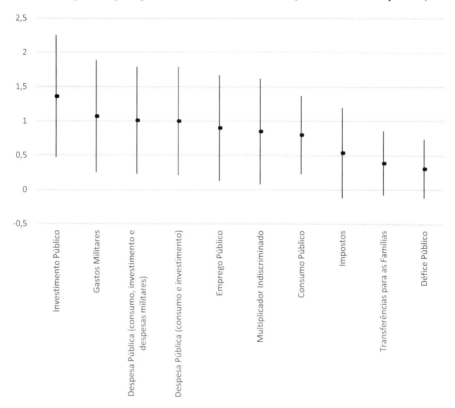

Fonte: Sebastian Gechert (2013, p. 11). "What Fiscal Policy is Most Effective? A Meta Regression Analysis." *Macroeconomic Policy Institute* – Working Paper nº 117.

Quadro 4.2. *Valores dos Multiplicadores Fiscais Reportados pela OECD*

Instrumento Fiscal	Todos os estudos 1º Ano			Estudos com multiplicadores calculados para o 1º e 2º ano					
				1º Ano			2º Ano		
	Baixa	Alta	Média	Baixa	Alta	Média	Baixa	Alta	Média
Despesa pública em bens e serviços	0.6	1.9	1.1	0.9	1.9	1.2	0.5	2.2	1.3
Impostos sobre os lucros das empresas	0.1	0.5	0.3	0.1	0.5	0.3	0.2	0.8	0.5
Impostos sobre o rendimento das pessoas	0.1	1.1	0.5	0.1	1.1	0.5	0.2	1.4	0.8
Impostos indiretos	0.0	1.4	0.5	0.0	0.6	0.2	0.0	0.8	0.4
Contribuição para a Segurança Social	0.0	1.2	0.4	0.0	0.5	0.3	0.2	1.0	0.6

Fonte: OECD (2009). *Economic Outlook – Interim Report.*

Relativamente a Portugal, vale a pena referir os multiplicadores estimados por Castro *et al.* (2013) num documento de trabalho do Banco de Portugal, usando um modelo dinâmico estocástico de equilíbrio geral em economia aberta (ver Quadro 4.3). Conforme se pode observar: *a*) todas as medidas fiscais restritivas têm um efeito negativo sobre o PIB, o que confirma o grande consenso que existe entre os economistas de que a austeridade tem efeitos contraccionistas no curto prazo; *b*) o multiplicador do consumo do governo é maior do que um, e maior em valor absoluto dos que os multiplicadores dos impostos – resultado que é muito robusto da literatura; *c*) Os multiplicadores aumentam significativamente em períodos de crise.

Estes resultados implicam que cortes na despesa do governo tem um efeito negativo mais do proporcional sobre o PIB, sobretudo se aplicados durante um período de crise.

AUSTERIDADE EXPANSIONISTA

Quadro 4.3. *Efeitos dos Instrumentos Fiscais sobre o PIB em Portugal*

Instrumento Fiscal		1º Ano	2º Ano	3º Ano
Diminuição do consumo do governo	Tempos normais	-1.2	-0.4	-0.3
	Tempo de crise	-2.0	-1.1	-0.3
Diminuição de transferências (*lump sum*)	Tempos normais	-0.7	0.1	0.1
	Tempo de crise	-1.2	-0.4	0.3
Aumento dos impostos sobre o trabalho	Tempos normais	-0.5	-0.8	-0.8
	Tempo de crise	-0.7	-0.9	-0.8
Aumento dos impostos sobre o consumo	Tempos normais	-0.5	-0.5	-0.5
	Tempo de crise	-0.8	-0.6	-0.4

Fonte: Castro *et al.* (2013, p. 21)

Assim, a partir da análise da literatura económica parece seguro concluir que:

i. Os multiplicadores fiscais são substancialmente maiores numa fase de recessão económica do que não fase de expansão;

ii. Os multiplicadores da despesa pública (definida como a soma do consumo e do investimento público) são maiores em valor absoluto do que os multiplicadores dos impostos. Esta diferença é mais pronunciada na fase de recessão do que numa fase de expansão da economia;

iii. Independentemente do estado cíclico da economia, os multiplicadores de impacto da despesa pública são positivos, o que significa que a política fiscal restritiva implantada pela via de cortes na despesa é contraccionista no curto prazo.

iv. O multiplicador cumulativo da despesa pública quando calculado numa recessão económica é sempre positivo. Isto implica que cortes na despesa pública aplicados durante uma recessão económica têm efeitos recessivos no curto e no longo prazo.

v. De entre as categorias de despesa, o multiplicador do investimento público é o maior. Numa fase de recessão este multiplicador é tipicamente maior do que um, enquanto que o multiplicador da despesa pública genérica se aproxima de um.

vi. O multiplicador do imposto sobre o rendimento das pessoas (IRS) é em valor absoluto tipicamente maior do que o multiplicador do imposto sobre o rendimento das empresas (IRC).

Portanto, na atual conjuntura existem fortes razões para acreditar que a política fiscal tem efeitos significativos no produto e no emprego, e os efeitos são de tipo Keynesiano, isto é, a política fiscal expansionista tem efeitos expansionistas, enquanto que a política fiscal restritiva tem efeitos recessivos.[241]

Ora, subjacente aos programas de ajustamento impostos pela *Troika* e implementados pelos países periféricos da Zona Euro entre os quais Portugal, existia o pressuposto de que os multiplicadores fiscais no início da crise se cifravam em cerca de 0.5.[242] A evidência empírica recente, emanada de estudos do próprio ex-economista chefe do FMI – Olivier Blanchard, mostra, no entanto, que o valor destes multiplicadores foi subestimado em cerca de 0.4 a 1.2 dependendo da fonte da previsão adotada e da metodologia usada na estimação, o que coloca o valor dos multiplicadores fiscais no intervalo de 0.9 a 1.7.[243] Note-se, ainda, que os multiplicadores fiscais foram subestimados quer para os gastos públicos, quer para os impostos, mas o grau de subestimação foi maior para os gastos públicos.[244]

Assim, quando o governo adota uma política de consolidação orçamental agressiva através de uma redução da despesa (redução do investimento e dos gastos públicos) o efeito é uma redução da procura agregada numa altura em que ela já está suficientemente deprimida. Os recursos supostamente libertados pela redução da despesa do governo não serão usados pelo sector privado, o produto diminui, o desemprego aumenta, originado um efeito pernicioso ao nível do próprio objetivo de consolidação orçamental. A solução passou por doses sucessivas de austeridade que levaram a economia para um ciclo vicioso de redução da despesa pública à queda do PIB e aumento do desemprego à aumento da dívida pública em percentagem do PIB à agravamento das tensões nos mercados financeiros à nova redução da despesa pública.

[241] Ver a este propósito Romer (2012).
[242] Ver IMF (2008, p. 181) e IMF (2010, p. 99).
[243] Ver IMF (2012), e Blanchard e Leigh (2013).
[244] Blanchard e Leigh (2013).

AUSTERIDADE EXPANSIONISTA

Sejamos por isso claros; se os multiplicadores fiscais forem maiores do que um, e a evidência empírica mostra que nas atuais circunstancias é precisamente isso que acontece (no que diz respeito aos multiplicadores da despesa pública), se quisermos reduzir o défice orçamental em percentagem do PIB e fazer baixar o rácio da dívida pública em percentagem do PIB devemos aplicar política fiscal expansionista traduzida sobretudo num aumento do investimento público. Ao fazermos isto vamos aumentar o produto contribuindo para uma mais rápida retoma da economia, que possibilitará uma melhoria da notação de *rating* da dívida pública, permitindo recuperar a confiança dos potenciais investidores. Ao contrário, as medidas de austeridade irão condicionar a retoma da economia e não serão bem-sucedidas no objetivo de consolidação orçamental.

4.2. O Paradoxo da Poupança

O paradoxo da poupança é um tipo de problema económico divulgado por Keynes que se explica pela designada falácia da composição. Um problema de falácia de composição surge quando se infere que alguma coisa que é verdade para uma parte também se aplica ao todo.

O paradoxo da poupança traduz-se no facto de que durante uma recessão se todos os agentes económicos privados (famílias e empresas) tentarem aumentar a sua poupança ao mesmo tempo isso causará uma queda da procura agregada, devido à diminuição do investimento e do consumo, que originará um aumento do desemprego,[245] acabando por frustrar a tentativa inicial de aumento da poupança.[246] Assim, se de um

---

[245] O aumento do desemprego resulta da existência de rigidez dos salários nominais à baixa. Note-se, no entanto, que o aumento da flexibilidade dos salários nominais não resolve o problema, uma vez o rendimento que é perdido na situação anterior por aqueles que ficam desempregados, é neste caso perdido pela via da descida generalizada dos salários.

[246] Apesar de popularizado por Keynes, o paradoxo da poupança foi identificado por autores como Voltaire e Mandeville. Este último, na sua *Fábula das Abelhas* de 1732, falando sobre as contradições entre ideais morais e a realidade económica, acaba por reconhecer que o rendimento de um agente corresponde à despesa de outro, o que implica que se a despesa em bens de luxo diminuir o mesmo acontece ao rendimento. Por isso, apesar de a abstinência poder ser o que as pessoas devam fazer individualmente por motivos morais ou até económicos, do ponto de vista global isso pode condenar uma economia. No entanto, o primeiro autor a descrever de forma consistente o dilema da poupança foi John Mackinnen no seu livro de 1892 *The Fallacy of Saving*. Mackinnen vai mais longe do que Voltaire ou Mandeville,

O IMPACTO DA POLÍTICA FISCAL

ponto de vista individual um agente em dificuldades poderá ajustar o seu orçamento, através da redução das despesas e do aumento da poupança, mantendo ou até aumentado o seu rendimento, de um ponto de vista agregado esta estratégia não funciona porque para um agente poder obter rendimento e poupar outro terá que gastar. De um ponto de vista agregado, se todos tentarem aumentar a poupança ao mesmo tempo, o rendimento não permanecerá constante. Nestas circunstâncias, a poupança não será usada necessariamente pelas firmas para investimento, tal como é defendido pelos economistas clássicos. De facto *"Does anyone really believe that if people are saving more and buying less from business firms, business firms, in face of this decline in market demand, immediately invest more in additional capacity to enable then to produce more product?"*[247]

Portanto, se é verdade que o investimento requer em última instância a existência de poupança, e que em termos de equilíbrio macroeconómico a poupança terá que ser igual ao investimento, não é garantido que em situações de depressão económica que a poupança origine necessariamente investimento. Em situações normais, o aumento da poupança provoca um aumento da procura de ativos financeiros (isto é, um aumento da oferta de fundos) causando uma diminuição das taxas de juro que faz baixar o custo do capital para as empresas incentivando o investimento. Porém, numa situação de armadilha de liquidez, as taxas de juro descem praticamente para zero sem que se produzam efeitos ao nível do investimento. Nestas alturas, o investimento é mais determinado pelas expectativas dos empresários quando à procura dos seus produtos no futuro do que pela taxa de juro, pelo que o mecanismo normal através do qual um aumento da poupança leva a mais investimento é interrompido.[248] O paradoxo da poupança consiste no facto de que o aumento do desejo de poupar por parte da generalidade dos agentes individuais não faz aumentar a poupança de um ponto de vista agregado, mas origina uma diminuição do PIB. Por essa razão, o equilí-

---

ao reconhecer que que não só o excesso de poupança faz baixar o rendimento, como acaba por frustrar a própria capacidade de poupar.

[247] "Alguém acredita realmente que se as pessoas estiverem a poupar mais e a comprar menos das empresas, as empresas, em face deste declínio na procura de mercado, imediatamente investem mais em capacidade adicional que lhes permite produzir mais produto?" (Davidson, 2009, p. 56).

[248] Ver Krugman (2014).

brio entre poupança e investimento, pode ocorrer para um nível elevado de desemprego.

A situação de pleno emprego não surge automaticamente do livre funcionamento do mercado, e numa depressão, não se pode esperar que a economia recupere por si só em tempo útil. Daí que a solução Keynesiana seja, num contexto em que a política monetária não consegue fazer aumentar o investimento privado, um programa maciço de despesa pública (nomeadamente de investimento). Keynes explicou isto na abertura do capítulo 16 da Teoria Geral do Emprego, do Juro e da Moeda:[249]

> "Um ato de poupança individual significa – por assim dizer – uma decisão de não jantar hoje. Mas não implica, necessariamente, a decisão de jantar ou de comprar umas botas daqui a uma semana ou um ano, ou de consumir uma coisa específica numa data específica. Assim deprime as atividades necessárias para confecionar o jantar de hoje, sem estimular as atividades implicadas nos preparativos para um ato futuro de consumo. Não é uma substituição da procura de consumo presente por uma procura de consumo futuro – é apenas uma diminuição líquida da primeira. Para além disso, a expectativa do futuro consumo está de tal modo baseada no conhecimento atual do consumo presente que qualquer redução do último provavelmente deprimirá a primeira, com o resultado de que esse ato de poupança não apenas fará baixar o preço dos bens de consumo, independentemente da eficiência marginal do capital existente, como também pode deprimir esta última. Neste caso, pode reduzir a procura de investimento atual tanto como a procura de consumo presente."

Note-se ainda, a este propósito, que a ideia que de que não podemos resolver um problema de endividamento excessivo através do aumento do endividamento para financiar os estímulos fiscais é uma ideia errada. Isto acontece porque os novos devedores são diferentes dos antigos. Quando os agentes privados procuram poupar ou saldar as suas dívidas num contexto de baixas taxas de juro, isso tende a gerar um excedente financeiro (excesso de rendimento sobre as despesas) que deve ser compensado. O agente melhor posicionado para contrabalançar o excesso

---

[249] Keynes (1936, p. 212).

O IMPACTO DA POLÍTICA FISCAL

de poupança e possibilitar a desalavancagem do sector privado é precisamente o Governo.[250]

Uma interessante analogia entre o funcionamento de uma cooperativa de *baby-sitting* e uma economia, no âmbito do paradoxo da poupança, foi apresentada em 1977 por Joan and Richard Sweeney num artigo intitulado "*Monetary Theory and the Great Capitol Hill Baby-Sitting Co-op Crisis*" publicado no *Journal of Money Credit and Banking*, e popularizada por Paul Krugman nos livros *Peddling Prosperity* e *The Accidental Theorist*.

Segundo o artigo, um grupo de cerca de 150 jovens casais com ligações a trabalhadores do Congresso dos Estados Unidos da América decidiu formar uma cooperativa de *baby-sitting*, isto é, um sistema rotativo que permitiria a uns saírem à noite enquanto outros cuidavam dos seus filhos. O funcionamento do sistema pressupunha que de algum modo se assegurasse uma divisão equitativa do trabalho. A solução encontrada foi a emissão de talões com o valor de meia hora de *baby-sitting*. Quando um casal saía à noite devia entregar ao casal que ficava a cuidar dos seus filhos tantos talões quantas as meias horas de trabalho prestado. Para iniciar o processo foram emitidos e distribuídos 40 talões representativos de 20 horas de *baby-sitting* (1 talão equivale a meia hora de *baby-sitting*) e era requerido que os membros devolvessem os 40 talões quando abandonassem a cooperativa. A cooperativa tinha, também, uma administração responsável por várias tarefas, nomeadamente a de por cm contacto os casais que necessitavam de *baby-sitting* com os casais que desejavam fazer *baby-sitting*. Os custos administrativos eram suportados por uma contribuição obrigatória de cada casal expressa em talões de *baby-sitting*.

Um sistema como este requer a existência de um número suficiente de talões. Um casal pode querer sair diversas vezes sucessivas e pode não ter tempo ou não ter oportunidade de fazer *baby-sitting* para receber mais talões. Por outro lado, um casal que enfrente uma grande incerteza relativamente à sua disponibilidade futura para fazer *baby-sitting* tem incentivo a poupar talões.

---

[250] Ver Wolf (2014).

AUSTERIDADE EXPANSIONISTA

Tudo corria bem até que, ao fim de algum tempo, se começou a verificar uma carência de talões. Os casais começaram a ter relutância em sair à noite, poupando talões, dado que não os tinham no montante ótimo que lhes permitisse sair à noite numa ocasião especial. Os casais desejavam fazer horas de *baby-sitting* para obter mais talões, mas uma hora de *baby-sitting* de um casal implicava a despesa de um talão de outro casal. A cooperativa passou a ser constituída por casais que permaneciam em casa, sem querem sair à noite até que pudessem obter mais talões. Com os preços fixados de forma irrevogável (1 talão igual a meia hora de *baby-sitting*), a Cooperativa entrou em recessão.

A recessão não foi provocada pelo facto dos seus membros serem ineficientes, não querem trabalhar, ou por terem vivido acima das suas possibilidades. Por essa razão, a recessão não deve ser vista como uma punição de comportamentos errados do passado. A cooperativa tinha antes um problema de procura. Demasiadas pessoas a procurarem talões (moeda) devido a um problema de confiança e incerteza sobre o futuro. A recessão foi provocada por demasiadas pessoas estarem a tentar aumentar a poupança (de talões) ao mesmo tempo.

Como resolver o problema? Como a maior parte dos membros eram advogados, a solução proposta inicialmente foi a regulamentação: obrigar, por regra, todos os casais a saírem duas vezes por mês. Os economistas propuseram, no entanto, outra solução (que prevaleceu): a emissão extraordinária de mais 20 talões de meias horas de *baby-sitting*. Aos casais passaram, então, a ser atribuídos 60 talões correspondentes a 30 horas de baby-*sitting*, 40 dos quais teriam que ser devolvidos quando um casal saísse da cooperativa.

Os resultados positivos foram imediatos. Com maiores reservas de talões, os casais começaram a sair de novo, isto fez com que o PIB da cooperativa medida em horas de *baby-sitting* crescesse rapidamente.[251]

Note-se, que a rigidez de preços (meia hora de *baby-sitting* custa 1 talão) exacerba o efeito recessivo do choque de confiança dos casais. Contudo, a possibilidade do preço baixar em resposta a um excesso de oferta não resolve completamente o problema, e esta solução de mercado é

---

[251] No entanto, a história não acaba aqui. Alguns anos após surgiu ou novo problema. À medida que novos membros entravam na cooperativa foram sendo emitidos novos talões até a ponto que em existiam demasiados talões em circulação que não podiam ser usados porque poucos casais estavam dispostos a fazer *baby-sitting*.

inferior à solução da emissão monetária (talões). De facto, uma descida de preço iria provocar um efeito positivo sobre a procura, mas iria simultaneamente reduzir o incentivo à oferta de *baby-sitting*, o que faria com a que a economia se ajustasse para uma situação com uma quantidade transacionada em equilíbrio maior do que a que existiria após o choque, na situação de rigidez de preços, mas inferior à inicial.

Esta história é interessante porque mostra que: *i*) uma economia pode entrar em recessão pelo lado da procura, quando todos os agentes tentam aumentar a poupança ao mesmo tempo; *ii*) quando todos os agentes tentam aumentar a poupança ao mesmo tempo eles não poderão ser bem-sucedidos, porque o rendimento acabará por diminuir; *iii*) uma recessão pode ter uma solução técnica simples – neste caso uma política monetária expansionista. Todavia, a crise atual da nossa economia atingiu tal magnitude que a política monetária não é suficiente para relançar a economia.

Assim, a tentativa de estimular a economia pela via de um aumento da poupança num período de recessão não funciona. Origina um ciclo vicioso de diminuição da procura agregada, diminuição do rendimento que acaba por frustrar a tentativa inicial de aumento da própria poupança. Logo, numa situação de recessão, com as taxas de juro próximas de zero, com a economia à beira da armadilha de liquidez, e num contexto de grande incerteza quanto às perspetivas para o futuro que origina um aumentou da procura de ativos líquidos e de pouco risco, é irresponsável apelar ao aumento da poupança dos agentes económicos.[252]

Na verdade, o paradoxo da poupança colocado nestes termos pressupõe um sistema fechado. De facto, considerando uma economia aberta é possível ultrapassar o paradoxo através da procura externa. E foi isso precisamente o que tentaram fazer Portugal, a Grécia e a Irlanda. Estes países apostaram tudo no crescimento das suas exportações através da desvalorização interna para saírem da crise. Existem, no entanto, dois problemas fundamentais associados a esta lógica.

Primeiro, numa área monetária como a Zona Euro, o mecanismo de mercado de ajustamento dos desequilíbrios externos, na ausência de transferências fiscais entre os países, e num contexto de uma limitada

---

[252] Keynes (1937) refere que num contexto de depressão em que os recursos produtivos estão a ser utilizados muito abaixo do seu potencial, apelar à poupança e seguir uma política de austeridade é coisa de ignorantes e de loucos.

mobilidade do fator trabalho, pode ser descrito da seguinte forma: a perda de competitividade externa da economia conduz a um aumento do défice da balança comercial; as políticas de desvalorização interna destinadas a reduzir a procura interna e a perda de competitividade originam um aumento do desemprego; o aumento do desemprego limita o crescimento dos salários, transmitindo-se a uma redução da taxa de inflação que permite recuperar parcialmente a competitividade; paralelamente, a economia reconfigura-se de um modelo de crescimento assente na procura interna para um modelo de crescimento baseado na produção de bens transacionáveis para o mercado externo; o aumento das exportações origina, por fim, uma melhoria do saldo da balança comercial e uma redução do desemprego. O problema é que este mecanismo de reconfiguração da economia é lento,[253] e não funciona quando a maioria dos países o está a aplicar ao mesmo tempo. O processo de reconfiguração da economia origina desemprego persistente, aumento da inatividade e da imigração, que afeta o potencial de crescimento do PIB. Este processo é dificultado pelo facto do peso das exportações no PIB em Portugal ser relativamente baixo (cerca 35% à data da assinatura do memorando de entendimento com a *Troika*, tendo aumentado para cerca de 40% na atualidade, mas em grande parte devido à contração do PIB).

Segundo, os países que exibem excedentes persistentes na balança corrente (como a China, o Japão e Alemanha) apostam também num modelo de crescimento assente em exportar cada vez mais. Assim, se todos os países tentarem ultrapassar a crise através das exportações, nomeadamente os nossos parceiros comerciais, ao mesmo tempo que aplicam política fiscal restritiva no sentido de diminuírem os défices orçamentais, o paradoxo da poupança volta a verificar-se. A economia mundial é de facto um sistema fechado – e como disse Martin Wolf, economista e colunista chefe do jornal *Financial Times*, "Os credores não podem vender para Marte. Nós estamos todos no mesmo planeta."![254]

---

[253] Franco (2014a).

[254] *"Blessed are the creditors, for they shall inherit the earth. This is not in the Sermon on the Mount. Yet creditors believe it: if everybody were a creditor, we would have no unpaid debts and financial crises. That, creditors believe, is the way to behave. They are mistaken.* **Since the world cannot trade with Mars,** *creditors are joined at the hip to the debtors. The former must accumulate claims on the latter. This puts them in a trap of their own making. [...] It would be a good idea to rediscover that reciprocal*

4.3. O Paradoxo da Flexibilidade

Antes da Grande Depressão de 1929 a generalidade dos economistas acreditava que a persistência das recessões resultava da rigidez dos preços e dos salários, e que uma vez ultrapassado este problema a economia ajustava-se rapidamente para uma situação de equilíbrio sem desemprego através de mecanismos de mercado.

É esta conceção que está na base dos trágicos conselhos liquidacionistas de política económica, dados pelo Secretário do Tesouro dos Estados Unidos da América – Andrew Mellon ao Presidente Hoover em 1929 resumidos na célebre frase: *"liquidate labor, liquidate stocks, liquidate farmers, liquidate real estate... it will purge the rottenness out of the system."*[255]

Keynes explicou, no entanto, na sua Teoria Geral de 1936 que a rigidez salarial, provocada pela presença de sindicatos, de monopsónios, ou pela intervenção do governo no mercado de trabalho e de bens e serviços, não é uma condição necessária nem suficiente para justificar a existência de recessões, e de desemprego elevado. A descida dos salários e dos preços não origina um aumento do nível agregado de emprego. Antes, numa depressão, o investimento em capital físico e humano por parte das empresas depende das expectativas dos empresários sobre o volume de vendas e sobre a lucratividade no futuro – aquilo que Keynes designou de *animal spirits*.

A impossibilidade de relançar a economia, e de baixar a taxa de desemprego a partir de uma descida dos salários e dos preços, fica bem demonstrada naquilo que Paul Krugman chamou de paradoxo da flexibilidade.[256] Assim, do ponto de vista de uma empresa individual ou até de um sector de atividade, a descida dos salários torna possível uma redução dos preços dos produtos tornando a empresa ou o sector mais competitivo. Permite expandir o produto e aumentar o número de trabalhadores contratados até ao ponto em que a redução dos salários

---

interest urgently, right now. **Creditors do not sell to Mars**. *We are all on the same planet. Agree to fix its messes, right now." Creditors Can Huff but They Need Debtors*, Martin Wolf, Financial Times, 1 de novembro de 2011.

[255] *"Liquide-se o trabalho, liquidem-se os stocks, liquide-se o agricultor, liquide-se a propriedade imobiliária. Isso eliminará a podridão do sistema." Este foi o conselho, não seguido na sua versão mais extrema, que Herbert Hoover recebeu do seu Secretário do Tesouro Andrew Mellon, de acordo com o que próprio Presidente escreveu anos mais tarde nas suas memórias.*

[256] Krugman (2014).

AUSTERIDADE EXPANSIONISTA

nominais que os trabalhadores aceitam seja exatamente compensada pela produtividade marginal (decrescente) do trabalho decorrente de um aumento da produção.[257] Mas o pressuposto fundamental subjacente a esta ideia é o de que a descida dos salários de uma empresa ou de um sector de atividade não afeta a procura agregada. Ora, este pressuposto é violado quando a generalidade das empresas de vários sectores de atividade tenta expandir (ou proteger) o seu número de trabalhadores através de uma descida dos salários. Isto acontece porque o salário é, por um lado, um custo para as empresas, mas, por outro lado, sustenta o consumo, sendo uma fonte de procura na economia. Quando o nível geral de salários baixa, ninguém ganha uma vantagem relativa. A descida generalizada dos salários deprime a procura interna impedindo um aumento das vendas das empresas no mercado interno pela via da redução do preço dos seus produtos.[258]

A haver algum efeito, isso teria que ocorrer através do canal das taxas de juro. Uma redução dos salários poderia levar a uma redução da taxa de inflação implicando uma descida das taxas de juro que refletir-se-ia num aumento do consumo e do investimento fazendo aumentar a procura agregada. Mas tal não acontece numa situação de armadilha de liquidez.

Naturalmente que a descida generalizada dos salários de uma economia a tornaria mais competitiva permitindo aumentar as vendas para o mercado externo. É esta a ideia da designada desvalorização interna. No entanto, mais uma vez, os resultados positivos sobre a produção e sobre o emprego estão dependentes do pressuposto de que a procura externa aumenta enquanto os salários e os preços diminuem no nosso país. Ora, o que acontece é que quando os países tentam expandir a sua produção e o seu nível agregado de emprego partir das exportações, e quando todos ao mesmo tempo aplicam medidas de austeridade que deprimem a sua procura interna (que se reflete na nossa procura por exportações), a descida dos salários não tem um efeito relativo sustentado na competitividade pelo que mais uma vez não permite ultrapassar o problema. Lawrence Summers em entrevista recente ao *The Wall Street Journal* refere com muita clareza:

---

[257] Em recessão a baixa dos salários pode permitir manter os trabalhadores existentes.
[258] Ver Keynes (1936), e Davidson (2009).

O IMPACTO DA POLÍTICA FISCAL

"I think there has been some failure in at least some European circles to recognize what economists call the fallacy of composition. If one person stands up in a theatre, he can see better. If everybody stands up in a theatre, nobody can see better. Any one country can improve its economic performance by saving more, suppressing its wages and becoming more export-competitive. But that can't happen across the planet because the one thing that all economists can agree on is that the total level of exports is equal to the total level of imports."[259]

O paradoxo da flexibilidade expõe, desta maneira, a impossibilidade de uma política de tipo mercantilista[260] seguida à escala global poder resolver a crise. A tentativa de baixar os salários para aumentar as exportações leva a uma 'corrida para o fundo' levando a uma estrutura produtiva tecnologicamente ainda mais atrasada e mais trabalho intensiva, ou seja leva o país para um padrão de especialização típico dos países menos desenvolvidos.[261]

Por isso, o problema da nossa economia reside numa insuficiência da procura agregada que resulta em parte da crise e noutra parte de políticas macroeconómicas erradas, a que se junta um problema de competitividade estrutural, que fizeram com que a tentativa de aumentar a componente externa da procura não se tenha revelado suficiente para compensar a descida da sua componente interna, e não da falta de flexibilidade do mercado de trabalho que tenha impedido o ajustamento

---

[259] "Eu penso que tem havido uma falha pelo menos em alguns círculos europeus em reconhecer o que os economistas chamam de falacia da composição. Se uma pessoa se levanta num teatro, pode ver melhor. Se toda a gente se levanta num teatro, ninguém consegue ver melhor. Cada país pode melhorar a sua performance poupando mais, esmagando os seus salários e tornando-se mais competitivo nas exportações. Mas isso não pode acontecer através do planeta porque uma coisa em que os economistas conseguem estar de acordo é a de que o nível total de exportações é igual ao nível total de importações." Lawrence Summers – Entrevista *The Wall Street Journal*, 4 de junho de 2013.

[260] O mercantilismo é a designação de um conjunto de políticas protecionistas aplicadas na Europa entre os séculos XV e XVIII, e que se baseavam na ideia (errada) de que a riqueza de uma nação derivava da acumulação de metais preciosos, nomeadamente ouro e prata, conseguida através de um aumento das exportações e da imposição de restrições às importações.

[261] Note-se que, existem efeitos de causalidade que vão dos salários para a produtividade. Para termos trabalhadores qualificados e motivados é necessário pagar salários mais elevados. Este é o argumento da teoria dos salários de eficiência, que têm confirmada observação empírica.

dos salários. Ao contrário, uma excessiva flexibilidade do mercado de trabalho é suscetível de acelerar a espiral recessiva iniciada pela queda da procura.

4.4. A Política Fiscal Após a Crise Financeira

A resposta da política fiscal à crise económica e financeira que se iniciou em agosto de 2007, e que se metamorfoseou numa crise das dívidas soberanas nos países periféricos da Zona Euro, caracterizou-se por duas fases completamente antagónicas. Entre 2008 e 2010 a reação foi predominantemente expansionista, enquanto que após 2010 se verificou uma súbita e coordenada mudança para a aplicação de medidas de austeridade fortemente recessivas.

4.4.1. As Limitadas Medidas Expansionistas do Período 2008-2010

Em meados de 2008 o governo português reage à crise com a aplicação de medidas de política fiscal expansionista, traduzidas na descida da taxa normal do IVA de 21% para 20%, na majoração da dedução em sede de IRS das despesas com a habitação, na redução do IRC paras as PMEs, e no reforço dos apoios sociais de combate à pobreza e de apoio à família.

O sentido expansionista da política fiscal reforçou-se a partir de novembro de 2008, e manteve-se até meados de 2010, no âmbito do programa coordenado de recuperação económica (*European Economy Recovery Plan*) lançado pela Comissão Europeia por forma a aplicar estímulos fiscais discricionários numa base temporária de cerca de 1.8% do PIB da UE de modo a limitar a descida da taxa crescimento do PIB, e o aumento da taxa de desemprego. Dois terços deste estímulo foram aplicados em 2009 e o restante em 2010. Por outro lado o Pacto de Estabilidade e Crescimento foi aplicado de uma forma mais flexível de modo a deixar funcionar sem constrangimentos os designados *estabilizadores automáticos*, que se esperava apoiassem a economia em mais 3.2% do PIB.[262] Os objetivos destas medidas eram: *i)* suster a queda da procura; *ii)* evitar a queda do emprego; *iii)* atenuar os problemas sociais.

Estas medidas foram justificadas pela própria Comissão Europeia num contexto em que a política monetária convencional perdia eficácia

---

[262] Ver European Commission (2009b, p. 148).

O IMPACTO DA POLÍTICA FISCAL

dada a dimensão da crise, e pelo reconhecimento de que a redução do PIB na UE poderia originar efeitos negativos a longo prazo na economia afetando o seu potencial de crescimento, um fenómeno conhecido tecnicamente por *histerese*.[263]

Em concreto, Portugal implementou um programa denominado de "Iniciativa para o Investimento e Emprego", num montante de 2 040 milhões de euros, financiado em dois terços pelo Orçamento do Estado, e no restante pela UE. O Programa consubstanciou-se no:[264]

i) Aumento do investimento público, nomeadamente na modernização de escolas, apoios a projetos na área das energias renováveis, infraestruturas de transporte de energia, e apoio ao investimento em redes de banda larga de nova geração.

ii) Apoio às empresas e à exportação, em particular pela via da criação de linhas de crédito às PMEs, linhas e mecanismos de seguro de crédito de apoio à exportação, apoio à promoção externa, redução do limiar de reembolso do IVA, e redução do pagamento especial por conta.

iii) Apoio ao emprego e proteção social, em especial através da redução das contribuições para a Segurança Social e pagamento a entidades empregadoras para apoiar a manutenção do emprego e a contratação de desempregados, e aumento do apoio social aos desempregados.

O quadro 4.4 mostra o estímulo fiscal total e as suas componentes, nomeadamente o apoio: *i)* às famílias e grupos vulneráveis; *ii)* ao mercado de trabalho; *iii)* aos negócios e indústria; e *iv)* ao investimento dos países da UE. Conforme se pode constatar existiu uma considerável dispersão da dimensão do estímulo refletindo diferenças: *a)* no espaço fiscal, ou seja na capacidade dos estados usarem o défice público para estimular a economia sem pôr em risco a sustentabilidade das finanças

---

[263] Ver European Commission (2009b).
[264] Ver Documento de Estratégia Orçamental 2011-2015.

públicas; *b)* na severidade da crise económica; *c)* na dimensão dos estabilizadores automáticos.[265]

O Quadro 4.4 e a Figura 4.2 mostram que o estímulo fiscal discricionário foi maior do que a média em países como a Espanha, Finlândia, Alemanha, Suécia, Polónia e Reino Unido, e menor do que a média em países como a Irlanda, Portugal, Itália, Grécia, França, holanda, Bulgária, Roménia, Hungria e nos estados Bálticos.

Em termos do conteúdo das medidas fiscais, elas incluíram quer medidas expansionistas quer do lado da despesa quer do lado da receita. As duas últimas colunas do Quadro 4.4 mostram uma substancial variabilidade no peso relativo atribuído a estes dois tipos de medidas entre os países. Na Áustria, Luxemburgo, Polónia e no Reino Unido, os estímulos fiscais concentraram-se sobretudo no lado da receita, enquanto no Chipre, Dinamarca, Estónia, France, Itália, Malta, Portugal, Eslovénia e Eslováquia, os estímulos aplicaram-se sobretudo no lado da despesa. Nos restantes países verificou-se um maior equilíbrio entre medidas fiscais expansionistas do lado da receita e do lado da despesa.

---

[265] Nos Estados Unidos da América foi também aplicado, neste período, um estímulo fiscal (ainda que limitado) de 782 mil milhões de dólares no âmbito do *American Recovery and Reinvestment Act*, dos quais; 35% foram destinados a transferências para as famílias, nomeadamente pela via de subsídios de desemprego; 24% destinados a reduções de impostos; 22% referentes a verbas transferidas para os governos locais e estaduais afetas à educação e à saúde; 19% destinados a investimentos em infraestruturas.

O IMPACTO DA POLÍTICA FISCAL

Quadro 4.4. *Estimulo Fiscal Discricionário Agregado na EU no período 2009-2010*

País	2009-10					2009	
	Medidas destinadas às Famílias (% GDP)	Aumento dos Gastos com o Mercado de Trabalho (% GDP)	Medidas destinadas às Empresas (% GDP)	Aumento das Despesas de Investimento (% GDP)	Total (% GDP)	Despesa (% do Total)	Receitas (% do Total)
Áustria	2.6	0.2	0.2	0.5	3.5	22	78
Bélgica	0.9	0.5	0.1	0.3	1.8	50	50
Bulgária	0.0	0.0	0.0	0.1	0.1	-	-
Chipre	0.0	0.0	0.0	1.8	1.8	100	0
R. Checa	0.1	1.1	0.5	0.5	2.2	50	50
Alemanha	1.5	0.5	0.8	0.9	3.6	43	57
Dinamarca	0.0	1.0	0.1	0.4	1.5	75	25
Estónia	0.0	0.5	0.0	0.1	0.6	100	0
Espanha	1.6	0.1	1.4	0.9	4.0	43	57
Finlândia	2.6	0.0	0.7	0.4	3.8	35	65
França	0.2	0.1	0.4	0.3	1.0	70	30
Grécia	0.3	0.0	0.0	0.0	0.3	-	-
Hungria	0.0	0.0	0.0	n.a.	0.0	-	-
Irlanda	0.8	0.2	0.4	0.0	1.4	60	40
Itália	0.2	0.4	0.5	0.1	1.2	100	0
Lituânia	0.0	0.0	0.0	n.a.	0.0	-	-
Luxemburgo	n.a.	n.a	n.a	1.7	n.a	8	92
Letónia	0.6	0.0	0.3	0.1	0.9		-
Malta	0.4	0.0	0.2	0.6	1.2	81	19
Holanda	1.6	0.4	0.2	0.5	0.5	44	56
Polónia	1.2	0.0	0.4	1.2	2.8	30	70
Portugal	0.4	0.2	0.4	0.3	1.3	100	0
Roménia	0.1	0.0	0.2	n.a.	0.3	-	-
Suécia	0.4	1.8	0.4	0.6	3.2	43	57
Eslovénia	0.0	0.8	0.2	1.2	2.2	83	17
Eslováquia	0.6	0.2	0.2	0.2	1.2	100	0
Reino Unido	1.7	0.3	0.4	0.2	2.6	29	71

Fonte: European Commission – Directorate-general for Economic and Financial Affair – European Economy – *Occasional Papers*, 51 (July 2009), and *European Economy*, 5.

AUSTERIDADE EXPANSIONISTA

Figure 4.2. *Dimensão do Estímulo Fiscal*

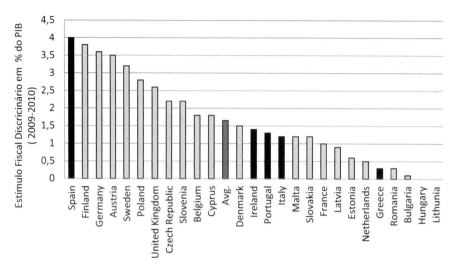

Fonte: European Commission – Directorate-general for Economic and Financial Affair – European Economy – *Occasional Papers*, 51 (July 2009), and *European Economy*

De acordo com a Comissão Europeia:[266] a dispersão dos estímulos entre os Estados-Membros foi substancial, mas em geral alinhada com o campo de manobra de cada estado para a aplicação de política fiscal expansionista sem colocar em causa a sustentabilidade das finanças públicas, e com as necessidades decorrentes do impacto diferenciado da crise em cada Estado-Membro. A Figura 4.3 mostra que a dimensão do estímulos orçamental em percentagem do PIB em 2009-2010 está positivamente correlacionada com o espaço fiscal[267] de cada Estado-Membro,[268] o que corrobora a hipótese anterior. Note-se que, com a exceção da Espanha, os países periféricos da Zona Euro que enfrentam dificuldades (de entre os quais Portugal) aplicaram estímulos cuja dimensão foi inferior à média.[269]

---

[266] European Commission, 2009c).
[267] Medido através do rácio saldo orçamental em percentagem do PIB sobre a receita tributária em percentagem do PIB (European Commission, 2009c, p. 2).
[268] Ver Aizenmn e Yothin (2011), apêndice B.
[269] Ortiz e Cummins (2013) mostram, ainda, que em 2009, o aumento da componente da proteção social no pacote de estímulos aplicado por Portugal foi exatamente igual à média desse aumento nos países desenvolvidos.

O IMPACTO DA POLÍTICA FISCAL

Figura 4.3. *Correlação entre a Dimensão do Estímulo Fiscal e o Espaço de Manobra Fiscal*

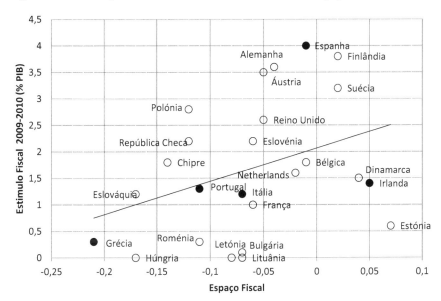

Existe, também, evidência robusta de que os países que aplicaram um maior estímulo fiscal apresentaram um desempenho económico melhor do que o esperado no segundo trimestre de 2009.[270] Acresce que o próprio FMI defendeu que a evidência suportava a visão de que nas circunstâncias da época (2009) uma política fiscal expansionista bem executada poderia proporcionar um aumento substancial da procura agregada.[271]

Assim, a crise dos países periféricos da Zona Euro **não resultou de um excessivo** endividamento público antes de agosto de 2007,[272] nem de uma intervenção fiscal inapropriada nos anos que se seguiram ao eclodir da crise nos Estados Unidos da América.

As Figuras 4.4 e 4.5 mostram a correlação entre a dimensão dos estímulos fiscais entre 2009-2010 em percentagem do PIB e: *i*) a variação do valor da dívida pública em percentagem do PIB; e *ii*) a variação das taxas de juros implícitas nas obrigações do tesouro de maturidades

---

[270] Ver *Executive Office of the President of Council of Economic Advisers* (2009).
[271] Ver IMF (2010).
[272] Com a possível exceção da Grécia onde ocorreram, de facto, significativas violações das regras fiscais do euro.

longas no período entre 2000 e 2011. Conforme se pode verificar, a correlação é negativa embora baixa, o que significa que não há evidência de que os estímulos fiscais aplicados na sequência da crise tenham sido a causa da crise das dívidas soberanas na Zona Euro. Esta figura é, ao contrário, compatível com a ideia de que a causa do aumento dos rácios de dívida foi a queda da taxa de crescimento do PIB.

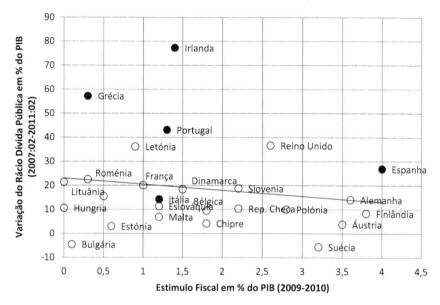

Figure 4.4. *Correlação entre a Dimensão do Estimulo Fiscal a Variação do Rácio da Dívida Pública em Percentagem do PIB*

O IMPACTO DA POLÍTICA FISCAL

Figure 4.5. *Correlação entre a Dimensão do Estimulo Fiscal a Variação das Taxas de Juro de Longo Prazo Implícitas nas Obrigações do Tesouro*

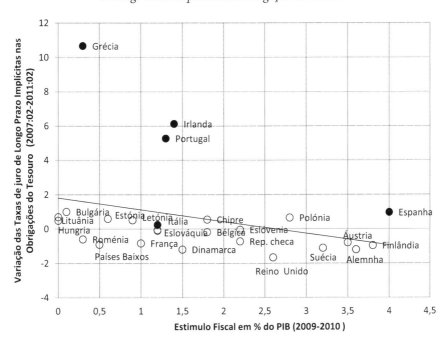

4.4.2. As medidas de Austeridade Após 2010

Em face da deterioração das contas públicas originada sobretudo pela queda do PIB, e do aumento abrupto das taxas de juro implícitas nas obrigações do tesouro na sequência da crise grega, o governo português inverte em meados de 2010 a orientação expansionista da política fiscal começando a aplicar medidas de austeridade tendentes à correção da situação de défice excessivo atingida em 2009. Estas medidas ficaram plasmadas nos designados Programas de Estabilidade e Crescimento I, II, e III. De entre esse conjunto de medidas destacam-se o congelamento de salários, das progressões e das promoções dos funcionários das Administrações Públicas, contenção na admissão de novos funcionários, retirada de alguns estímulos à economia e de apoios sociais, e no aumento de um ponto percentual nas taxas reduzida, intermédia e normal do IVA.

Em 2011, já no âmbito do Plano de Assistência Económica e Financeira acordado com a *Troika*, o novo governo que entrou em funções

AUSTERIDADE EXPANSIONISTA

define um *ambicioso programa de medidas de consolidação orçamental* para o período 2011-2015, que seria maioritariamente efetuada através da redução da despesa pública, e especialmente restritivo nos primeiros anos do ajustamento.[273]

As medidas de consolidação orçamental previstas para 2012 incidiram nas seguintes áreas:[274]

a) Racionalização dos recursos das Administrações Central, Regional e Local, com incidência nas áreas da reorganização do Estado (como a redução de 15% de serviços da Administração Central e cargos dirigentes), gestão de recursos humanos na Administração Pública (como a redução de efetivos nas Administrações Públicas, cortes de salários, de promoções e de pensões), e reporte de informação sobre a Administração Pública;

b) Reforma do Processo Orçamental ao nível dos mecanismos temporários de reforço do controlo da despesa, reformulação da Lei do Enquadramento Orçamental, e da revisão do processo de prestação de contas;

c) Sector empresarial do Estado, nomeadamente redução do número de empresas, redução dos custos com pessoal, imposição de limites ao endividamento, com o objetivo de redução do nível de atividade;

d) Medidas Setoriais nas áreas da educação, ciência e ensino superior (traduzidas entre outras na *racionalização* da rede escolar através do encerramento de escolas, e cortes nas verbas destinadas à ciência e ao ensino superior), do sistema de saúde (com a revisão do modelo das taxas moderadoras, e a implementação de medidas de *racionalização dos custos e controlo da despesa*, que na prática se refletiram numa diminuição da atividade), da Segurança Social (nomeadamente: congelamento das pensões à exceção das pensões mais baixas, aplicação de uma contribuição especial com incidência sobre as pensões acima de 1 500 euros, reforço dos procedimentos inerentes à aplicação da condição de recurso a prestações sociais do regime não contributivo, reforma dos sistemas de prestações

[273] Ver Documento de Estratégia Orçamental 2011-2015.
[274] Enfatizam-se aqui as medidas especialmente restritivas.

de desemprego ao nível, por exemplo, da redução do período máximo de concessão do Subsídio de Desemprego, definição e um limite máximo ao valor do subsídio de desemprego, e redução do valor da prestação do subsídio de desemprego ao fim de 6 meses de atribuição).

Apesar da consolidação orçamental ter sido tentada sobretudo através de cortes na despesa pública, também foram aplicadas medidas do lado da receita, nomeadamente:

a) Alargamento da base tributável ao nível do IRC (com a eliminação de taxas reduzidas, a revogação de isenções subjetivas, restrição dos benefícios fiscais, e ao agravamento temporário da tributação das empresas com lucros tributáveis mais elevados em sede de derrama estadual – a designada taxa adicional de solidariedade), do IRS (com a imposição de limites globais progressivos para as deduções fiscais, exclusão das deduções personalizantes, e agravamento temporário da tributação dos sujeitos passivos com rendimentos coletáveis mais elevados – taxa adicional de solidariedade), do IVA (com a redução das isenções, alteração da estrutura de taxas, e transferência de categorias de bens e serviços entre as diferentes taxas), dos Impostos Especiais de Consumo (reforçando-se a tributação sobre certos bens, nomeadamente a eletricidade e o gás natural), e dos Impostos sobre o Património (com a atualização do valor patrimonial tributário referente a imóveis, e a edução das isenções em sede de IMI);

b) Reforço do combate à fraude e à evasão fiscais;

c) Reforma estrutural da administração tributária;

d) Reforma do sistema fiscal com especial ênfase no IRS e IRC para facilitar o cumprimento voluntário das obrigações fiscais por parte dos contribuintes, bem como as atividades de fiscalização da administração tributária.

O Quadro 4.5 resume a natureza e a escala das políticas de austeridade propostas. Conforme de pode observar, as medidas de consolidação incidiram sobretudo no lado da despesa, e em particular nas despesas com pessoal e prestações sociais – as rúbricas que têm um peso

AUSTERIDADE EXPANSIONISTA

maior nas contas da Administrações Públicas. De salientar, também, uma redução significativa do investimento público. Em 2013 mantiveram-se a políticas de contenção orçamental concretizadas em 2012, e adicionaram-se medidas de racionalização de custos e aumento de eficiência da despesa das Administrações Públicas.

Quadro 4.5. *Medidas de Consolidação* **Orçamental 2012-2015**

Medidas	2012	2013	2014	2015
Diminuição da Despesa (em % do PIB)	3.0	2.0	1.6	0.5
Aumento da Receita (em % do PIB)	1.6	0.4	0.4	0.3
Total (em % do PIB)	4.6	2.5	2.0	0.8

Fonte: Documentos de Estratégia Orçamental 2011-2015 e 2014-2018

Para 2014 as medidas de austeridade voltaram assentar na redução da despesa com pessoal das Administrações Públicas, através da redução dos salários, e da redução do número de trabalhadores pela via de rescisões por mútuo acordo e de horas extraordinárias em resultado do aumento do número de horas de trabalho semanais para 40. Foram também aplicadas novas medidas do lado da receita como um novo aumento dos descontos dos beneficiários dos subsistemas públicos de saúde, e do alargamento da abrangência da contribuição especial de solidariedade.

Para 2015, e a fim de cumprir com o limite estabelecido de 2.5% do PIB para o défice orçamental, o governo apresentou num pacote de medidas de austeridade de cerca de 1 400 milhões de euros correspondentes a cerca de 0.8% do PIB (no âmbito do 11º exame regular do Programa de Ajustamento Económico) divididas pelas seguintes áreas:[275]

i. Redução da despesa relativa a estudos, pareceres, projetos e consultoria e outros trabalhos especializados;

ii. Reorganização da estrutura de custos com Tecnologias de Informação e Comunicação (TIC);

iii. Continuação da restruturação do Sector Empresarial do Estado;

iv. Compressão adicional de despesa a nível sectorial;

[275] Ver documento de estratégia orçamental 2014-2018.

O IMPACTO DA POLÍTICA FISCAL

v. Diminuição das despesas com pessoal através da redução de efetivos por aposentação;

vi. Diminuição das despesas com pessoal por efeito *carry-over* da execução de Programas de Rescisões por Mútuo Acordo, e pela utilização do Sistema de Requalificação de Trabalhadores;

vii. Aumento de receita pela alteração ao modelo de exploração de jogo e pelo efeito *carry-over* do aumento da contribuição para a ADSE, SADs e ADM por parte dos respetivos beneficiários;

viii. Medidas específicas no setor da saúde;

ix. Recurso a medidas de carácter pontual, relativas a concessões a realizar em 2015.

4.4.3. Os Resultados das Medidas de Austeridade

A avaliação dos resultados do Programa de Ajustamento Português pode ser feita tendo em conta três critérios: *i)* o acesso ao mercado de dívida pública; *ii)* a extensão e o *timing* da aplicação das medidas; e *iii)* a comparação entre as expectativas relativamente a um conjunto de indicadores macroeconómicos e os resultados alcançados.[276]

Relativamente ao primeiro critério, Portugal voltou, de facto, a ter acesso ao mercado de dívida pública, com a primeira emissão de obrigações do Tesouro a 10 anos após o fim do Programa de Ajustamento realizada em junho de 2014. Nesta colocação Portugal financiou-se em 975 milhões de euros a uma taxa de juro de 3.2524%, que só encontra paralelo no período anterior à crise. Esta operação foi considerada um sucesso. A partir dessa data Portugal tem conseguido financiar-se nos mercados a taxas historicamente baixas (não obstante o *spread* ainda elevado relativamente às taxas das obrigações do Tesouro da Alemanha). Dificilmente, porém, se pode atribuir este sucesso às virtualidades do programa de ajustamento. Na verdade, a dívida pública de longo prazo portuguesa continua a ser classificada como especulativa ('lixo' na gíria dos mercados) pelas principais agências de notação financeira, e sem

---

[276] Ver *European Parliament – Directorate General for Internal Policies Economic Governance Support Unit* (2014). "The Troika and Financial Assistance in the Euro Area: Successes and Failures." Study on the Request of the Economic and Monetary Afairs Committee.

AUSTERIDADE EXPANSIONISTA

perspetivas de evolução. Assim, a descida das taxas de juro implícitas na dívida pública portuguesa, em linha com o aconteceu noutros países da Zona Euro, resultou muito mais da ação do BCE, primeiro com o anúncio do programa OMT, e depois com as compras mensais efetivas de dívida pública ao abrigo do programa de *quantitative easing*, do que com a melhoria das perspetivas da economia portuguesa.

No que diz respeito ao segundo critério Portugal, cumpriu em geral com as recomendações da *Troika* em matéria fiscal. Aliás, a implementação do programa foi sucessivamente avaliada positivamente pela *Troika* nas suas avaliações periódicas. Sabe-se, também, que Portugal aplicou medidas de austeridade no período 2011-2014 que foram, inclusive, além do acordado no memorando de entendimento em alguns domínios. Por isso, apesar de alguns atrasos na aplicação de reformas estruturais preconizadas pela *Troika*, " ... *according to our criterion 2* [extensão e o timing da aplicação das medidas], *we assess the Portuguese Programme as fairly successful in this sense.*"[277]

Reconhecido que está que o programa de ajustamento foi na sua essência e extensão aplicado em Portugal, resta avaliar a adequação entre os objetivos a que se proponha alcançar e a realidade.

Os objetivos deste programa de austeridade eram reduzir os défices e a dívida pública em percentagem do PIB, e reduzir os custos do fator trabalho efetuando uma desvalorização interna no sentido de tornar a economia portuguesa mais competitiva. A evidência empírica mostra, no entanto, que os resultados foram bem diferentes. O governo Português (seguindo a *Troika*) entre 2011 e 2015 subestimou largamente e sucessivamente nos Documentos e Estratégia Orçamental o impacto negativo do programa de ajustamento (ver Figura 4.6).

Relativamente à evolução da taxa de crescimento do PIB as previsões efetuadas em 2011 e em 2012 subestimaram largamente a queda do PIB e sobrestimaram o ritmo da retoma. Apenas a partir de 2013, as previsões começaram a revelar-se mais realistas (ver Figura 4.6. *a.*). No que respeita ao desemprego a previsão inicial apontava para um aumento da taxa de desemprego até atingir um máximo de 13.2% em 2012. Ora a taxa de desemprego acabou por subir até 16.4% em 2013, estando a

---

[277] "... de acordo com o nosso critério 2, avaliamos o programa português como bastante bem sucedido neste sentido." *European Parliament – Directorate General for Internal Policies Economic Governance Support Unit* (2014, p. 43).

descer desde aí, mas a um ritmo muito lento, e para o que muito contribuiu o aumento da emigração (ver Figura 4.6. *b*).

Relativamente às componentes da procura as previsões iniciais efetuadas em 2011 e 2012 são relativamente próximas dos valores observados para a taxa de crescimento do consumo, tendo isto acontecido porque o programa de ajustamento previa efetivamente uma descida desta componente da procura, mas subestimaram largamente a queda muito acentuada que acabou por se verificar no investimento (ver Figura 4.6 *d*.).

As previsões efetuadas em 2011 e 2012 admitem a manutenção de uma taxa elevada de crescimento das exportações. A verdade é que essa taxa desce consideravelmente em 2012, tendo oscilado a partir daí, mas sempre em valores mais baixos que o das previsões iniciais. Já no que toca às importações a previsão efetuada em 2011 subestima a queda verificada na taxa de crescimento das importações derivada da subestimação dos efeitos das políticas de austeridade sobre o PIB, enquanto as previsões posteriores subestimam o aumento da taxa de crescimento das importações verificado a partir de 2012 (ver Figura 4.6 *f*). Estes dados fazem antever que a melhoria do saldo da balança corrente será meramente temporário, e que os défices voltarão com o aumento da taxa de crescimento do PIB.

No que toca às variáveis fiscais as previsões inicias conseguiram ainda ser mais irrealistas. Não só o rácio de dívida pública em percentagem do PIB aumentou (em vez de diminuir) entre 2011 e 2015 (cifrando-se atualmente em 128.7% do PIB[278]), como o aumento da dívida pública foi sistematicamente subestimado nos Documentos de Estratégia Orçamental entre 2011 e 2014 (ver Figura 4.7 *a*.). As previsões iniciais para o saldo orçamental e saldo orçamental primário, ao contrário, sobrestimaram, o impacto positivo das medidas de austeridade sobre o défice orçamental.

Estamos, portanto, perante evidência que corrobora a ideia de que os multiplicadores fiscais do lado da despesa são maiores do que um, e que a austeridade não resulta sequer ao nível da estabilização das contas públicas.

Fica, por isso, claro que as medidas de austeridade aplicadas na sequência do programa de ajustamento acordado com a *Troika* não permitiram atingir os objetivos de consolidação das finanças públicas então proclamados, tendo agravado a recessão e atrasado a retoma da economia.

---

[278] Segundos dados do EUROSTAT de 2005.

AUSTERIDADE EXPANSIONISTA

Figura 4.6. *Dinâmica do Desemprego, do PIB e suas Componentes, e Respetiva Previsão*

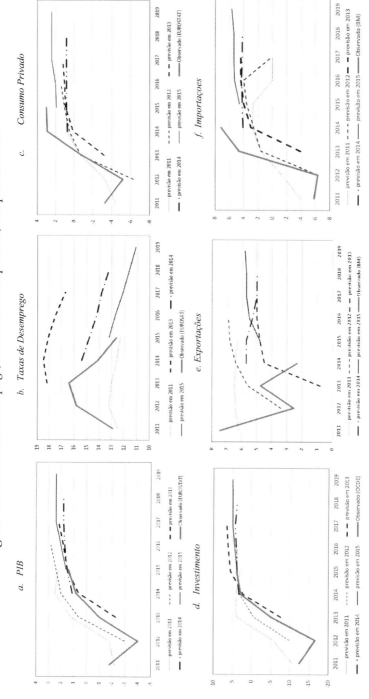

Fonte: Planos de Estabilidade (2011-1015), EUROSTAT e OCDE

O IMPACTO DA POLÍTICA FISCAL

Figura 4.7. *Dinâmica da Dívida Pública e Saldos Orçamentais e Respectiva Previsão*

a. *Dívida Pública em Percentagem do PIB*

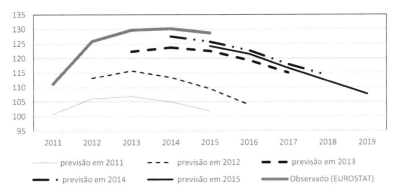

b. *Saldo Orçamental Global*

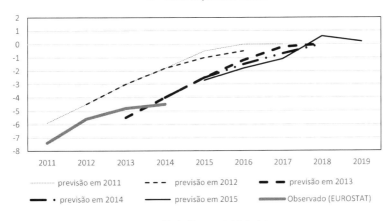

c. *Slado Orçamental Primário*

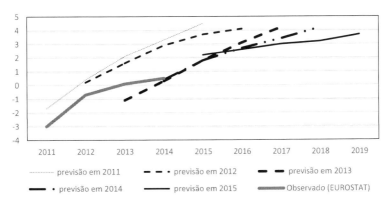

Fonte: Planos de Estabilidade (2011-1015) e EUROSTAT

Capítulo 5
O Fenómeno de Histerese

"We are seeing very powerfully a kind of inverse Say's Law. Say's Law was the proposition that supply creates its own demand. Here we are observing that lack of demand creates its own lack of supply."[279]

Lawrence Summers (2014, p. 71)

5.1. Conceito e Características

Histerese é um conceito importado da física do magnetismo[280] e define-se como a propriedade de um sistema em que alguns efeitos permanecem após as causas que lhes deram origem terem sido removidas. Isto implica uma dependência do *output* do sistema não só do valor corrente do *input*, mas também dos seus valores passados. O sistema exibe, pois, dependência da história.[281] Mais especificamente, um sistema que exibe histerese tem três propriedades: *a*) não-linearidade, no sentido

---

[279] *"Estamos a assistir a um tipo muito poderoso de Lei de Say inversa. A Lei de Say era a proposição de que a oferta cria a sua própria procura. Aqui estamos a observar que a falta de procura cria a sua própria falta de oferta."*

[280] O termo histerese foi usado pela primeira vez pelo físico escocês James Alfred Ewing em 1881, na explicação do comportamento dos campos magnéticos nos metais ferrosos.

[281] Na terminologia anglo-saxónica diz-se que o sistema exibe *path dependence*.

em que a reversão de um choque não leva o sistema de novo pelo caminho inicial para a situação de partida; *b*) *remanência*, uma vez que choques temporários podem originar efeitos permanentes; *c*) seletividade, no sentido em que apenas choques não dominados (de significativa dimensão) têm efeitos permanentes.[282]

A teoria da histerese na economia ganhou notoriedade no início dos anos 1980, associada ao aumento e persistência do desemprego que ocorreu na sequência dos choques petrolíferos da década de 1970, e das políticas restritivas do lado da procura que lhes seguiram, aplicadas com o objetivo de baixar a taxa de inflação.

A ideia de histerese associada à taxa de desemprego foi introduzida pioneiramente na teoria económica por Edmund Phelps (galardoado com o prémio Nobel da Economia em 2006).[283] Apesar de defender inicialmente que a taxa de desemprego tende, no longo prazo, para um valor de equilíbrio que é independente da política monetária, Phelps reconheceu posteriormente que a taxa de desemprego de equilíbrio em vez de ser constante pode depender da taxa de desemprego atual. Segundo Phelps: *"The transition from one equilibrium to the other tends to have long-lingering effects on the labor force, and these effects may be discernible in the equilibrium rate of unemployment for a long time. The natural rate of unemployment at any future date will depend upon the course of history in the interim. Such a property is sometimes called hysteresis."*[284]

Existe hoje evidência generalizada da presença de efeitos de histerese na dinâmica da taxa de desemprego e do nível agregado de emprego.[285] Na presença de histerese não existe um valor de equilíbrio único para a taxa de desemprego, que seja independente da história dos choques passados (incluindo os causados pelo política macroeconó-

---

[282] Ver, por exemplo, Amable *et al.* (1994), Cross (1995), e Mayergoyz (2003).

[283] Ver Phelps (1972).

[284] "A transição de um equilíbrio para outro tende a deixar efeitos persistentes e longos na força de trabalho, e estes efeitos podem ser discerníveis na taxa de desemprego de equilíbrio durante um longo período. A taxa natural de desemprego numa qualquer data futura dependerá do curso da história nesse ínterim. Tal propriedade é às vezes chamada de histerese" (Phelps, 1972, p. xxiii).

[285] Ver, por exemplo, Blanchard e Summers (1986), Dixit (1991), Bertola (1992), Belke e Göcke (1999), DeLong e Summers (2012), Mota e Vasconcelos (2012), Mota *et al.* (2012).

mica),[286] e dependente apenas de fatores do lado da oferta (ou seja dos chamados fatores estruturais). A economia pode, por isso, ficar depois de uma recessão numa situação de equilíbrio com um baixo nível de emprego (elevada taxa de desemprego[287]) durante muito tempo, devido a uma queda da procura – uma situação há muito reconhecida por J. M. Keynes.[288] Nesta situação não existe nenhum mecanismo de ajustamento automático que leve a economia para um nível de equilíbrio da taxa de desemprego, que seja independente do sentido da política monetária e da política fiscal.[289] Pelo contrário, existe uma multiplicidade de valores de equilíbrio da taxa de desemprego determinados pelo estado da procura agregada.[290] Por isso, atualmente é cada vez mais evidente que o produto potencial de uma economia pode ser afetado no longo prazo pelo que acontece durante o ciclo económico.[291]

A existência do fenómeno de histerese associado à dinâmica do desemprego e do emprego a nível agregado permite explicar por que razão a recessão que se seguiu à crise financeira que se iniciou em 2007 originará efeitos negativos permanentes no produto potencial da economia, e no nível do emprego. Lawrence Summers, por exemplo, refere que: *This financial crisis has confirmed the doctrine of hysteresis more strongly than anyone might have supposed.*"[292] Summers refere-se a efeitos de histerese na economia dos Estados Unidos da América cujo mercado de trabalho é considerado, em termos relativos, muito flexível. É antecipável, por isso, que os efeitos de histerese sejam substancialmente maiores em Portugal. Este é, como se mostrará mais à frente, efetivamente o caso.

---

[286] Dixit e Pindyck (1994), e Cross (1995).

[287] Note-se que a taxa de desemprego pode acabar por diminuir devido ao aumento da imigração, do aumento do número de desempregados que desistem de procurar emprego, ou devido à inscrição dos desempregados em programas de formação profissional deixando tecnicamente de contar para as estatísticas do desemprego. Neste caso, a diminuição da taxa desemprego não revela o enfraquecimento dos efeitos de histerese, antes é compatível com a perda permanente de potencial humano de uma economia.

[288] Keynes (1936).

[289] Cross *et al.* (2010), e Cross (2013).

[290] Ver, também, Ball (1997, 2009).

[291] Ver Summers (2014) e Ball (2014).

[292] "Esta crise financeira confirmou a doutrina de histerese com mais força do que alguém possa ter esperado." Lawrence Summers (2014). Discurso no *Center for Budget and Policy Priorities*, Evento Sobre *Full Employment*, April 2.

AUSTERIDADE EXPANSIONISTA

Na presença de histerese as implicações em termos de políticas monetária e fiscal são evidentes. A austeridade deixa cicatrizes duradouras na economia. Ao contrário, os estímulos macroeconómicos pela via da política fiscal e monetária podem ser efetivos mesmo no longo prazo.[293]

5.2. Fundamentos Microeconómicos da Histerese

Os efeitos de histerese podem ser causados por mecanismos quer do lado da procura de trabalho, quer do lado da oferta.

5.2.1. Fatores do Lado da Procura de Trabalho

Do lado da procura de trabalho, a presença de histerese é normalmente provocada pela existência de custos fixos, ou lineares, de ajustamento[294] do capital humano e do capital físico associados a projetos de investimento das empresas existentes, a custos fixos de entrada de novas empresas no mercado, e a custos de contratação e despedimento de trabalhadores.[295]

No que diz respeito aos custos de contratação de novos trabalhadores temos, por exemplo, custos relacionados com a publicidade, recrutamento e treino dos novos trabalhadores, incluindo os custos relacionados com a eventual perturbação causada no processo produtivo decorrente das novas contratações. Relativamente aos custos de despedimento dão-se como exemplo os custos com a notificação dos trabalhadores, indeminizações de despedimento, e custos relacionados com inconvenientes processuais determinados pela legislação de proteção do emprego. Note-se que uma parte significativa destes custos estão relacionados com o funcionamento dos departamentos de pessoal e jurídico para lidar com as contratações e despedimentos tendo, por isso, uma natureza fixa, isto é, são independentes do número de trabalhadores a contratar ou a despedir.[296]

As empresas incorrem também em custos irreversíveis na compra de capital físico, tal como equipamentos específicos ou de ativos intangíveis como a reputação adquirida por investimentos em *marketing* e

---

[293] Ver Arestis e Sawyer (2008).
[294] Referidos na literatura técnica da especialidade como custos não-convexos de ajustamento.
[295] Ver, por exemplo, Cross (1995).
[296] Ver Hamermesh e Pfann (1996).

publicidade, ou conhecimentos técnicos.[297] Existem, ainda, outros investimentos específicos como equipamento de escritório, carros, camiões, computadores, etc., que têm um valor de revenda muito abaixo do seu preço de custo.[298]

Na presença deste tipo de custos, o ajustamento do fator trabalho por parte das empresas é descontínuo e pontual – choques da procura ou do custo dos fatores produtivos de pequena dimensão não provocam nenhum ajustamento, mas choques de maior dimensão, ou uma sequência cumulativa de choques de pequena dimensão originam episódios de grande ajustamento.[299] Isto acontece porque as empresas só contratam quando a variação da procura gerar um acréscimo de receita que mais do que compense os custos fixos de contratação, e só despedem quando as perdas são maiores do que os custos de despedimento. Choques do lado da procura de reduzida dimensão não originam ajustamento do número de trabalhadores.[300] Por esta razão, a reversão de um choque negativo da procura agregada pode não trazer a economia de volta à situação inicial.

Está, também, bem documentado na literatura económica que a incerteza amplia os efeitos de histerese causados pela existência de custos fixos de ajustamento do fator trabalho e do fator capital.[301] Se uma empresa estiver incerta quanto à possibilidade de um choque na procura agregada ser transitório ou permanente poderá adiar os seus investimentos e a sua decisão de contratação de novos trabalhadores, com o intuito de obter mais informação quanto à natureza do choque.

Num contexto de baixas taxas de juro, tal como acontece atualmente na Zona Euro, os custos fixos de ajustamento do fator trabalho e do capital físico não são tão relevantes para gerar histerese quanto o nível de incerteza.[302] Na verdade, se as taxas de juro são baixas e a incerteza grande, os efeitos de histerese podem ser substanciais mesmo na situação em que o governo aplica medidas tendentes à flexibilização do mercado de trabalho e, em particular, à redução dos custos fixos de contratação e despedimento.

---

[297] Ver, por exemplo, Pindyck (1991).

[298] Ver Pindyck (1991).

[299] Ver Caballero *et al.* (1997), Hamermesh (1989), e para o caso português Varejão e Portugal (2007).

[300] Ver, por exemplo, Cross (1995), e Dixit (1991).

[301] Ver, por exemplo, Dixit (1991), Dixit e Pyndick (1994), e Belke e Göcke (1999).

[302] Ver a este propósito Belke e Göcke (2006), e Mota e Vasconcelos (2014).

AUSTERIDADE EXPANSIONISTA

Ora, este facto empírico tem importantes consequências para a condução da política económica. Quanto mais baixa for a taxa de juro, menor o efeito da política monetária sobre o *output* num contexto de aumento da incerteza. A política macroeconómica perde, por isso, eficácia devido ao que se pode designar de *armadilha da incerteza*.[303] Assim, na presença de incerteza acrescida, para que a política monetária seja efetiva são requeridas grandes variações das taxas de juro de referência do Banco Central,[304] algo que neste momento dificilmente pode acontecer na Zona Euro com a taxa de juro de referência do BCE fixada em 0.00%. De facto, estamos numa situação em que não existe uma grande margem para mais descidas da taxa de juro com impacto significativo da economia.

Acresce, que as tentativas de redução dos custos de ajustamento do fator trabalho e as medidas de austeridade que deprimem a procura agregada fazem aumentar o nível de incerteza institucional, e a incerteza relacionada com a receita futura das empresas.[305] De facto, um aumento do desemprego é encarado como o resultado do mau funcionamento da economia, e isso naturalmente afeta a confiança dos empresários e dos consumidores. Por isso, tal como no caso dos multiplicadores fiscais, não obstante as reformais estruturais do mercado de trabalho, os efeitos de histerese podem ser maiores quando a economia está numa fase de recessão, e sobretudo quando a taxa de juro se aproxima de zero.[306]

No momento presente, em Portugal, assim como em outros países da Zona Euro, existe um nível elevado de incerteza económica, financeira e inclusive legislativa, o que nos leva a querer que os efeitos de histerese são grandes, mesmo após as tentativas de flexibilização do mercado de trabalho recentemente introduzidas. De entre as fontes de incerteza destacamos: *a)* a dificuldade acrescida das previsões macroeconómicas relativas, por exemplo, à taxa de crescimento económico, ao saldo orçamental e à dívida pública em percentagem do PIB; *b)* a incerteza quanto às consequências económicas e sociais a longo prazo do programa de

---

[303] Ver Belke e Göcke (2006), Aoki e Yoshikawa (2006), e Mota e Vasconcelos (2014).
[304] Ver Belke e Göcke (2006).
[305] Ver, por exemplo, Belke e Göcke (2006).
[306] Ver Romer (2012), e Mota e Vasconcelos (2014).

ajuntamento imposto pela *Troika*; *c*) as dúvidas sobre o carácter permanente ou transitório dos cortes salariais na função pública; *d*) as dúvidas sobre o carácter permanente ou transitório do aumento dos impostos; *e*) incerteza provocada pelas constantes reformas introduzidas no mercado de trabalho

Do lado da procura de trabalho, a histerese está, ainda, associada à depreciação do capital físico que ocorre em períodos de recessão. Na verdade, durante uma recessão verifica-se uma diminuição do grau de utilização do capital físico e uma reduzida motivação por parte das empresas para efetuarem uma adequada manutenção desse capital.[307] A inadequada manutenção dos bens de capital físico leva a um desgaste desses bens e a uma consequente perda do seu potencial produtivo. "*... just as workers lose their work skills, so too will capital goods lose their production potential when they are not used.*"[308] Juntando este efeito às empresas que deixam de existir, constata-se que o capital físico diminui durante as crises. Assim, numa fase de recuperação da economia, as empresas dispõem de um menor *stock* de capital, o que impede uma expansão da produção e a contratação dos trabalhadores anteriormente despedidos, dificultando o retorno à situação inicial. Para esta teoria, choques adversos do lado da procura provocam uma redução do emprego, à qual está associada uma redução do capital físico, o que implica a redução da procura de trabalho no futuro, causando desemprego persistente.[309]

5.2.2. Fatores do Lado da Oferta de Trabalho

Do lado da oferta de trabalho os mecanismos de histerese são explicados tradicionalmente pela teoria dos *insiders-outsiders*[310] e pela teoria da depreciação do capital humano.[311]

---

[307] Ver Jossa e Musella (1988).

[308] "... da mesma forma que os trabalhadores perdem as suas capacidades, também os bens de capital perderão o seu potencial de produção quando não são usados." Jossa e Musella (1998, p. 130).

[309] Blanchard e Summers 1986, p. 27.

[310] Desenvolvida pioneiramente por Lindbeck e Snower (1986) e Blanchard e Summers (1987).

[311] Associada a Blanchard e Summers (1986), e Kösters e Belke (1996).

Segundo a teoria *insiders-outsiders* os vários tipos de custos de *turnover*[312] criam poder de mercado para os trabalhadores experientes das empresas existentes – os *insiders*. De facto, os *insiders* têm mais poder de mercado do que os *outsiders* (trabalhadores atualmente desempregados, e os trabalhadores que possuem empregos precários com pouca proteção laboral) uma vez que só os primeiros participam na negociação salarial (a título individual ou por intermédio de um sindicato), têm uma influência significativa sobre a motivação e produtividade dos seus colegas, e podem colaborar nas atividades de gestão da empresa, produção e venda dos produtos ou, alternativamente, têm a opção de fazer greve e/ou incentivar o absentismo. Assim, os *insiders* pressionam as empresas para fixarem um salário superior ao salário que equilibraria o mercado de trabalho sem correrem o risco de serem substituídos por *outsiders*.

Neste contexto, um choque negativo transitório antecipado na procura agregada leva as empresas a despedirem alguns dos seus *insiders*, o que origina uma aumento da produtividade marginal dos *insiders* que não são despedidos. Em resposta, os *insiders* que permanecem na empresa pressionam para o aumento do seu salário real na fase de recuperação, desencorajando as empresas a contratarem *outsiders*. *"For this reason, the labor market may fail to recover fully from a transient, adverse shock: the exercise of market power by insiders has robbed the labor market of 'resilience'."*[313] Assim, choques transitórios adversos do lado da procura (choque negativo seguido de um choque positivo de igual magnitude), quando antecipados, originam efeitos permanentes sobre a taxa de desemprego, o que implica que a economia não tenha uma taxa natural de desemprego: *The wage-employment response to labor demand shocks ... implies that there is no natural rate of unemployment in the sense that the equilibrium level of unemployment is not uniquely determined by the tastes, technologies and*

---

[312] Os custos de *turnover* para a empresa podem-se dividir em três categorias: *i*) custos de contratação e despedimento; *ii*) custos decorrentes da não cooperação dos *insiders* com os *outsiders*; *iii*) custos decorrentes da relação negativa existente entre a motivação e empenho dos trabalhadores e o índice de *turnover*.

[313] "Por esta razão, o mercado de trabalho pode falhar em recuperar de um choque transitório adverso: o exercício do poder de mercado pelos *insiders* diminui a capacidade de recuperação do mercado de trabalho."

endowments of the agents in the economy. On the contrary, equilibrium unemployment depends on the size of the amount of insiders work force.[314]

Para a teoria da depreciação do capital humano existe uma diferença de peso nas negociações coletivas sobre o salário entre os trabalhadores recentemente despedidos e os desempregados de longa duração. À medida que o período de desemprego aumenta, os trabalhadores vão ficando desligados do mercado de trabalho, perdendo a sua influência no processo de negociação salarial, ao ponto dos desempregados de longa duração não causarem uma pressão significativa para a descida dos salários reais. A consequência é que os salários permanecem mais elevados do que deveriam para possibilitar um aumento do nível de emprego originando a persistência do nível atual.

De facto, a perda do posto de trabalho origina a progressiva depreciação do capital humano do trabalhador. O despedimento implica a perda da oportunidade para os trabalhadores manterem e atualizarem as suas capacidades através de formação no emprego.[315] Note-se que a perda de capacidades associada ao desemprego poderá ser acentuada pela mudança tecnológica.[316] Refira-se, por outro lado, que a perda do posto de trabalho poderá levar à perda dos hábitos de trabalho, fazendo com que os desempregados a desenvolverem uma ética de não trabalho e uma cultura de ócio. Por esta razão, as empresas usam a duração do período de desemprego de um trabalhador como um previsor da sua produtividade futura, o que significa que o desemprego de longa duração estigmatiza os trabalhares, diminuindo, assim, a sua empregabilidade.[317]

Repare-se, ainda que, por outro lado, a procura de emprego por parte dos desempregados torna-se cada vez menos intensa, à medida que aumenta a duração do período de desemprego, inicialmente devido a um aumento da dependência de subsídios de desemprego, e posteriormente devido a uma diminuição da confiança por parte dos desempregados

---

[314] "A resposta dos salários e do emprego a choques na procura de trabalho... implica que não exista uma taxa natural de desemprego no sentido de que o nível de desemprego de equilíbrio não é determinado unicamente pelos gostos, tecnologias e dotações dos agentes na economia. Ao contrário, o desemprego de equilíbrio depende da dimensão da força de trabalho de *insiders*." Lindbeck e Snower (1988, p. 6).

[315] Ver Blanchard e Summers (1986, 1987), e Kösters e Belke (1996).

[316] Ver Kösters e Belke (1996).

[317] Ver Kösters e Belke (1996, p. 115).

que os leva a ficar desencorajados de encontrar emprego.[318] Estes fatores fazem com que os *insiders* se transformem em *outsiders*, depois de passarem por um período de desemprego, originando a redução do número de trabalhadores que competem efetivamente por um emprego a um dado salário. Como referem Olivier Blanchard e Lawrence Summers:[319] *"Essentially the human capital argument holds that workers who are unemployed lose the opportunity to maintain and update their skills by working. Particularly for the long-term unemployed, the atrophy of skills may combine with disaffection from the labor force associated with the inability to find a job to reduce effective supply of labor."* Consequentemente, uma diminuição do nível de emprego causado por uma recessão origina a queda do nível de emprego no futuro.

5.3. A Evidência da Existência de Histerese na Economia

Existem alguns estudos empíricos que documentam efeitos de histerese associados à dinâmica do emprego na economia Portuguesa. O autor deste livro conclui, usando dados do Inquérito Mensal à Indústria – Volume de Negócios e Emprego no período entre 1995 e 2008, que:[320] *i)* a presença de custos fixos de ajustamento do emprego causa inércia no ajustamento do emprego ao nível das firmas face a pequenos choques do lado da procura, ajustamento descontínuo em face de choques mais significativos, e dependência da história de choques anteriores;[321]

---

[318] Blanchard e Summers (1987), e Kösters e Belke (1996).

[319] "O argumento do capital humano refere essencialmente que os trabalhadores desempregados perdem a oportunidade para manterem e atualizarem as suas capacidades através do trabalho. Particularmente para os desempregados de longa duração, a perda de capacidades pode combinar-se com o afastamento da força de trabalho associada à incapacidade para encontrar emprego, reduzindo-se assim a oferta efetiva de trabalho." Blanchard e Summers (1986, p. 28).

[320] Ver Mota *et al.* (2012), e Mota e Vasconcelos (2012, 2014). Note-se que estes estudos apesar de publicados alguns anos após o início da crise e da aplicação das medidas de austeridade emanam da tese de doutoramento do autor, defendida na Faculdade de Economia do Porto em 2008, pelo que se sabia antes da aplicação das medidas de austeridade, que a política fiscal restritiva poderia ter efeitos negativos duradouros na economia portuguesa pela via de mecanismos de histerese.

[321] Mota *et al.* (2012), concluem que: *a)* a frequência de episódios de não ajustamento do emprego é elevada (cerca de 40%), declinado gradualmente em função da dimensão das empresas (e um padrão semelhante embora numa escala diferente se observa em relação a

ii) os efeitos de histerese encontrados ao nível das empresas não se dissipam ao nível agregado, o que significa que os custos fixos de ajustamento contribuem para determinar a dinâmica do emprego da economia portuguesa; *iii*) a incerteza amplia os efeitos de histerese causados pela existência de custos fixos de ajustamento; *iv*) os efeitos de histerese ao nível do emprego são significativamente potenciados pela facilidade com que as empresas ajustam o fator trabalho utilizando a margem intensiva – ou seja através da variação do número de horas de trabalho por trabalhador; *v*) os efeitos de histerese são mais importantes nas empresas pequenas.[322] A heterogeneidade respeitante à presença de histerese em função da dimensão das empresas pode ser justificada por várias razões. Primeiro, os custos fixos de ajustamento representam normalmente uma maior proporção dos custos totais nas empresas mais pequenas porque existem componentes dos custos que não dependem da dimensão da empresa. Assim, é mais difícil para as pequenas empresas ajustarem continuamente o número de trabalhadores em resposta a choques na procura dos seus procutos. Segundo, para as pequenas empresas o fator indivisibilidade da força do trabalho torna mais difícil a alteração do número de trabalhadores em função de cada choque da procura. Terceiro, as empresas maiores podem usar com mais facilidade o instrumento de despedimento coletivo. De facto, em Portugal o limite mínimo de trabalhadores para se considerar despedimento coletivo é de dois nas empresas com menos de 50 trabalhadores e de 5 nas empresas com mais de 50 trabalhadores. Esta regra implica que quanto maior a empresa menor é a proporção deste limite de trabalhadores a despedir no total de trabalhadores, tornando o despedimento por esta via mais fácil para as grandes empresa. Quarto, os efeitos de histerese que ocorrem devido à incerteza são maiores nas pequenas empresas porque estas têm menor capacidade para terem departamentos dedicados à previsão do curso

---

grandes variações do emprego); *b*) o desvio-padrão da variação do volume de vendas é maior do que o desvio padrão da variação do emprego e mais aproximado ao desvio-padrão da variação das horas de trabalho por trabalhador – isto revela uma preferência de ajustamento do facto trabalho através da margem intensiva, isto é, pela variação das horas de trabalho. Esta evidência é compatível com existência de custos fixos de ajustamento do emprego geradores de histerese.

[322] Os autores não encontraram significativa heterogeneidade nos efeitos de histerese em função do tipo de indústria, apenas a dimensão da empresa, medida pelo número de trabalhadores parece ter impacto ao nível da histerese.

AUSTERIDADE EXPANSIONISTA

futuro da economia e da sua própria procura, e por serem menos capazes de recorrer aos mercados de seguros.[323] Este resultado é particularmente relevante uma vez que as micro e pequenas empresas em Portugal representam cerca de 97.8% do número total de empresas, e 53% do número de trabalhadores.[324]

Para situar os países em termos de efeitos de histerese na dinâmica do emprego vale a pena considerar um outro estudo do autor[325] que fornece um indicador de histerese baseado na estimação de uma banda de inação do emprego a nível agregado calculada a partir de dados reais do ajustamento do emprego e no número de horas de trabalho por trabalhador. Este estudo coloca Portugal numa situação em que os efeitos de histerese são relativamente elevados (ver Figura 5.1), Portugal pode, por isso, ser caracterizado como um país onde os efeitos de histerese são importantes quer em termos absolutos quer em termos relativos.

Figura 5.1. *Ranking de Histerese*

(Os pontos representam o valor médio do indicador de histerese baseado na estimação de uma banda de inação variável do emprego na indústria (com dados de 2005 a 2008), enquanto que as barras representam os desvio padrão que capta a incerteza associada às estimação do valor do indicador)

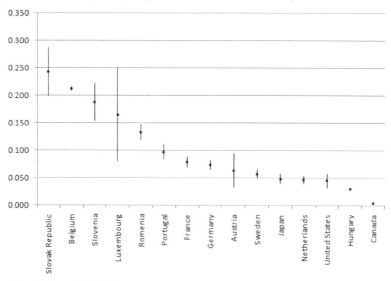

Fonte: Mota e Vasconcelos (2014).

[323] Ver Mota e Vasconcelos (2012).
[324] Dados de 2008 do Instituto Nacional de Estatística.
[325] Ver Mota *et al.* (2015).

Digno de nota é, também, o estudo de Laurence Ball de 2014, publicado como *working paper* do *National Bureau of Economic Research*.[326] Ball estima o efeito da recessão sobre o produto potencial da economia para 23 países da OCDE (ver Quadro 5.1 e Figura 5.2 e 5.3). Conclui-se deste artigo que: *i*) a diminuição do produto potencial da economia varia significativamente de país para país, mas em geral é elevada – a média ponderada da diminuição é de cerca de 8.4%; *ii*) a diminuição do produto potencial atinge um máximo de cerca de 30% na Grécia, e um mínimo na Suíça onde chega inclusive a subir; *iii*) na maior parte dos países a diminuição do produto potencial é quase tão grande com a diminuição do produto atual (ver Figura 5.3), o que constitui evidencia de que os efeitos de histerese foram importantes durante a recessão que se seguiu à crise financeira. Ora, conforme se pode observar a partir do Quadro 5.1, em Portugal a recessão provocou uma queda do produto potencial de cerca de 11.41% em 2013, e a diminuição estimada para 2015 foi de 13.54%. Conforme se constata na Figura 5.2, a diminuição do produto potencial em Portugal é largamente superior à média, o que constitui evidência de presença de efeitos de histerese significativos em termos relativos. Repare-se que esta situação é especialmente grave dado a distância de Portugal em termos de convergência real para a média comunitária. A partir do Quadro 5.1 e da Figura 5.2 é, também, visível que a queda do produto potencial é muito elevada nos outros países periféricos da Zona Euro (29.98% na Grécia, 27.7% na Irlanda, 18.21% na Espanha, e 9.88% na Itália).

[326] Ball (2014).

Quadro 5.1. *Diminuição do Produto Potencial nos Países da OCDE*

País	Diminuição do Produto Potencial estimada em 2013 (em %)	Output Gap em 2013 (em %)	Diminuição do Produto Potencial estimada para 2015 (em %)	Output Gap estimado para 2015 (em %)
Austrália	1.4	1.6	1.83	2.27
Áustria	6.02	2.75	7.14	2.64
Bélgica	7.54	1.73	8.82	1.19
Canada	8.24	0.75	9.71	-0.16
República Checa	18.24	3.58	22.4	3.52
Dinamarca	9.73	2.93	11.32	1.63
Finlândia	15.66	2.63	18.99	3.08
França	7.5	2.68	8.58	3.08
Alemanha	2.87	0.56	3.39	-0.87
Grécia	29.98	9.33	35.4	7.59
Hungria	25.69	1.93	30.51	0.69
Irlanda	27.7	6.32	34.15	4.45
Itália	9.88	5.04	12.05	3.74
Japão	8.47	-0.15	9.57	-0.89
Países Baixos	6.83	4.01	8.53	4.09
Nova Zelândia	6.5	0.29	7.47	-1.22
Polónia	5.24	0.66	7.42	0.16
Portugal	11.41	6.42	13.74	4.98
Espanha	18.21	4.37	22.33	3.52
Suécia	7.58	1.75	8.66	0.76
Suíça	-0.42	0.76	-0.88	0.39
Reino Unido	10.98	2.14	12.37	0.32
Estados Unidos da América	4.7	3.35	5.33	1.87
Média Ponderada	7.18	2.56	8.38	1.49

Fonte: Laurence Ball (2014). "Long-Term Damage from Great Recession in OECD Countries." Working Paper, Johns Hopkins University.

O FENÓMENO DE HISTERESE

Figura 5.2. *Diminuição do Produto Potencial nos Países da OCDE*

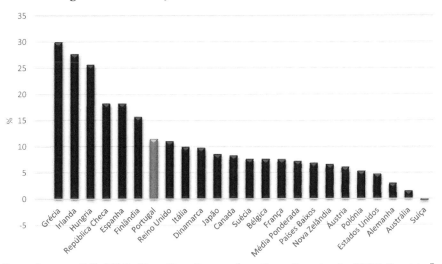

Fonte: Laurence Ball (2014). "Long-Term Damage from Great Recession in OECD Countries." Working Paper, Johns Hopkins University.

Figura 5.3. *A Correlação entre o Produto Atual e o Produto Potencial*

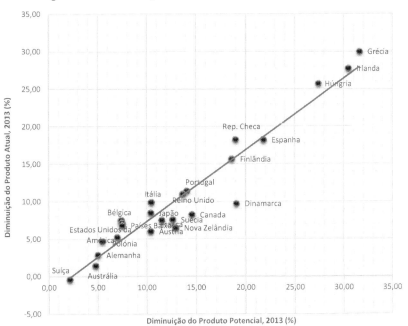

Fonte: Laurence Ball (2014). "Long-Term Damage from Great Recession in OECD Countries." Working Paper, Johns Hopkins University.

Assim, é evidente que a economia Portuguesa não se vai ajustar de forma rápida para um nível de produto potencial (ou para uma taxa de desemprego de equilíbrio) que é independe da do estado cíclico da economia. Pelo contrário, os dados suportam a ideia de o produto potencial acompanhar o produto atual, pelo que a recessão afetará permanentemente o potencial produtivo da nossa economia, dando razão a Lawrence Summers quando afirma que assistimos a uma espécie de Lei de Say ao contrário – a falta de procura cria a sua própria falta de oferta!

Por isso, sabia-se que na data da aplicação das políticas de austeridade que os multiplicadores fiscais eram maiores do que um, como se sabia que a dinâmica do emprego em Portugal apresentava sinais de histerese.

Estes resultados têm, naturalmente, importantes implicações em termos de política económica. Primeiro, políticas macroeconómicas de estabilização cíclica como as políticas fiscais e monetária têm um impacto quer no curto quer no longo prazo – devem por isso ser aplicadas para evitar a perpetuação de efeitos negativos das recessões. Segundo, o estimulo sobre a procura agregada deve ser grande o suficiente para eliminar o efeito de choques negativos anteriores, quebrando a barreira de inação das empresas. Terceiro, as medidas tendentes à flexibilização do mercado de trabalho, que tornam o ajustamento da força do trabalho mais fácil, e os salários mais sujeitos a pressões do mercado, e a redução das prestações sociais podem não ser de nenhuma utilidade para reduzir os efeitos de histerese, e aumentar o nível de emprego devido ao efeito de aumento da incerteza que causam nas expectativas sobre a procura agregada. Note-se, também, que flexibilizar ao mesmo tempo o ajustamento pelo número de trabalhadores e pelas horas de trabalho por trabalhador origina efeitos contraditórios ao nível da rigidez da variação do emprego, podendo levar inclusive à ampliação dos efeitos de histerese na dinâmica do emprego. Repare-se, finalmente, que ainda que o governo reduza os custos fixos de ajustamento do emprego para um mínimo, subsiste uma substancial fonte de irreversibilidade associada aos custos fixos de ajustamento do fator capital.

Assim, tendo em conta a existência de histerese associada à dinâmica do emprego e do produto da economia, uma importante reforma estrutural a implementar é a revisão da forma como as políticas macroeconómicas (nomeadamente a política monetária e fiscal) devem ser conduzidas numa recessão.

Capítulo 6
As Alternativas à Política de Austeridade

> "Os países da periferia não estão em posição de se envolverem em políticas anticíclicas, porque não podem financiar os seus próprios défices fiscais. Encontrar uma forma de os capacitar e de os envolver em políticas anticíclicas é essencial para o seu próprio benefício, mas é também essencial para a economia global, ... "
>
> Joseph Stiglitz e Mary Kaldor (2015, p. 139)

6.1. Um plano Integrado de Recuperação Económica

Os capítulos anteriores mostraram de uma forma clara que se reuniram na Zona Euro praticamente todos os elementos que levam a que as políticas de austeridade sejam extremamente recessivas, gerando ao mesmo tempo resultados perversos ao nível do seu objetivo imediato de consolidação orçamental, e de diminuição do rácio da dívida pública em percentagem do PIB. De entre esses fatores destacamos:

Primeiro, o esgotamento da política monetária com as economias dos países periféricos da Zona Euro a entrarem numa situação de armadilha de liquidez. As taxas de juro interbancárias estão em terreno negativo sem que o investimento responda, e a taxa de inflação em Portugal depois de ter atingido valores negativos, é neste momento positiva mais muito baixa (0.7%),[327] gerando um problema de *debt deflation* que tornam praticamente impossíveis os esforços de redução da dívida pública em ternos reais – um problema há muito identificada por Irving Fisher.

Segundo, a ausência de moeda própria e a impossibilidade de utilização da desvalorização cambial para incentivar as exportações para fora da Zona Euro, e para os países da Zona Euro beneficiando de maior competitividade em detrimento de países externos, e reduzir o défice da balança comercial.

Terceiro, a dificuldade de sair da crise através de um modelo de crescimento baseado nas exportações, uma vez que as medidas de austeridade foram aplicadas também pelos nossos parceiros comerciais.

Quarto, a forma de consolidação orçamental que privilegiou as medidas do lado da despesa (que tem associados multiplicadores fiscais maiores) fazendo diminuir a procura agregada e originando uma queda do PIB mais do que proporcional, o que, por um lado, fez aumentar o desemprego, e por outro lado, fez diminuir a receita tributária comprometendo os esforços de consolidação orçamental.

Quinto, a forma como os mercados de obrigações reagiram numa faze inicial aos esforços de consolidação orçamental. Esta reação foi em parte causada pela aplicação de medidas de austeridade fortemente recessivas que tiveram efeitos contraproducentes no rácio de dívida pública, e que afetaram a credibilidade do programa fiscal, impedindo a descida das taxas de juro numa fase inicial da crise. A manutenção de taxas de juro elevadas originou um novo impulso recessivo fazendo a economia entrar numa espiral recessiva.

No que respeita às medidas a aplicar para acelerar a retoma, depois de termos perdido a oportunidade de minorar os efeitos da crise financeira, defendemos uma abordagem radicalmente diferente da que tem sido praticada em dois domínios: *i*) substituição das políticas de austeridade por um programa maciço de investimento, incluindo investimento público; *ii*) maior atenção dada à resolução do problema fundamental dos desequilíbrios crónicos da balança corrente no seio da Zona Euro, que esteve na base da propagação da crise financeira à crise das dívidas soberanas dos países periféricos.

---

[327] No momento em que escrevemos (fevereiro de 2016) a taxa de inflação na Zona Euro é de -0.2%.

As economias europeias precisam, assim, de uma estratégia de crescimento viável. Uma vez que estamos longe da plena utilização do potencial produtivo (quer ao nível do capital humano, quer ao nível do capital físico), a prioridade deve ser dada a medidas destinadas à recuperação da procura agregada com efeitos a curto-médio prazo. Por isso, este capítulo centra-se nas questões relacionadas com os estímulos à procura que possibilite uma retoma sustentada, e no problema do seu financiamento (que podem ser em parte resolvidas dentro do quadro institucional da Zona Euro[328]).

Não negamos que é necessário encontrar novos modelos de crescimento sustentado que não assentem em bolhas de consumo e do mercado imobiliário, alimentadas por dívida privada excessiva. São certamente necessárias medidas destinadas a ultrapassar os problemas que impedem o crescimento da produtividade, tais como as qualificações dos trabalhadores e empresários, as práticas de organização empresarial, o baixo nível de investimento em inovação tecnológica, as infraestruturas de transporte e logística, e o posicionamento das empresas nacionais nas cadeias internacionais de valor, etc.[329] No, entanto, estas medidas demoram tempo e são de difícil aplicação numa economia em crise, pelo que os estímulos macroeconómicos são necessários.

A resolução deste problema estrutural e complexo da competitividade da nossa economia que passa também por uma reforma da própria arquitetura da Zona Euro,[330] está para além dos objetivos deste livro.[331]

O enfoque na procura é justificado por uma questão de prioridade.[332] Os programas de ajustamento acordados com a *Troika* foram completamente desajustados porque se basearam na ideia de que as reformas estruturais destinadas a promover o lado da oferta da economia pode-

---

[328] Excluem-se aqui as regras atuais do Pacto de Estabilidade e Crescimento.

[329] Ver Mamede (2016).

[330] A necessidade de reformas profundas na Zona Euro como o aprofundamento da união bancária, a integração fiscal, assim como os mecanismos de *governance* são discutidos por exemplo em "Rebboting Europe – How to Fix Europs's Monetary Union – View of Leading Economists" eds. Richard Baldwin e Francesco Giavazzi, 2016.

[331] De fora da análise ficam, também, as medidas destinadas a resolver os problemas inerentes à fragilidade do sector bancário, reconhecidamente um assunto muito importante.

[332] Ideia partilhada pelos galardoados como o prémio Nobel Joseph Stiglitz (2015), e Paul Krugman (2012a).

AUSTERIDADE EXPANSIONISTA

riam substituir as medidas de curto prazo destinadas a suportar a procura agregada.[333] Como mostramos no Capítulo 5, fazer empobrecer o país através de uma desvalorização interna deixa marcas negativas permanentes – afeta inclusive o potencial de crescimento da economia no longo prazo – precisamente o contrário do que se pretende com as tão apregoadas reformas estruturais.

Propomos, assim, um plano de recuperação integrado da procura agregada que deve assentar num aumento do investimento e do consumo público e privado, interno e externo. O governo tem aqui a função de catalisador. Necessitamos de uma abordagem equilibrada que privilegie o aumento das exportações sem deprimir a procura interna que tem um peso no PIB muito superior ao da procura externa (cerca de 60%). O consumo interno tem sido muito diabolizado por parte de alguns políticos e até economistas. Repare-se, no entanto, que o consumo é o fim último da atividade económica. É o aumento do consumo que através do seu efeito de sinalização através dos preços melhora as expectativas dos empresários levando a um aumento do investimento. A confiança é, por isso, o efeito do crescimento e não a sua causa.[334]

A solução passa pela aplicação imediata de política fiscal expansionista, seguida de uma consolidação orçamental quando a economia recuperar, ajudada pelo crescimento económico.[335] Sem um estímulo fiscal maciço, a procura agregada permanecerá estruturalmente baixa e não será possível alcançar crescimento económico sustentando nem equilibrar as contas públicas.

No entanto, não podemos esquecer os efeitos que as medidas de estímulo à procura interna deverão ter sobre o saldo da balança corrente.

Os desafios que se colocam à economia portuguesa, nomeadamente no que diz respeito à forma como ultrapassar simultaneamente o problema do endividamento externo, e do baixo crescimento económico que limita, também, a possibilidade de redução da dívida pública em

---

[333] Ver Legrain (2014).
[334] Ver Blyth (2013).
[335] Esta ideia tem suporte teórico e empírico, por exemplo, em Battini *et al.* (2012), e em DeLong e Summers (2012), e é cada vez mais consensual entre os economistas.

AS ALTERNATIVAS À POLÍTICA DE AUSTERIDADE

percentagem do PIB podem ser ilustrados recorrendo ao chamado Diagrama de Swan.[336]

Considere-se um gráfico cujo eixo vertical representa a taxa de câmbio real e o eixo horizontal a procura interna (ver Figura 6.1 *a*).

Figura 6.1. *Posição de Portugal no Diagrama de Swan*

a)

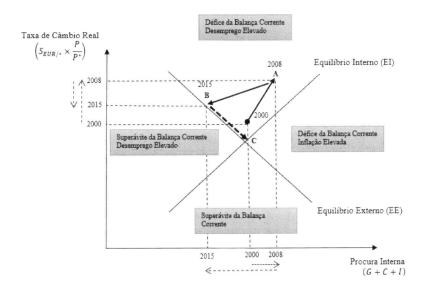

b)   *c*)

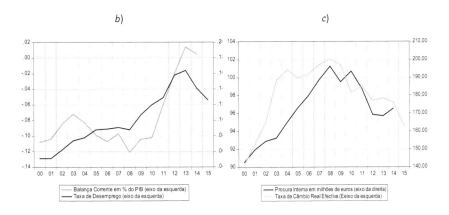

[336] O Modelo foi originalmente publicado pelo economista australiano Trevor Swan em 1956 para descrever a economia australiana na Grande Depressão.

AUSTERIDADE EXPANSIONISTA

A curva EI representa combinações de procura interna e de taxa de câmbio real que asseguram o designado equilíbrio interno, ou seja um nível de emprego (L) próximo do pleno emprego (L^*) e uma taxa de inflação baixa, situação em que o *output gap* é igual a zero. Admita-se que temos inicialmente uma situação de equilíbrio interno ($L = L^*$). Considere-se agora uma apreciação (subida) da taxa de câmbio real que reflete uma diminuição da competitividade, causando uma queda das exportações e do emprego. Neste cenário a reposição do equilíbrio interno requer um aumento da procura interna, pelo que a curva EI é positivamente inclinada. Note-se que abaixo da curva IB temos a economia sobreaquecida com problemas de inflação, enquanto acima temos uma elevada taxa de desemprego.

A curva EE representa combinações de procura interna e de taxa de câmbio real que asseguram o designado equilíbrio externo, ou seja uma balança corrente equilibrada ($BC = 0$). Admita-se que temos inicialmente uma situação de equilíbrio externo ($BC = 0$). Considere-se agora uma apreciação (subida) da taxa de câmbio real que reflete uma diminuição da competitividade, causando uma queda das exportações e originando um défice da balança corrente. Neste cenário a reposição do equilíbrio externo requer uma diminuição da procura interna que origine uma diminuição das importações, pelo que a curva EE é negativamente inclinada. Repare-se que abaixo da Curva EE temos um défice da balança corrente enquanto acima temos um superávite.

O diagrama ilustra que para alcançar simultaneamente o objetivo de equilíbrio interno e externo (situação que ocorre na interseção das curvas) é requerida uma combinação particular de taxa de câmbio real e de procura interna.

A economia Portuguesa exibia no ano 2000 um défice da balança corrente e uma taxa de desemprego de 5.1% não muito longe de uma situação de equilíbrio interno (ponto A na Figura 6.1 *a*). De 2000 até ao eclodir da crise financeira, quer a taxa de desemprego quer o défice da balança de pagamentos aumentaram significativamente (ver Figura 6.1. *b*), levando a economia a afastar-se simultaneamente dos objetivos de equilíbrio interno e externo (ponto B na Figura 6.1. *a*). Após a crise financeira, Portugal aplicou um programa de austeridade no sentido de provocar uma desvalorização interna que permitisse reduzir os salários e os preços dos bens transacionáveis. Conforme se pode observar na

Figura 6.1. *c*), esta política provocou efetivamente uma diminuição da taxa de câmbio real, mas originou, também, uma considerável redução da procura interna. O resultado foi o objetivo de equilíbrio externo ter sido alcançado à custa de um ainda maior afastamento do objetivo de equilíbrio interno (ponto c na Figura 6.1 *a*). Esta situação é patente na Figura 6.1 *b*). Na verdade o relativamente baixo peso das exportações portuguesas no PIB, e o facto das medidas de austeridade terem também sido aplicadas pelos nossos parceiros comerciais com implicações sobre o crescimento dos preços externos originou que a taxa de câmbio real não tenha baixado o suficiente para compensar os efeitos negativos das medidas de austeridade sobre procura interna.

Conforme se pode observar no diagrama de Swan (Figura 6.1. *a*) para a economia Portuguesa poder alcançar simultaneamente o objetivo de equilíbrio interno e externo, é necessário a combinação de uma depreciação da taxa de câmbio real (descida da taxa de câmbio) com um aumento da procura interna. A política de aumento da procura interna conseguida pela via da política fiscal expansionista ajudada pela continuação do sentido expansionista da política monetária do BCE por si só não garante a simultaneidade dos objetivos. Um aumento da procura interna possibilitará aumentar o nível de atividade e reduzir o desemprego, mas vai irá levar a uma deterioração da balança corrente, a uma aumento do endividamento externo, e à continuação da incerteza dos investidores nos mercado de dívida pública portuguesa, com consequências ao nível dos custos de financiamento do governo, que em última instancia condiciona a própria possibilidade de conduzir políticas fiscais destinadas a manter a procura interna a um nível elevado. Esta situação é um problema típico dos regimes de câmbios fixos, onde o instrumento taxa de câmbio nominal não pode ser acionado para permitir alcançar o objetivo de equilíbrio externo, ao mesmo tempo que se aplicam políticas monetárias e fiscais expansionistas.

Assim, as opções que se colocam neste momento na Zona Euro estão muito bem descritas por Mervin King (ex-governador do BoE):[337]

a) Continuar a aplicar políticas de austeridade nos países periféricos deficitários sacrificando o objetivo de equilíbrio interno ao objetivo de equilíbrio externo (a economia permanece estagnada

---

[337] Ver King (2015).

como na situação atual – ponto C na Figura 6.1. *a*). Como se compreende esta situação não é sustentável – aliás se as políticas de austeridade aplicadas com o objetivo de gerar uma desvalorização interna resultassem, o sistema monetário internacional de padrão-ouro não teria constituído um problema durante a Grande Depressão como hoje é conhecido;

b) Abandonar a tentativa de restaurar a competitividade pela via das políticas de austeridade sacrificando o objetivo de equilíbrio externo ao objetivo de equilíbrio interno. Esta opção requer a continuação de transferências de fundos dos países superavitários para a os países deficitários, mas é instável e propícia à ocorrência de crises nos mercados de dívida pública – esta é a situação disfuncional que se verificava antes de 2008 – ponto A na Figura 6.1. *a*);

c) Aplicação simultânea de políticas fiscais expansionistas nos países superavitários e deficitários da Zona Euro – permite alcançar simultaneamente o objetivo de equilíbrio interno e externo – levando a economia para o ponto C na Figura 6.1 *a*).

d) Abandono do euro por parte dos países deficitários como forma de libertar o instrumento taxa de câmbio nominal e afetá-lo ao objetivo de equilíbrio externo, ao mesmo tempo que se aplicam políticas fiscais orçamentais expansionistas para aumentar a procura interna – permite alcançar simultaneamente o objetivo de equilíbrio interno e externo – levando a economia para o ponto C na Figura 6.1 *a*).

No contexto da atual arquitetura da Zona Euro (e assumindo que os países não vão abandonar a moeda única), a única possibilidade de fazer baixar a taxa de câmbio real em tempo útil sem provocar uma diminuição da procura interna é os países com excedentes comerciais aplicarem políticas fiscais expansionistas destinadas à procura interna que possibilite um aumento dos preços dos nossos parceiros comerciais (ou seja a opção *c*). De facto, parte da insuficiente procura na Zona Euro deriva do baixo investimento, mas o consumo também constitui um problema. Por isso, os países com balanças correntes superavitárias, como a Alemanha, a Holanda, a Áustria e Finlândia deviam não só aumentar o investimento público, por exemplo em áreas como as infraestruturas, inovação,

AS ALTERNATIVAS À POLÍTICA DE AUSTERIDADE

saúde e educação, o que só os beneficiaria pois são áreas determinantes do crescimento a longo prazo,[338] como também tomar medidas tendentes ao aumento do rendimento disponível das pessoas que origine um aumento do consumo através, por exemplo, da imposição, ou do aumento dos salários mínimos. Estas políticas originariam simultaneamente um aumento da taxa de inflação e da procura por bens importados nos países superavitários que ajudaria a corrigir os desequilíbrios das balanças correntes na Zona Euro.

Desta maneira a alteração dos preços relativos seria conseguida não através da redução dos nossos salários com os efeitos que são hoje conhecidos, mas através do aumento dos salários do exterior.[339] Na verdade no seio da Zona Euro défices e superávites da balança corrente são 'duas faces da mesma moeda.' Os défices da balança corrente dos países menos competitivos só poderão ser reduzidos com a diminuição dos superávites dos países mais competitivos. Por isso, as políticas da UE devem desencorajar os excedentes da balança corrente. Na verdade, a estratégia da Alemanha para aumentar a sua competitividade tem criado externalidades negativas nos restantes países da Zona Euro. Por isso a bem do equilíbrio da Zona Euro a Alemanha tem de deixar de basear o seu modelo de crescimento nos baixos salários e na estagnação da procura interna.

Note-se que este é um problema fundamental. A crise da Zona Euro foi na sua essência provocada pelos desequilíbrios das balanças correntes. Este é um velho problema dos regimes de câmbios fixos. Verificou-se no regime de câmbios fixos de padrão ouro, e os mecanismos de ajustamento introduzidos no regime de paridades ajustáveis de *Bretton--woods* também não os conseguiram resolver. Na Zona Euro o problema é ainda maior. As moedas nacionais desapareceram, e não existe nenhum mecanismo institucional que contribua para assegurar o equilíbrio das balanças correntes que não seja a aplicação contínua de políticas de aus-

---

[338] O Fundo monetária internacional reporta que se tem assistido a um declínio da qualidade das infraestruturas e do *stock* de capital público na Alemanha (ver IMF, 2014).

[339] Esta ideia tem suporte num estudo do BCE (2016) que conclui que o aumento do investimento público num grande país da Zona Euro como a Alemanha tem um importante efeito de *spillover* no resto da Zona Euro que ocorre pela via do aumento da procura por importações do sector privado desse país, e pelo aumento dos preços relativos dos seus bens, contribuindo para um aumento das exportações dos restantes países.

teridade com os efeitos descritos ao longo do livro. A sobrevivência da Zona Euro está assim dependente da Alemanha deixar de basear tanto o seu modelo de crescimento nas exportações forçando as suas famílias a viver abaixo das possibilidades.

Tal como Keynes defendeu na Conferência que deu origem ao Sistema de *Bretton-Woods* em 1944, a bem do equilíbrio do sistema, é necessário encontrar um mecanismo institucional que force os países com balanças correntes superavitárias a gastar o excedente em produtos dos países deficitários. Uma possibilidade seria obrigar, sob pena de sanções (à semelhança do que acontece no Pacto de Estabilidade e Crescimento), e no âmbito do Semestre Europeu, os países superavitários a aumentar o investimento público na sequência de superávites da sua balança corrente.

Na verdade, o Procedimento Relativo aos Desequilíbrios Macroeconómicos introduzido em 2011 como parte do chamado *"Six Pack"*, pode ser um primeiro passo nesse sentido.[340] Este mecanismo cobre um conjunto alargado de áreas entre as quais o saldo da balança corrente, considerando que existe um desequilíbrio macroecómico que requer correção sempre que um país tenha um défice superior a 4% do PIB ou um superávite superior a 6% do PIB. Não obstante, países como a Alemanha e a Holanda têm nos últimos anos apresentado superávites da balança corrente cronicamente superiores a 6% sem que nenhuma sanção seja aplicada.

Relativamente à questão do financiamento da política de investimento enfatizamos: *a*) o papel do BCE na utilização do *quantitative easing* como suporte à política fiscal expansionista; *b*) a necessidade de implementação de várias propostas da Comissão Europeia (que não têm tido o acordo da generalidade dos Estados-Membros), como o imposto sobre as transações financeiras, a harmonização da tributação sobre as empresas, e a revisão da Diretiva de Tributação da Energia, que permitiriam aumentar o orçamento da EU e dos Estados Membros; e *c*) a necessidade da restruturação da dívida pública dos países mais endividados da Zona Euro para possibilitar a obtenção de financiamento para as políticas de investimento a taxas razoáveis.

---

[340] Ver http://ec.europa.eu/economy_finance/economic_governance/macroeconomic_imbalance_procedure/index_en.htm.

O plano integrado para a recuperação económica da Zona Euro apresentado neste capítulo não requer uma mudança significativa do seu enquadramento institucional, com a exceção talvez do Pacto de Estabilidade e Crescimento. Algumas formas de resolução do problema do financiamento foram já propostas pela Comissão Europeia, e embora não tendo sido ainda implementadas por falta de acordo entre os Estados-membros, são exequíveis. São medidas passíveis de serem aplicadas com sucesso num contexto de uma união monetária que não se quer fragmentada, mas que também não se consegue aprofundar.

6.2. Política de Investimento e o Faseamento de recuperação Económica

A análise teórica apresentada na descrição do paradoxo da poupança (ver secção 4.2), conjugada com a constatação empírica sobre a inexistência de *crowding out* numa situação de depressão que faz com que os valores dos multiplicadores fiscais, nomeadamente os do investimento público, sejam superiores a um (ver secção 4.1), mostra-nos que quando os agentes económicos (incluindo o governo) decidem aumentar a poupança todos ao mesmo tempo a consequência é uma redução da procura agregada que deprime ainda mais a economia no curto prazo, e deixa efeitos negativos duradouros a longo prazo.

Atente-se, agora, à forma como Martin Wolf coloca as alternativas que se deparam à Europa:

> *"Consider two policy alternatives: strong stimulus on the one hand and austerity on the other. If one adopted the first strategy when a great deal of economic slack existed, the outcome would be a stronger recovery. If one were to adopt the stimulus strategy when there was no excess capacity in the economy, there would be inflation, current account deficits, or both. Now turn to the second alternative: austerity. If there was economic slack, the economy would adapt to the policy by shrinking potential output towards its actual level, largely through shrunken investment. If there were no slack, the policy would deliver the predetermined outcome. In other words, austerity would become a self-fulfilling prophecy.*
>
> *So, if one were wrong to be optimistic, the cost would be an inflation overshooting, followed by a policy correction. If one were wrong to pessimistic, the cost would be a permanently smaller economy. The former error is less damaging than the latter. The right risk to take then is stimulus, because the costs of greater austerity would*

be higher. Moreover, the likelihood is that in fact there is a great deal of slack after such huge falls in output. That reinforces the case for taking the risk of expansionary policies."[341]

Por tudo isto advogamos que a estratégia de consolidação das finanças públicas imposta pela UE, assente em medidas de austeridade implementadas sobretudo através de cortes da despesa pública, e entendida como condição necessária para o relançamento do crescimento, deve ser imediatamente revertida, sendo imprescindível um programa maciço de investimento público e privado ao nível da Zona Euro. O investimento público (financiado por dívida) tem um efeito positivo de curto prazo sobre a procura agregada pela via do multiplicador de impacto, e num contexto de relativa estagnação económica gera efeitos de *crowding in* do investimento privado. O investimento público contribui, também, no longo prazo para o aumento da capacidade produtiva dos países pela via do aumento do *stock* capital, e para a redução sustentada da dívida pública em percentagem do PIB. Estas afirmações são defendidas de forma clara pelo FMI.[342] Note-se que quer os países com défices externos quer os países com superávites beneficiarão deste programa.

De facto, a Comissão Europeia reconhece que o nível do investimento caiu consideravelmente na Zona Euro. Se compararmos com os

---

[341] "Considere-se duas alternativas de política: um forte estímulo de um lado e austeridade no outro. Se se adotar a primeira estratégia quando uma grande quantidade de capacidade não utilizada existe na economia, o resultado será uma forte recuperação. Se se adotar a estratégia de estímulo quando não existe excesso de capacidade na economia, haveria inflação, défices da balança corrente, ou os dois. Agora considere-se a segunda alternativa: austeridade. Se existisse uma grande quantidade de capacidade não utilizada na economia, a economia adaptar-se-ia à política através da diminuição do produto potencial para o seu valor atual, grandemente à custa da diminuição do investimento. Se não existisse capacidade não utilizada, a política trará o resultado esperado. Por outras palavras, a austeridade torna-se numa profecia autoconcretizada. Por isso, se estivermos errados por sermos otimistas, o custo seria um sobre ajustamento da inflação, seguido de uma correção de política. Se estivermos errados por sermos pessimistas, o custo será uma economia permanentemente mais pequena. O primeiro erro é menos destrutivo do que o último. O risco correto a tomar é o estímulo, porque os custos de uma grande austeridade seriam maiores. Adicionalmente, o que é provável é que de facto exista uma grande quantidade de capacidade não utilizada depois de grandes quedas do produto. Isso reforça o argumento para assumir o risco de políticas expansionistas." Wolf (2014, p. 263).
[342] Ver (IMF, 2014).

valores de 2007, os níveis correntes médios de investimento são cerca de 15% mais baixos em termos reais, e a queda é ainda mais pronunciada em países como a Grécia (menos 64%), a Irlanda (menos 39%), Espanha (menos 38%), Portugal (menos 36%) e Itália (menos 25%). Temos, por isso, um problema de baixo investimento e uma desigualdade na sua distribuição entre países no seio da Zona Euro, que é simultaneamente uma consequência da crise, devido à dificuldade de financiamento do investimento público nos países com elevados défices orçamentais e dívidas em percentagem do PIB, e das baixas perspetivas de vendas que condicionam o investimento privado, e uma causa do atraso da recuperação económica e da criação de emprego, criando um ciclo vicioso de baixo investimento e baixo crescimento que representa uma séria ameaça à competitividade da Zona Euro.[343]

Reconhecendo esta falha do mercado em gerar um nível de investimento consentâneo com uma retoma sustentada da economia, em novembro de 2014 a Comissão Europeia, em conjunto o Banco Europeu para o Investimento (BEI), reage a esta situação, anunciando um Plano de Investimento para a Europa (conhecido como Plano Juncker) – operacional a partir de meados de 2015, o que consideramos ser um primeiro passo positivo para a uma retoma sustentada da economia europeia.

Este plano assenta em três pilares: *i*) mobilização de meios financeiros públicos e privados para o investimento pela via do BEI, sem aumentar a dívida pública; *ii*) apoio ao investimento em áreas estratégicas chave; *iii*) implementação de reformas regulatórias e estruturais destinadas a criar um ambiente mais propício ao investimento, através da remoção de barreiras em áreas como a energia, telecomunicações, transportes, serviços e investigação.

O Plano de Investimento para a Europa tem como objetivos:[344] *a*) "inverter as tendências de descida do investimento e ajudar a promover a criação de emprego e a recuperação da economia, sem pesar sobre as finanças públicas nacionais nem criar nova dívida"; *b*) "dar um passo decisivo no sentido de responder às necessidades de longo prazo da nossa economia e aumentar a nossa competitividade"; *c*) "reforçar a dimensão europeia do nosso capital humano, capacidade produtiva,

---

[343] Ver Hollande (2015).
[344] Ver Comissão Europeia (2014).

conhecimentos e infraestruturas materiais, com ênfase especial nas interconexões vitais para o mercado único."

Relativamente ao primeiro pilar, o plano de investimento é financiado através da criação de um Fundo Europeu para Investimentos Estratégicos (FEIE) gerido pelo BEI. O BEI contribui com 5 mil milhões de euros para este fundo, enquanto que a Comissão Europeia disponibiliza 16 mil milhões a título de garantias, o que permite mobilizar fundos no montante de 21 mil milhões de euros (ver Figura 6.2). A Comissão Europeia e o BEI convidam os Estados-Membros e os investidores privados a participarem, o que segundo as estimativas, poderá alavancar o Fundo 15 vezes, permitindo alcançar o valor de 315 mil milhões e euros (equivalente acerca de 2% do PIB da EU em 2015).[345] Segundo a Comissão Europeia,[346] tal deve-se ao facto do fundo dispor de uma capacidade inicial de assunção de riscos que lhe permitirá conceder financiamento adicional (pela via de dívida prioritária a longo prazo para projetos de maior risco, de empréstimos subordinados, e de participações de capital e quase-capital), e atrair mais investidores.

A Comissão Europeia estima que o Plano de Investimento tenha o potencial de estimular o investimento privado, e acrescentar entre 330 e 410 mil milhões de euros ao PIB europeu, criando entre 1 e 1.3 milhões de novos empregos nos próximos três anos.

---

[345] Até agora nove países membros da UE (Bulgária, Alemanha, Espanha, França, Itália, Luxemburgo, Polónia, Eslováquia, e Reino Unido) anunciaram que irão participar no fundo num total de cerca de 43 mil milhões de euros. A participação não assumirá a forma de garantias, ou de contribuições de capital, mas sim a forma de co-financiamento de projetos individuais nos respetivos países.

[346] Comissão Europeia (2014).

Figura 6.2. *Fundo Europeu para Investimentos Estratégicos*

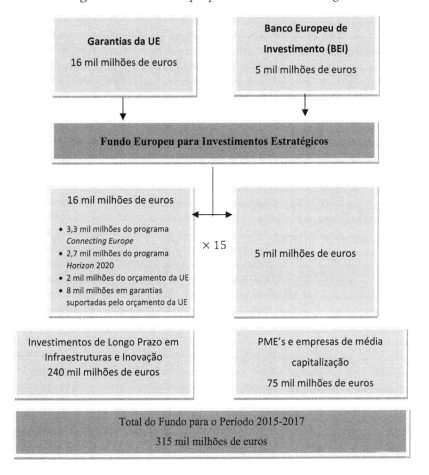

Relativamente ao segundo pilar, não estão previstas quotas geográficas ou sectoriais, mas privilegia-se o investimento em tecnologias de ponta e em sectores inovadores com maior grau de risco, divididos em cinco áreas estratégicas capazes de terem um impacto importante na economia: *i)* infraestruturas estratégicas incluindo as áreas das tecnologias digitais (banda larga móvel e baseada na fibra ótica 4G, e maiores e mais seguros centros de dados para trafego dentro da UE, tecnologias de informação e comunicação mais seguras para as PMEs e para a Administrações Públicas), transportes (modernização e alargamento de infraestruturas ferroviárias e rodoviárias, redução dos congestionamento urbanos, alargamento da capacidade dos aeroportos e gestão de tráfego aéreo, e melhoramento das conexões comerciais), e energia (melhoramento das redes com as tecnologias de ponta, integração das fontes de energias renováveis, diversificação das fontes de fornecimento, eficiência energética em edifícios existentes); *ii*) educação, formação, investigação e sistemas de desenvolvimento e inovação; *iii*) expansão das energias renováveis e eficiência na utilização dos recursos; *iv*) apoio a pequenas e médias empresas; *v*) ambiente (incluindo proteção do riscos de inundações, tratamento de águas residuais, e reconversão de materiais), desenvolvimento urbano e projetos sociais.

O Plano de Investimento para a Europa contempla, ainda, a criação de um comité constituído por peritos independentes (*Eurpean Investment Advisory Hub*) que tem como missão assegurar que os fundos são canalizados para projetos de investimento viáveis e que não causem *crowding out* do investimento privado. Este plano tendo como objetivo criar um ambiente económico caraterizado por atividades ambientalmente sustentáveis, intensivas em conhecimento, e que requerem mão-de-obra muito qualificada e bem paga tem a grande vantagem de identificar as áreas onde o multiplicador do investimento será maior, denotando uma preocupação com o aumento da eficiência do investimento público.[347]

No entanto, o Plano tem várias deficiências na sua conceção, e não foi ainda capaz de catalisar uma mudança de estratégia de combate aos problemas económicos enfrentados pelos países periféricos da Zona Euro. Por essa razão o seu impacto na atividade económica não tem sido significativo. De entre as deficiências do Plano que carecem de correção destacam-se:[348]

i) O reduzido montante dos fundos afetos pela Comissão Europeia, o facto de uma parte substancial das contribuições serem fundos desviados de outras aplicações, e o valor muito elevado para o rácio de alavancagem estimado do fundo (1:15) que permitirá constituir um fundo de 315 mil milhões de euros, a partir de uma contribuição inicial de apenas 21 mil milhões de euros. Mesmo neste cenário demasiado otimista para o rácio de alavancagem, provavelmente seria necessário o dobro dos fundos para fechar o *output*

---

[347] Na senda das recomendações do FMI (2014).
[348] Ver, também Schneider (2015).

gap. Necessitamos, por isso, de um aumento substancial de fundos europeus afetos ao investimento pelo orçamento da UE.

ii) O facto do Plano de Investimento não especificar nenhum mecanismo de alocação geográfica dos projetos – os projetos são considerados tendo como base o seu mérito individual. Pode acontecer que o Plano acabe por beneficiar determinados países ou regiões. Assim, na ausência de uma quota de alocação, mesmo que um número suficiente de projetos viáveis possam ser financiados, regiões economicamente mais favorecidas, com um maior número de potenciais investidores privados, mais preparadas tecnicamente para se candidatarem ao financiamento, e com bancos de fomento do investimento mais fortes, podem receber a maioria dos projetos.[349] Por isso, o Plano corre o risco de ter um impacto limitado precisamente nos países mais carenciados de investimento, e de aumentar as assimetrias entre grupos de países.[350] É necessário, por isso, ter atenção à concentração geográfica dos projetos de investimento que são aprovados por parte do comité de peritos independentes, para que os fundos sejam canalizados para projetos em países onde o *gap* de investimento seja maior. Uma possibilidade é construir indicadores de dispersão geográfica dos investimentos quer ao nível nacional quer ao nível sectorial, definir objetivos para esses indicadores, e planos de ação tendentes a atingir os objetivos estabelecidos.[351]

iii) A constatação de que o Plano ao lidar com os incentivos ao investimento privado não resolve eficazmente a falta de investimento público em áreas como a educação, a saúde, as infraestruturas, e a investigação básica (onde sabemos que não existe o efeito de *crowding out* do investimento privado), uma vez que não existe uma

---

[349] Ver Rubio *et al.* (2016).

[350] Para se ter uma ideia deste problema, Portugal tem neste momento apenas dois projetos em curso, na área das infraestruturas e inovação, financiados ao abrigo do FEIE no montante de 300 milhões de euros, e um financiamento aprovado para o investimento de pequenas e médias empresas no montante de 210 milhões de euros. Em Julho de 2016 Portugal tinha submetido apenas um projeto para financiamento junto do *Eurpean Investment Advisory Hub*, enquanto o Reino Unido tinha submetido 18, a Bélgica 12, a Espanha e a Itália 11, e a França e a Alemanha 8 (ver Eurpean Commission, 2016).

[351] Ver Rubio *et al.* (2016).

estratégia clara para estimular o investimento público ao nível Europeu ou Nacional. O problema é que os países com melhor situação orçamental, como a Alemanha, com modelos de crescimento muito assentes na procura externa não querem aplicar estímulos orçamentais, enquanto os países periféricos com pior situação económica, fortemente endividados, estão constrangidos pelo cumprimento das regras plasmadas no Pacto de Estabilidade e Crescimento (PEC).[352] Defendemos a necessidade de criação de um fundo europeu de suporte ao investimento público implementado numa base nacional.[353]

6.3. O Problema do Financiamento

A Comissão Europeia lançou o Plano de Investimento para a Europa ao mesmo tempo que enfatiza a necessidade de manter a responsabilidade fiscal entendida como o cumprimento das regras do PEC. O problema com esta abordagem é que a manutenção da austeridade "à cabeça" limita o financiamento desta iniciativa, e não permite a aplicação de um estímulo ao investimento na escala necessária para tirar as economias periféricas de uma situação de depressão. Consideramos ser uma condição necessária para este plano resultar uma alteração do *mix* de políticas macroeconómicas. Advogamos, por isso, a combinação de política monetária expansionista com um maior estímulo fiscal de cada país, combinado com um maior e melhorado apoio vindo do orçamento da UE.[354] Note-se, contudo, que dado o elevado endividamento público e privado dos países periféricos da Zona Euro, muito provavelmente este *mix* de políticas macroeconómicas não será suficiente. Não se vislumbra de que forma estes países possam reduzir os seus rácios de dívida pública em percentagem do PIB de forma suficientemente rápida para reduzir de uma forma sustentada os risco de aumento das *yields* das obrigações do tesouro, que permitam aos Estados se financiarem a taxas de juro aceitáveis para possibilitar o tão necessário aumento do investimento

---

[352] Por isso, especial atenção será dada na seção seguinte ao problema do financiamento do investimento público.

[353] Ver, por exemplo, Vala *et al.* (2014).

[354] Ver Cozzi e Michell (2014).

público.[355] Parece-nos que uma restruturação da dívida pública destes países será não só necessária como inevitável.[356]

6.3.1. O Papel do BCE

6.3.1.1. O BCE Como Emprestador de último Recurso

O Tratado de Maastricht assegurou que o BCE seria um Banco Central criado à imagem do *Bundesbank* (Banco Central Alemão). O BCE é por isso, um Banco Central independente com uma missão explícita de controlo da taxa de inflação. De acordo com o disposto no nº 1 do artigo 127º, e do nº 2 do artigo 282 do Tratado sobre o Funcionamento da UE, o objetivo final do BCE é a manutenção da estabilidade dos preços.[357] Para facilitar a reação do BCE a crises financeiras seria importante proceder a uma alteração dos seus estatutos no que se refere ao objetivo final único de estabilidade de preços na Zona Euro, aproximando-o mais dos outros Bancos Centrais (como por exemplo o FED que tem um duplo mandato – a estabilidade de preços e a manutenção de um elevado nível de emprego).[358]

O BCE está, também, proibido pelos seus estatutos de monetizar diretamente os défices públicos, ou seja não pode comprar títulos de dívida pública em mercado primário, e está impedido de ajudar Estados em dificuldades financeiras ou em situação de insolvência (a chamada *no bail-out clause*). Se é verdade que em situações normais este enquadramento é adequado, deverá haver suficiente flexibilidade para que em situações de crise de confiança, o BCE possa evitar que ataques espe-

---

[355] Como já tivemos oportunidade de constatar, a estratégia de obtenção de superávites orçamentais primários de forma contínua, conseguidos à custa de medidas de austeridade, acaba por originar um aumento da dívida pública em percentagem do PIB pelos efeitos negativos que tem sobre a atividade económica.

[356] Existe hoje um certo consenso de que a Zona Euro dificilmente sobrevirá com a atual arquitetura e instituições (ver, por exemplo Stiglitz 2016). Repare-se que a fragmentação da Zona Euro ou a saída de um país como estratégia para ultrapassar a crise, cenário que não é impossível, implicará a conversão da dívida pública para a nova moeda – o que na prática significa uma restruturação.

[357] Ver protocolo relativo aos estatutos do Sistema Europeu de Bancos Centrais e do Banco Central Europeu: https://www.ecb.europa.eu/ecb/legal/pdf/c_32620121026pt_protocol_4.pdf.

[358] Apesar do BCE ter como função apoiar as políticas económicas da União, desde que não ponham em causa a estabilidade de preços, este é um objetivo claramente subordinado.

culativos às dívidas soberanas originem crises que acabam por se concretizar mesmo na presença de fundamentos económicos sólidos.

O BCE deve, ainda, ajudar os governos no financiamento de projetos de investimento através da compra (em mercado secundário) em maior escala de obrigações de tesouro emitidas pelos governos destinadas a financiar projetos de investimento público, em alturas em que fosse mais difícil ou mais caro para o governo se financiar no mercado. Esta ação, que se designa de monetização indireta dos défices orçamentais, permitiria manter as *yields* da dívida pública de mercado secundário a níveis moderados, evitando que os governos tenham que emitir dívida em mercado primário com *yields* demasiado elevadas. O BCE está, também, em boa posição para comprar obrigações europeias emitidas pelo BEI no âmbito do Plano de Investimento para a Europa.

O BCE poderia fazer isto, mantendo por tempo suficiente o seu programa de *quantitative easing*, mas sem a condicionalidade imposta aos Estados relativamente à aplicação de medidas de austeridade tendentes à consolidação agressiva do défice orçamental, e efetuando não tanto aquisições indiscriminadas de ativos financeiros mas sim compras (em mercado secundário) de ativos que tenham sido emitidos com o propósito de financiar projetos de investimento em áreas chave. Neste caso, a política de *quantitative easing* serviria mais para financiar o necessário estímulo fiscal e não como até aqui para contornar os problemas de funcionamento do mecanismo de transmissão da política monetária. Caso contrário, continuaremos com um *mix* de políticas macroeconómicas contraditório – política monetária fortemente expansionista e política fiscal restritiva – que não permitirá tirar a economia da situação de depressão. De facto, a política de *quantitative easing* torna-se uma condição necessária mas não suficiente para a retoma. Por isso, o BCE deveria usar o *quantitative easing* não como uma ferramenta puramente monetária, mas antes como um instrumento de política monetária expansionista destinada a facilitar a política fiscal também ela expansionista.[359]

Note-se que um Banco Central credível de um país desenvolvido como é o caso do BCE pode financiar a compra de obrigações do governo criando reservas a partir do nada! Por isso, a questão que por vezes

---

[359] Ver Thomas Fazi: "The Case Against Quantitative Easing and for Overt Money Financing (OMF) in the Eurozone."

AS ALTERNATIVAS À POLÍTICA DE AUSTERIDADE

se coloca *mas de onde vem o dinheiro para financiar os défices orçamentais?* Tem uma resposta simples: do nada! Para se perceber com funciona este processo atente-se ao registo no Balanço do Eurosistema[360] de uma operação em que o BCE compra a um banco comercial obrigações do tesouro do Governo português a 10 anos a título definitivo, no valor de um milhão de euros.

Balanço do Eurosistema	
Variação da Conta de Títulos Emitidos por Residentes na Zona Euro: + €1 000 000	Variação dos Depósitos à Ordem do Banco Comercial Junto do Banco Central (reservas): + €1 000 000

Balanço do Banco Comercial	
Variação do Crédito à Administração Pública (conta de títulos de dívida pública): - €1 000 000 Variação dos Depósitos à Ordem do Banco Comercial Junto do Banco Central (reservas): + €1 000 000	

No lado do ativo, a conta de títulos emitidos por residentes do balanço consolidado do Eurosistema[361] aumenta pelo montante da aquisição das obrigações do tesouro. No lado do passivo do Balanço do Eurosistema é creditada a conta de depósitos à ordem do banco comercial junto do BCE (a sua conta de reservas). Note-se que esta criação de reservas (liquidez interbancária) decorre de um mero registo contabilístico. As reservas são criadas a partir do nada, e são neste momento remuneradas a uma taxa de juro igual a zero.

---

[360] O Eurosistema é formado pelo Banco Central Europeu e pelo conjunto dos Bancos Centrais Nacionais dos países que aderiram ao Euro.

[361] Esta rubrica engloba a carteira de títulos de dívida pública do Eurosistema adquiridos no mercado secundário incluindo, nomeadamente, os bilhetes do tesouro e as obrigações do tesouro, e inclui, também, certificados de dívida emitidos pelo BCE e comprados para efeitos de operações de gestão de liquidez de tipo *fine tuning*. É, ainda, nesta rubrica que se registam as *covered bonds* adquiridas pelo BCE ao abrigo do *Covered Bond Purchase Programme* (CBPP) implementado em julho de 2009 e novamente em novembro de 2011, no âmbito das medidas de *enhanced credit support* tomadas como reação à recente crise financeira.

Este processo de aquisição de obrigações do tesouro tem, neste momento, associado um risco baixo de gerar pressões inflacionistas. De facto, numa situação de depressão, os bancos não usam toda a liquidez adicional criada pelo aumento das reservas bancárias para a concessão de crédito, antes mantém-na estacionada em depósitos constituídos junto do Banco Central. Isto acontece porque o risco da concessão de crédito aumenta, e porque as oportunidades de investimento escasseiam fazendo diminuir a procura de crédito por parte das empresas. Desta maneira é normal que a ligação existente entre a liquidez interbancária, na forma de reservas, e a quantidade de moeda em circulação seja interrompida (refletindo-se numa diminuição do valor do multiplicar monetário). Por outro, lado a jusante, quando a economia está longe do pleno emprego dos fatores produtivos, mesmo que se verifique um aumento da quantidade de moeda em circulação é pouco plausível que esse aumento se reflita sobre os preços gerando um processo inflacionista. Note-se, ainda, que numa depressão, situação em que a taxa de inflação diminui normalmente para valores inferiores ao valor objetivo do Banco Central (como acontece atualmente na Zona Euro), o risco da monetização ainda que indireta do défice vir a gerar um processo inflacionista é muito limitado, e se o viesse a gerar isso era até certo ponto desejável.

Um outro risco que está associado à monetização ainda que indireta do défice público, é o designado risco comportamental (*moral hazard*). Este problema diz respeito à possibilidade dos governos terem incentivos a serem menos disciplinados em termos de gastos públicos, o que obrigaria o Banco Central a ter de monetizar permanentemente o défice público originado em última instância um processo inflacionário. Uma forma de minorar este problema é condicionar as compras de obrigações do governo pelo Banco Central ao comportamento responsável em matéria de finanças públicas, que poderia passar por compromissos estabelecidos no presente para uma redução da despesa pública no futuro em função do aumento da taxa de crescimento do PIB. Este comportamento responsável do governo dispensará a prazo a própria necessidade de monetização.

6.3.1.2. A Restruturação da Dívida Pública

A crise financeira originou um grave recessão económica que provocou um aumento significativo, contudo esperado, nos rácios de dívida pública em percentagem do PIB. Tal deveu-se à própria queda da produção e consequente receita de impostos, ao aumento das transferências para as famílias decorrentes do funcionamento dos estabilizadores automáticos como o subsídio de desemprego, e da injeção de capital nos bancos. A reação disfuncional da UE à crise financeira iniciada nos Estados Unidos da América em agosto de 2007, agravada pelos efeitos de contágio da crise grega a partir de 2010, exacerbou o problema tendo gerado um crise de confiança que fez aumentar as taxas de juro e consequente os custos com o serviço da dívida, e tem atrasado significativamente a retoma das economias periféricas da Zona Euro.

Países como Portugal estão neste momento numa verdadeira *armadilha de dívida*, e longe de terem as suas finanças públicas estabilizadas. Numa situação em que o crescimento económico permanecerá previsivelmente baixo, a restruturação da dívida pública é não só necessária como inevitável.[362] A sustentabilidade da dívida pública aos níveis atuais só pode alcançada com sucessivas doses de austeridade que levem a saldos orçamentais primários sistematicamente muito elevados, que impedem a retoma, e que acabam por se tornar *self-defeating*. Sem uma restruturação da dívida pública é muito difícil implementar um programa de investimento público. Existe sempre algum espaço de manobra para minorar a austeridade, sobretudo se o BCE mantiver a política aludida na secção anterior, mas sem a restruturação da dívida não é realmente possível uma alteração substancial de políticas. Os níveis atuais do rácio de dívida nos países periféricos impõem a continuação da austeridade, o que mantém as pressões deflacionistas, e impede a recuperação da pro-

---

[362] Note-se que restruturações de dívida privada são efetuadas diariamente dos mercados financeiros, sendo por isso uma situação normal. No que toca à dívida pública, as restruturações são também frequentes. Entre 1820 e 2012 verificaram-se 251 incumprimentos, apesar não se terem verificado incumprimentos nos países desenvolvidos desde a Segunda Guerra Mundial. Repare-se, também, que na presença de um risco elevado de não cumprimento, a taxa de juro exigida pelos credores é mais elevada, precisamente para compensar a probabilidade de não reembolso parcial ou total do capital. Ora a existência de uma probabilidade de não cumprimento reflete o facto de que de algumas vezes alguns devedores não conseguirem efetivamente reembolsar o capital. Por isso, se todos os devedores tivessem de reembolsassem sempre na totalidade o capital emprestado, mesmo aqueles que estão a pagar um juro elevado, não haveria risco, pelo que quem empresta a um juro elevado estaria a obter um 'almoço grátis.' A relação que se sabe estar bem estabelecida nos mercados financeiros entre risco e rentabilidade pressupõe que quem empresta a juros elevados às vezes não é reembolsado na totalidade, ou não é reembolsado de todo.

AUSTERIDADE EXPANSIONISTA

cura agregada. Na verdade, o suporte do BCE aludido na secção anterior poderá ajudar, mas não deverá permitir criar suficiente crescimento ou inflação que permita reduzir em tempo útil os rácios de endividamento. Por outro lado, a elevada dívida pública está a impedir a adoção de políticas fiscais expansionistas, que a par da política monetária poderia gerar crescimento, e em última instância reduzir o próprio rácio de dívida pública.[363] Por isso, é necessário criar um mecanismo através do qual a dívida pública possa ser restruturada.[364]

O problema é que as restruturações de dívida efetuadas sem o acordo dos credores estigmatizam os países, fazem aumentar consideravelmente as taxas de juro, e podem impedir o acesso ao financiamento através do mercado.[365] A restruturação da dívida tem a ainda o problema de fazer diminuir o ativo dos bancos largamente expostos a estes instrumentos de débito e numa situação ainda frágil. Uma restruturação unilateral ou desordenada poderia, de facto, fazer colapsar o sistema bancário originando uma nova crise financeira. Por essa razão, nenhum governo quer restruturar a sua dívida pública de forma isolada, nem quer ser o primeiro a levantar a questão. Por outro lado, a mutualização da dívida pública tem o problema político de os contribuintes de um país não estarem dispostos a pagar pela dívida de outro país, tendo sido rejeitada liminarmente pela Alemanha.

Uma forma de restruturação da dívida pública envolvendo o BCE, que nos parece ao mesmo tempo tecnicamente exequível, e que poderia

---

[363] Os prospetos para a descida do rácio de dívida pública através da austeridade, num contexto de população envelhecida, aumento dos gastos com a Segurança Social, e baixo crescimento populacional são muito limitados (ver Reinhart e Rogoff, 2013).

[364] Essa ideia é partilhada, por exemplo, por Mervin King, ex-governador do Banco de Inglaterra (ver King, 2016, p. 345).

[365] Note-se, contudo, que Borensztein e Panizza (2009) descobriram que em média os países em *default* acabam por recuperar o acesso aos mercados a taxas normais num período de 3 anos. Também, Reinhart e Rogoff (2009) consideram que apesar do que se normalmente afirma, os mercados têm efetivamente memória curta, sendo que os países em *default* recuperam o acesso ao financiamento através dos mercados quando começam a crescer. Isto mostra que o principal fator de confiança e de acesso aos mercados é o crescimento económico, que serve com indicador da possibilidade de um país gerar no futuro os recursos suficientes para pagar os juros e reembolsar os empréstimos, e não a consolidação orçamental só por si.

ser politicamente viável, é aquela defendida por Pierre Pâris e Charles Wyploz.[366]

A restruturação da dívida seria feita da seguinte forma. Primeiro, o BCE compra dívida pública de todos os países da Zona Euro a título definitivo, no mercado secundário, ao valor nominal, na proporção do capital de cada Banco Central Nacional no capital do BCE, e na escala necessária para reduzir o rácio de endividamento na escala pretendida (admita-se uma restruturação de 25% da dívida pública, a que corresponde compras no valor de 2,296 biliões de euros[367] (operação 1). Estas compras poderiam ser esterilizadas através da condução de operações de absorção de liquidez de maneira a reduzir o risco de inflação (operação 2). Como as obrigações podem estar a ser transacionadas no mercado a preços diferentes do valor nominal, o BCE deverá implementar um programa de compra das obrigações do tesouro de forma progressiva à medida em que atinjam a maturidade.

Balanço do Eurosistema	
1) Variação da Conta de Títulos Emitidos por Residentes na Zona Euro + 2,296 Biliões de euros 3) Variação da Conta de Títulos Emitidos por Residentes na Zona Euro - 2,296 Biliões de euros	1) Variação dos Depósitos à Ordem do Banco Comercial Junto do Banco Central (reservas) + 2,296 Biliões de euros 2) Variação Operações de *Open-Market* de Absorção de Liquidez + 2,296 Biliões de euros 2) Variação dos Depósitos à Ordem do Banco Comercial Junto do Banco Central (reservas) - 2,296 Biliões de euros 3) Variação do Capital do BCE - 2,296 Biliões de euros

Após esta operação o rácio de endividamento permanece inalterado, mas parte da dívida é retirada do mercado, o que poderá fazer baixar o risco e diminuir as taxas de juro. O Banco Central continuará a assegurar o *roll-over* da parte da dívida adquirida, o que permite aos países ganharam tempo para voltar ao crescimento. À medida que a situação

---

[366] Ver programa PADRE (*Political Acceptabble Debt Restructuring in the Eurozone*).
[367] Ver Pâris e Wyplosz (2013).

económica melhorar, os rácios de endividamento começarão a descer para valores mais razoáveis. Esta situação é idêntica à perpetuação do *quantitative easing* aludida na seção anterior.

O problema é que esta operação embora possa ajudar, não permite libertar os fundos suficientes para a aplicação de um programa de investimento com uma dimensão suficiente para relançar definitivamente a economia. Uma possibilidade para restruturar a dívida pública seria o BCE aceitar um *hair cut*, ou ir ainda mais longe transformando as obrigações do tesouro adquiridas em perpetuidades com uma taxa de juro igual a zero (operação 3), tal como é defendido na proposta PADRE de Pâris e Wyploz. Com esta solução a dívida é restruturada sem impor custos aos credores privados, pelo que não fará com que os países percam o acesso ao financiamento nos mercados, nem acarretará riscos para os bancos expostos à dívida pública dos países da UE.

Note-se, contudo, que a transformação da dívida pública em perpetuidades com uma taxa de juro associada de zero, corresponde na pática à detenção de um ativo sem valor – o BCE sofre uma perda definitiva, pelo que se abre um buraco no seu balanço. Esta operação faz diminuir o capital do BCE, e dependendo da escala da operação, pode inclusive tornar o seu capital próprio negativo.

Repare-se, no entanto, que as exigências de capital de um Banco Central não se aplicam da mesma forma do que a um banco comercial.[368] Por exemplo, o capital de um Banco Central não tem a função de dar uma certa garantia aos depositantes de que é solvente e que poderá reembolsar os depósitos das pessoas como no caso de um banco comercial. Isto acontece porque o Banco Central tem o monopólio da emissão de base monetária. Uma vez que neste momento o BCE não paga juros pela emissão de base monetária, e que a base monetária não é resgatável, não existe limite para o montante que o BCE se pode financiar para intervir nos mercados financeiros através da compra de ativos emitidos por entidades públicas ou privadas.[369] Por essa razão o Banco Central pode funcionar e gerar lucros mesmo sem capital, ou com um capital ligeiramente negativo, desde que o rácio de capital em função da base

---

[368] Ver Stella (2002).
[369] Ver Buiter (2008).

AS ALTERNATIVAS À POLÍTICA DE AUSTERIDADE

monetária se mantenha estável,[370] e que não se verifique uma perda de confiança na moeda. Ora considerando que o BCE é um Banco Central credível e independente, e num ambiente de inflação muito baixa, tal cenário é altamente improvável. Desta maneira, e dada a especificidade do Banco Central, fará mais sentido considerar o conceito de *força financeira do Banco Central*, entendida como a relação entre os recursos do Banco Central e a necessidade de atender aos seus objetivos de política monetária, do que o conceito de capital. Isto acontece porque existem direitos que não aparecem contabilizados no balanço como ativos – o caso da capacidade de emissão de base monetária, assim como não constam algumas obrigações, nomeadamente a de evitar o colapso do sistema bancário em caso de crise. Por isso, "*... a Central Bank could have a balance sheet structure such that even thought it had 'large' capital, it would still make considerable losses; conversely it could have zero capital yet make very large profits.*"[371]

Não obstante, uma possibilidade para se evitar correr o risco do BCE vir a ficar com um capital negativo seria considerar como capital o valor atualizado dos seus lucros anuais[372] (os designados rendimentos de senhoriagem[373]) que são distribuídos pelos países em função da quota de capital de cada Banco Central Nacional no BCE.[374] Ou seja o BCE procedia à securitização dos lucros de senhoriagem futuros.[375]

---

[370] Caso contrário, a sua independência e as funções de controlo da inflação e de regulação do sector bancário poderiam ser postas em causa (ver Stella, 1997, e Dalton e Dziobeck, 2005).

[371] "Um Banco Central pode ter uma estrutura de balanço tal que embora tenha 'muito' capital, pode ainda assim incorrer em perdas consideráveis; e ao contrário pode ter um capital de zero e ser capaz de ter lucros elevados." (Bindseil *et al*, 2004, p. 9).

[372] Calculado com base numa taxa de atualização conservadora.

[373] O conceito de senhoriagem diz respeito ao facto do Banco Central (à semelhança do senhor feudal) ter o monopólio da emissão monetária. Assim, o Banco Central pode financiar a aquisição de títulos de crédito remunerados a uma determinada taxa de juro, através da emissão de moeda ou de reservas bancárias que pagam uma taxa de juro virtualmente de zero.

[374] Note-se que os lucros de senhoriagem são normalmente avultados. Por exemplo nos E.U.A. o FED entregou ao Tesouro cerca de 470 mil milhões de dólares desde 2009 a 2014 respeitantes a lucros de senhoriagem, o que ajudou a reduzir o défice orçamental (Bernanke, 2015).

[375] Pâris e Wyplosz (2013) consideram que num cenário de restruturação plausível o valor atual dos lucros de senhoriagem futuros são suficientes para cobrir os custos imediatos

AUSTERIDADE EXPANSIONISTA

Para reduzir o problema dos risco comportamental, relacionado com a possibilidade dos países voltarem incorrer em défices excessivos, uma vez a dívida restruturada, ou no pressuposto de que o BCE voltará a possibilitar a restruturação similar no futuro, o BCE poderia exigir que os países adotassem uma regra de "quase" equilíbrio orçamental ao longo de um ciclo económico. Por exemplo o défice orçamental ajustado pelo ciclo económico teria que ser inferior a 3% do PIB (não considerando as despesas de investimento). Esta regra permitiria compatibilizar o objetivo de disciplina orçamental e sustentabilidade das finanças públicas a longo prazo, com a necessidade de usar política fiscal para a estabilização da procura agregada no curto prazo, mantendo o carácter anti-cíclico da política fiscal. Assim, défices temporários na fase de recessão não seriam incompatíveis com a disciplina orçamental desde que fossem compensados por superávites na fase da expansão.[376] Adicionalmente, uma forma de criar incentivos para a prossecução do rigor orçamental seria o BCE poder voltar a converter as perpetuidades em obrigações do tesouro e as vender no mercado financeiro em caso de não cumprimento da regra orçamental.

Esta forma de restruturação da dívida pública acaba por ser financiada de forma suave pelas sucessivas gerações de contribuintes futuros, sob a forma de lucros de senhoriagem não distribuídos.[377] Note-se que, na ausência de restruturação, e considerando a prática habitual de *roll over* da dívida pública, os futuros contribuintes acabariam por pagar a dívida presente da mesma forma. A vantagem, neste caso, está na possibilidade de libertar fundos para financiar um programa de investimento público que lançará as bases do crescimento futuro, e dessa forma permitir melhorar as possibilidades das gerações futuras. Repare-se, final-

da restruturação. Note-se ainda, que um Banco Central que pode reter os seus lucros de senhoriagem pode funcionar praticamente sem capital (ver, por exemplo, Bindseil *et al*, 2004)

[376] Note-se que uma regra simples que obrigue ao equilíbrio orçamental em todos os anos é desestabilizadora. Isto acontece porque numa recessão as receitas fiscais diminuem e as despesas socias aumentam à medida que o desemprego aumenta. Ora, aumentar os impostos ou cortar na despesa numa recessão tem o efeito de exacerbar a recessão. Ao contrário, diminuir os impostos ou aumentar a despesa numa época de expansão vai sobreaquecer a economia.

[377] Os lucros de senhoriagem são distribuídos pelo BCE aos Tesouros dos Países da UE, pelo que em última instância são 'dinheiro' dos contribuintes.

mente, que esta proposta para além de tecnicamente viável pode ser politicamente aceitável uma vez que a dívida pública é comprada pelo BCE à proporção da quota de capital de cada Banco Central Nacional no capital do BCE, e a restruturação é financiada pelos lucros de senhoriagem que deixaram de ser distribuídos aos países, também na proporção das respetivas quotas de capital. Na verdade quem financia a restruturação da dívida de um país são as gerações futuras de contribuintes desse mesmo país.

Repare-se que esta forma de resolução do problema da dívida pública, que é um problema da economia como um todo (sector público e sector privado) envolve também todos os agentes na sua resolução, incluindo as gerações futuras, numa lógica de ação coletiva possibilitada pelo Banco Central. Na verdade, se se argumenta que esta solução não é viável porque não é sustentável, então também o não é da maneira em que as coisas estão.

6.3.2. O Papel da Comissão Europeia

O programa de investimento público e privado que se preconiza para a Zona Euro requer, por um lado, o aumento do orçamento da UE,[378] e por outro lado, uma reforma das regras fiscais, nomeadamente ao nível da sua interpretação flexível no sentido de possibilitar o aumento do investimento público, e uma certa recuperação do rendimento disponível das famílias nos países com maior endividamento público.

6.3.2.1. O Aumento do Orçamento da UE Afeto ao Investimento

O aumento da fatia do orçamento da UE afeta ao investimento pode ser conseguido através do desbloqueamento de algumas iniciativas da Comissão Europeia que ainda não foram passíveis de serem implementadas devido à oposição de alguns países. Falamos nomeadamente da aplicação de um imposto sobre as transações financeiras na Zona Euro, e do aumento da cooperação fiscal tendente a uma harmonização dos impostos sobre as empresas.[379]

---

[378] Por exemplo, Arestis e Sawyer (2010) defendem um aumento do orçamento comunitário para cerca de 4/5% do PIB da União.

[379] Ver, por exemplo, Bazillier (2010).

Imposto sobre as Transações Financeiras

Uma forma de aumentar o orçamento da UE gerando receitas que podem ser afetas ao investimento é implementar o já tão falado imposto sobre as transações financeiras – conhecido como Taxa Tobin.[380]

A Comissão Europeia submeteu em fevereiro de 2013 uma proposta de Diretiva do Conselho Europeu para a implementação de um imposto sobre as transações financeiras subscrita por 11 países de entre os quais Portugal[381] (na sequencia de uma proposta anterior datada de setembro de 2011 que não recolheu unanimidade dos ministros das finanças da UE).

A proposta estabelece uma taxa de imposto mínima de 0.1% sobre as transações de ativos financeiros (incluindo a generalidade dos produtos do mercado monetário e do mercado de capitais como ações, as obrigações e as unidades de participação em fundos),[382] no mercado secundário (seja ele um mercado de bolsa ou um mercado de balcão),[383] e 0.001% sobre as transações de instrumentos derivados entre instituições financeiras,[384] quando pelo menos uma delas está localizada na UE.[385]

---

[380] A ideia de tributar as transações financeiras como forma de estabilizar os mercados financeiros remonta a Keynes que a defendeu na sua Teoria Geral do Juro e da Moeda publicada em 1936. A designada Taxa Tobin é o nome pelo que ficou conhecido o imposto uniforme sobre as transações no mercado cambial à vista proposto por James Tobin (Galardoado com o Prémio Nobel da Economia em 1981) durante as *Janeway Lectures* na Universidade de Princeton em 1972, com o objetivo de diminuir a especulação e estabilizar os fluxos de capitais de curto prazo. Tobin defendeu posteriormente a extensão deste imposto às transações de produtos derivados cambiais e situou a taxa a aplicar no intervalo entre 0.1% e 0.5%. Recentemente este imposto tem sido defendido por autores como Stiglitz (1989).

[381] Os restantes foram a Bélgica, a Alemanha, a Estónia, a Grécia, a Espanha, a France, a Itália, a Áustria, a Eslovénia, e a Eslováquia.

[382] Ficam de fora as transações no mercado cambial à vista.

[383] Excluídas da base de incidência deste imposto estão operações realizadas em mercado primário como as operações de aumento de capital das empresas e as emissões de obrigações incluindo as do governo.

[384] De fora ficam as transações realizadas com os Bancos Centrais, com instituições financeiras internacionais com o FMI, e com empresas que não sejam classificados de agentes financeiros institucionais.

[385] Ver o texto da proposta em:
http://ec.europa.eu/taxation_customs/sites/taxation/files/resources/documents/taxation/com_2013_71_en.pdf

Este imposto tem como objetivo: *i*) assegurar uma contribuição justa para as finanças públicas dos países da UE por parque das instituições financeiras, muitas delas resgatadas com fundos dos contribuintes europeus; *ii*) desincentivar as transações financeiras que não contribuam para a eficiência dos mercados financeiros, penalizando sobretudo os movimentos de capitais de curto prazo de natureza especulativa; *iii*) arrecadar receitas compensando a isenção da aplicação do IVA às transações financeiras.

Segundo a Comissão Europeia este imposto poderia gerar cerca de 57 mil milhões de euros anuais se fosse aplicado em toda a UE e cerca de 30 a 35 mil milhões de euros anuais se fosse aplicado apenas pelos 11 países subscritores da proposta. Não estando definidos os critérios de repartição dos montantes arrecadados pela via deste imposto, uma possibilidade seria considerar esta receita com integrante do orçamento da UE, o que permitiria um aumento das verbas afetas ao Plano de Investimento para a Europa.

No entanto, esta iniciativa de cooperação em matéria fiscal da Comissão Europeia não foi ainda aprovada pelos Estados-Membros, tendo progredido recentemente com 10 dos países que a subscreveram inicialmente.[386]

Aumento da Coordenação e Harmonização Fiscal

A globalização da atividade económica e o aumento da mobilidade internacional de capitais tem originado uma diminuição das taxas de imposto sobre os lucros das empresas à medida que os países tentam atrair investimento estrangeiro pela via fiscal, e contribuído para uma deslocalização das empresas multinacionais para países com taxas de imposto mais baixas (aquilo que de designa de *dumping* fiscal).

Como consequência tem-se assistido a uma relativa estagnação das receitas tributárias (a descida das taxas de imposto tem sido compensada pelo aumento da base tributária) necessárias para aumentar o investimento público, sem que tal tenha contribuído para um aumento substancial do investimento privado.

---

[386] A Estónia entretanto deixou de apoiar a proposta.

Para evitar a continuação de uma verdadeira 'corrida para o fundo' em matéria de impostos sobre os lucros das empresas que implica menos receitas para o Estado, e que distorce a atividade económica[387] é fundamental a existência de uma maior coordenação em matéria de impostos sobre os lucros das empresas.

O debate sobre o aumento da coordenação e harmonização dos impostos sobre os lucros das empresas no seio da UE é antigo. Em outubro de 2016 a Comissão Europeia divulgou que se propõe relançar um pacote de reformas na fiscalidade das empresas inicialmente apresentado em 2011 e denominado *Common Consolidated Corporate Tax Base* (CCCTB).[388] Note-se que esta proposta é relativa à harmonização da base tributária – ou seja à definição do lucro das empresas que é sujeito a imposto, deixando de fora a própria taxa de imposto que continua a ser matéria de decisão de cada Estado-Membro. A proposta CCCTB pretende introduzir num primeiro passo um conjunto de regras comuns para o cálculo dos lucros tributáveis na UE, introduzindo benefícios no investimento em atividades de I&D, e num segundo passo a consolidação obrigatória dos lucros pelo menos das empresas multinacionais com receitas superiores a 750 milhões de euros de maneira que possam submeter uma única declaração de impostos, permitindo, também, que uma empresa deduza prejuízos decorrentes na operação num Estado-Membro a lucros obtidos noutro Estado-Membro. Os objetivos desta proposta são *i*) tornar a tributação dos lucros das empresas mais transparente e eficiente; *ii*) combater a evasão fiscal; *iii*) resolver as disputas sobre dupla tributação; e *iv*) melhorar a eficiência do mercado único.

O estabelecimento de uma base tributária obrigatória para a tributação dos lucros das empresas ao nível da UE poderia permitir aumentar a receita tributária entre 27 e 29,7 mil milhões de euros,[389] pelo que apesar das dificuldades dos Estados-Membros em estarem de acordo para a implementação desta proposta seria importante caminhar nesse sentido.

A harmonização da base tributária não é, no entanto, suficiente. É necessário, também, uma harmonização das taxas de imposto. Uma forma de harmonização seria estabelecer uma taxa mínima de imposto ao nível

---

[387] Note-se que a escolha dos locais de investimento das empresas deve reger-se por questões de produtividade e não ser determinado pela carga fiscal

[388] Ver http://europa.eu/rapid/press-release_IP-16-3471_en.htm

[389] Ver Bazillier (2010).

da UE, outra forma seria fixar uma banda para as taxas de imposto, por exemplo de 30% a 40%. A melhor opção, mas politicamente mais difícil de implementar seria uma taxa de imposto única para todos os Estados Membros.

6.3.2.2. A Interpretação Flexível das Regras Fiscais da UE

A política fiscal na UE é regida por uma sistema complexo de normas alicerçadas na história dos sucessivos ajustamentos do PEC criado em 1997 para reforçar o postulado no Tratado de Maastricht, com o objetivo de proteger a ação de manutenção da estabilidade de preços por parte do BCE de políticas fiscais eventualmente irresponsáveis seguidas alguns Estados-Membros. De acordo com o PEC os países devem ter como objetivo um saldo orçamental superavitário ou próximo do equilíbrio no médio prazo.

A partir das reformas introduzidas em 2011 conhecidas como 'six pack' e com a assinatura do Tratado sobre a Estabilidade, Coordenação e Governação na União Económica e Monetária, que inclui um capítulo sobre regras fiscais conhecido com 'fiscal Compact', que entrou em vigou em 2013, o PEC faz parte de um ciclo anual de coordenação de políticas económicas da UE designado de 'semestre europeu.'

O PEC na sua versão atual estabelece:

i. Um limite para o défice orçamental em percentagem do PIB de 3%;

ii. Um limite para a dívida pública em percentagem do PIB de 60%;

iii. Um limite para o défice orçamental estrutural (défice ajustado pelo ciclo económico e pela aplicação de medidas temporárias) de 0.5% do PIB para os países cujo rácio de dívida pública seja superior a 60%, e de 1% para os países cujo rácio de dívida pública seja inferior a 60%.

Aos países que não cumprem estes critérios a Comissão Europeia instaura um procedimento por défice excessivo que dá origem à necessidade de aplicação de medidas para corrigir os desequilíbrios. Este é o chamado 'braço corretivo' do PEC. Em particular, no que respeita à dívida pública, as regras estabelecem que um país deve reduzir em um vigésimo por ano a dívida pública em percentagem do PIB em excesso relativamente ao limite de 60%.[390]

Para cada país é também definido um objetivo de médio prazo para o défice orçamental estrutural, tendo em conta a necessidade de cumprir com o limite de 0,5% do PIB,[391] e um valor de referência para o crescimento da despesa pública. Se o valor limite for excedido, o país deve reduzir o défice orçamental estrutural em 0.5 pontos percentuais em cada ano. Este é o designado 'braço preventivo' do PEC.

As regras do PEC têm sido criticadas sob diversos ângulos.

Primeiro, os limites para o défice orçamental e dívida pública em percentagem do PIB são *ad hoc*, falta-lhes racionalidade económica, e são iguais para todos os países, não tendo em conta a especificidade dos problemas orçamentais.

Segundo, as regras fiscais limitam o funcionamento dos estabilizadores automáticos numa situação de recessão, e em especial num contexto de grave crise económica e financeira, tornado a política fiscal pro-cíclica.

Terceiro, o PEC restringe a aplicação de estímulos fiscais discricionários em situação de crise.

Quarto, o PEC não tem em conta os aspetos intertemporais da política fiscal ao impor limites anuais para o défice orçamental, e não distinguindo despesas correntes de despesas de investimento para esse fim. Desta maneira, condiciona a implementação de reformas estruturais que impliquem custos no presente e benefícios no futuro, e limita o investimento público. Numa situação de recessão que leva à deterioração do saldo orçamental e do rácio de dívida pública, as regras do PEC obrigam os países a efetuar uma consolidação das finanças públicas. Como a grande parte das despesas correntes que incluem pensões de reforma, salários dos funcionários públicos, e subsídio de desemprego são relativamente rígidas, os países acabam por diminuir o investimento público, efetuando o ajustamento orçamental através da parte mais flexível do orçamento. A consequência é um nível de procura agregada permanentemente insuficiente para assegurar o pleno emprego de fatores pro-

---

[390] Esta redução é avaliada em termos de uma média anual calculada sobre um horizonte de 3 anos.

[391] Um país só se pode desviar deste objetivo no caso de ocorrerem circunstâncias excecionais como eventos não habituais que escapem ao controlo do governo e que tenham impacto orçamental, ou períodos de severa recessão económica.

AS ALTERNATIVAS À POLÍTICA DE AUSTERIDADE

dutivos, um potencial de crescimento mais baixo, e uma dificuldade de atingir os próprios objetivos de consolidação fiscal. É isto que aconteceu na Zona Euro,[392] e que continua a passar-se em Portugal. O PEC está portanto na raiz das políticas de austeridade aplicadas para além do fim dos programas de ajustamento assinados com a *Troika*, e de um *mix* de políticas macroeconómicas contraditórias, que têm impedido a retoma sustentada das economias europeias.

Em 2015 a Comissão Europeia emitiu linhas de orientação para uma interpretação mais flexível do PEC no sentido de potenciar o investimento na UE.[393] A Comissão Europeia esclareceu que tem uma posição favorável na avaliação do estado das finanças públicas de cada país no âmbito do PEC relativamente às contribuições de capital para o FEIE. Quer um país esteja no braço preventivo, quer esteja no braço corretivo, não serão considerados nem o desvio orçamental em relação ao objetivo de médio prazo estabelecido, nem as necessárias medidas corretivas, que sejam causadas por aquelas contribuições de capital. A lógica da Comissão é que os objetivos de médio prazo são estabelecidos em termos estruturais enquanto as contribuições para o Fundo são vistas como pontuais.

No que diz respeito ao tratamento do co-financiamento de projetos de investimento, a Comissão tem em conta a contribuição no âmbito da designada 'cláusula de investimento' que apenas se aplica quando o país se encontra no braço preventivo. Assim, um país pode desviar-se temporariamente do objetivo de médio prazo ou do ajustamento acordado para alcançar esse objetivo, se se verificarem as seguintes condições: *i*) a taxa de crescimento do PIB é negativa, ou o PIB está significativamente abaixo do seu potencial resultando num *output gap* menor do que -1.5%; *ii*) O desvio não leva a um défice orçamental superior a 3% do PIB; *iii*) o co-financiamento não deverá ser um substituto para investimentos nacionais financiados pelo governo, pelo que o investimento público não deverá descer; *iv*) os investimentos elegíveis são aqueles efetuados no âmbito da Política de Coesão, das Redes Transeuropeias de Transportes e Energia, e do FEIE; *v*) os desvios temporários do objetivo de médio

---

[392] Ver IMF (2014).
[393] Ver http://europa.eu/rapid/press-release_IP-15-3220_en.htm.

prazo devem ser compensados, e os objetivos devem ser atingidos num horizonte de quatro anos.

Reconhecemos que há aqui uma tentativa de flexibilização do PEC, mas que é claramente insuficiente para permitir relançar o investimento público e potenciar a retoma.[394] Consideramos necessária uma reforma do PEC cujo foco seja a sustentabilidade das finanças públicas a longo prazo, garantindo que o conceito relevante de défice público para efeitos de abertura de um procedimento de défice excessivo tenha em conta fatores cíclicos e o investimento público. Assim propomos:

Primeiro, o tratamento diferenciado entre despesas correntes e despesas de investimento para efeitos de consideração dos limites para o défice orçamental. Na verdade o investimento produz benefícios a médio – longo prazo pelo que não faz sentido que seja considerado para efeitos dos objetivos de equilíbrio orçamental. Esta regra permitiria ao governo emitir dívida para investir. Quando muito poder-se-ia considerar como custo anual do investimento para efeitos orçamentais apenas o valor das amortizações à semelhança do que se passa na contabilidade das empresas, de maneira que o custo do investimento financiado por dívida seja imputado às sucessivas gerações de contribuintes que dele beneficiarão.[395]

Segundo, para evitar um enviesamento das despesas de investimento para a formação de capital físico deve-se adotar uma definição apropriada de investimento público que considere o investimento em educação, saúde, e em I&D. A ausência de limites ao endividamento para o investimento requer, também, se dê atenção à questão da eficiência do investimento público através da escolha criteriosa de projetos e de rigorosas análises de custo-benefício.

Terceiro, fixar o limite para o défice orçamental de 3% em termos de défice estrutural em vez de défice anual como acontece atualmente.[396]

---

[394] Por exemplo, os países (sobretudo os mais endividados) têm poucos incentivos a contribuir para o capital do FEIE, antes preferirão co-financiar projetos de investimento. Acontece que os países no braço corretivo não poderão beneficiar de tratamento especial decorrente do co-financiamento de projetos invocando a cláusula de investimento.

[395] Ver Blanchard e Giavazzi (2004) e Balassone e Franco (2000).

[396] Reconhecemos a dificuldade de implementação relativa à incerteza que envolve a estimação do saldo estrutural do orçamento que depende da estimativa do *output GAP*, e a própria validade do conceito na presença de histerese.

O objetivo é permitir o funcionamento pleno dos estabilizadores automáticos, numa situação de crise. Note-se que os estabilizadores automáticos destinados a suportar a procura agregada, ajustando-a à oferta, não geram pressões inflacionistas.

6.4. Medidas que Podem Ser Implementadas por Portugal

Nas atuais circunstâncias um país como Portugal pouco pode fazer de um ponto de vista unilateral para sair da crise. Se os países superavitários e com maior margem de manobra orçamental, como a Alemanha, não conduzirem uma política orçamental expansionista destinada a estimular a sua procura interna, o esforço de ajustamento recairá unicamente sobre os países deficitários sob a forma de uma estagnação prolongada que torna insustentável a manutenção no Euro.

Não obstante, Portugal deve implementar algumas medidas, que poderão pelo menos minorar o nosso problema económico.

Uma boa possibilidade é explorar o diferencial entre os multiplicadores da despesa (em especial do investimento público) e dos impostos. Como os multiplicadores do investimento são tipicamente superiores a um, e os multiplicadores dos impostos inferiores a um, o governo deve aumentar simultaneamente os impostos e o investimento público nas áreas estratégicas definidas ao nível da UE de um modo equilibrado.[397] Desta maneira poderia aumentar o PIB sem desequilibrar as contas públicas.

Estamos conscientes que a carga fiscal imposta à classe média é em Portugal já muito elevada. Por essa razão enunciamos alguns princípios de uma reforma fiscal que pode aliviar os impostos da classe média, e ao mesmo tempo fazer aumentar a receita fiscal necessária para aumentar o investimento público:

i. Tornar o IRS mais progressivo aumentando o número de escalões, aplicando as mesmas taxas de imposto a rendimentos do trabalho ou de capital, baixando as taxas marginais de imposto nos escalões de menor rendimento, e aumentando as taxas marginais nos escalões de maior rendimento. Esta medida teria como efeito uma redução das desigualdades na distribuição do rendimento

---

[397] Esta política é defendida, por exemplo, por Joseph Stiglitz.

que em Portugal é uma das maiores da UE,[398] e um aumento do consumo interno que levaria a um aumento da procura agregada. Na verdade está perfeitamente documentado que os mais ricos têm um propensão marginal a consumir mais baixa do que os mais pobres, isto é, gastam em média uma menor proporção do seu rendimento em bens e serviços. Isto acontece porque quanto maior é o rendimento maior é o excedente sobre a despesa que necessária efetuar para a assegurar as necessidades básicas. Por isso, uma política de melhor distribuição do rendimento é uma opção para aumentar o consumo e a procura agregada numa economia estagnada. Ao contrário, uma elevada desigualdade na distribuição do rendimento enfraquece a economia, e uma economia mais fraca, com mais desemprego e salários mais baixos, leva a mais desigualdade criando um ciclo vicioso. Por isso, uma elevada desigualdade faz manter a procura agregada a níveis baixos limitando o crescimento.[399]

ii. Reversão dos cortes nas taxas de imposto atribuídos às empresas (preferencialmente de forma coordenada com os outros países da UE), e condicionar melhor os benefícios fiscais atribuídos ao reinvestimento dos lucros em projetos de investimento no âmbito no Plano de Investimentos Estratégicos para Europa. Na verdade, a diminuição dos impostos das empresas não se têm traduzido em investimento privado. Ao contrário as empresas têm aumentado a sua poupança, como mostra o aumento de 1.763 mil milhões de euros (cerca de 23.5%) de depósitos das empresas da UE desde janeiro de 2008 até julho de 2013.

iii. Aplicar um imposto sucessório progressivo. Este imposto justifica-se porque num contexto de baixo crescimento económico e de baixo crescimento da população, os patrimónios provenientes do passado recapitalizam-se mais depressa do que o ritmo de progressão da produção e dos salários. Esta situação tem implicações para a dinâmica de longo prazo da distribuição da

---

[398] Os dados evidenciam que qualquer que seja o indicador utilizado, quer no domínio dos rendimentos familiares como no domínio dos salários, Portugal é um dos países da UE em que existe maior desigualdade económica (ver Rodrigues *et al*, 2012 e Rosa, 2014).
[399] Ver Stiglitz, 2015.

riqueza podendo conduzir a uma espiral desigualitária.[400] Neste contexto, impostos progressivos sobre o rendimento não são suficientes para reduzir as desigualdades e evitar a erosão do poder de compra da classe média. Refira-se que na Zona Euro existe imposto sucessório, cujas taxas variam em geral com os montantes herdados e com o grau de parentesco do herdeiro, em países como a Bélgica, a Finlândia, a França, a Alemanha, a Irlanda, a Itália, o Luxemburgo, a Holanda e a Espanha.[401]

iv. Aplicar um imposto anual progressivo sobre o património líquido incluindo ativos de natureza financeira como ações, obrigações, participações financeiras e depósitos, e ativos de natureza não financeira como imóveis (preferencialmente de forma coordenada com os outros países da UE), para reduzir a dívida pública.[402] Note-se que o endividamento público da Zona Euro é muito inferior aos patrimónios privados dos seus cidadãos. Thomas Picketty refere como exemplo taxas limitadas a 0.1% para patrimónios até um milhão de euros, 1% para patrimónios entre um milhão e 5 milhões de euros, 2% para patrimónios entre cinco milhões e 10 milhões de euros, podendo ir até 5% ou 10% para fortunas de várias centenas de milhar de euros. Uma outra alternativa, que poderia ser mais politicamente aceitável seria isentar de imposto patrimónios inferiores a um milhão de euros. Neste caso, o imposto afetaria apenas cerca de 2.5% da população europeia,

---

[400] Ver Picketty (2014).

[401] A título de exemplo na Bélgica, na região de Bruxelas e para ascendentes e descendentes diretos as taxas de impostos são: 3% para montantes até €50 000; 8% para montantes entre €50 000 e €100 000; 9% para montantes entre €100 000 e €175 000; 18% para montantes entre €175 000 e €250 000; 24% para montantes entre €250 000 e €500 000; e 30% para montantes superiores a €500 000. Enquanto que na França as taxas de impostos para montantes herdados por ascendentes e descendentes diretos são: 5% para montantes até €8 072; 10% para montantes entre €8 073 e €12 109; 15% para montantes entre €12 110 e €15 932; 20% para montantes entre €15 033 e €552 424; 30% para montantes entre €552 325 e €902 838; 40% para montantes entre €902 839 e €1 805 677; e 45% para montantes superiores a €1 805 678.

[402] Reconhece-se que é difícil para um país aplicar isoladamente um imposto progressivo sobre a parte do património que é mais móvel internacionalmente, como é o caso dos ativos financeiros. Assim, por razões práticas pode ser razoável tributar a riqueza de forma diferenciada em função da mobilidade dos activos (ver IMF, 2013).

permitindo arrecadar, no entanto, o equivalente a cerca de 2% do PIB da UE, o que possibilitaria inclusive um desagravamento dos impostos indiretos muito penalizadores da classe média. Outra vantagem seria obrigar aqueles que utilizam mal o património a desfazer-se dele progressivamente para pagar impostos, cedendo os seus ativos a detentores mais dinâmicos.[403] No âmbito da Zona Euro, os impostos sobre o património líquido não são tão comuns como o imposto sucessório. Ainda assim existem em países como a França,[404] Itália e Espanha. Este imposto poder-se-ia justificar também pelo facto de que em Portugal, ao contrário do que acontece com os impostos sobre o rendimento, os impostos sobre o património serem bastantes mais baixos do que a média dos países mais desenvolvidos da OECD, existindo por uma margem substancial para o seu aumento.[405] Note-se, ainda, que o multiplicador fiscal associado aos impostos sobre o património é dos mais baixos de entre os diferentes instrumentos fiscais, pelo que o impacto negativo que possam ter sobre o PIB é muito baixo.[406] Uma outra possibilidade seria a aplicação de um imposto progressivo único de carácter excecional sobre o património líquido para reduzir a dívida pública em percentagem do PIB. Esta opção que se traduz numa espécie de *hair cut* fiscal da dívida pública é levantada pelo próprio FMI, e tem a vantagem de evitar a fuga de ativos mais móveis para o exterior.[407]

v. Aumento da receita tributária no âmbito da cooperação no domínio das iniciativas tomadas ao nível da UE[408] para o combate à fraude e evasão fiscal. Trata-se aqui de atuar efetivamente nas áreas estratégicas que o próprio governo define no Plano Estratégico

---

[403] Picketty (2014).

[404] Em França os patrimónios até €800 000 estão isentos do pagamento de imposto, aplicando-se taxas de 0.5% para patrimónios entre €800 000 e €1 300 000; 0.7% para patrimónios entre €1 3000 000 e €2 570 000; 1% para patrimónios entre €2 570 000 e €5 000 000; 1,25% para patrimónios entre €5 500 000 e €10 000 000; e 1.5% para patrimónios acima de 10 000 000.

[405] Ver Figura 21 e Quadro A.2.1 em IMF (2013, pp. 40 e 53).

[406] Ver Tabela 11 em IMF (2013, p. 32).

[407] Ver Caixa 6 em IMF (2013, p. 49).

[408] Ver European Contribution to the European Council of 22 May 2013, "Combating Tax Fraud and Evasion."

de Combate à Fraude e Evasão Fiscais e Aduaneiras para 2015--2017, nomeadamente: *a*) reforço do combate à fraude e evasão fiscais e aduaneiras e à economia paralela; *b*) aumento da eficácia e eficiência da Inspeção Tributária e Aduaneira; *c*) promoção do cumprimento voluntário das obrigações fiscais e aduaneiras; e *d*) aumento a eficácia na gestão e cobrança fiscal e aduaneira.

Capítulo 7
Conclusão

"In the Eurozone, the market credit creation and capital flows have interact with a flawed political design to produce a severe debt overhang from which there is no clear escape. Unless the Eurozone can agree to the radical reforms required to support adequate nominal demand growth, breakups may be inevitable and preferable to continued slow growth and deflation."[409]

Adair Turner (2016, p. 131)

A crise financeira iniciada em agosto de 2007 originou na maior parte dos países desenvolvidos uma recessão provocada pela queda abrupta dos preços dos ativos financeiros, que levou a que muitas empresas e instituições financeiras experimentassem problemas nos seus balanços. Muitas destas empresas apesar de manterem a sua capacidade operacional, viram-se de repente numa situação de insolvência técnica com

---

[409] Na Zona Euro, a criação de crédito pelo mercado e os fluxos de capitais interagiram com um desenho institucional falhado originando um excesso de dívida da qual não existe uma escapatória clara. A menos que a Zona Euro concorde em aplicar reformas radicais necessárias para suportar um crescimento adequado da procura nominal, as saídas [da Zona Euro] serão inevitáveis e preferíveis a um contínuo baixo crescimento e deflação.

capitais próprios negativos, e começaram a tentar reduzir o seu endividamento (a desalavancar) numa situação em que as taxas de juro estavam a descer para valores muito próximos de zero. Neste contexto as empresas deixaram de procurar maximizar os lucros, tendo passado a tentar minimizar o seu endividamento para rapidamente restaurarem os seus balanços.

Se de um ponto de vista individual esta reação de desalavancagem pode ser ótima, de um ponto de vista agregado, quando muitas empresas se comportam desta maneira isso origina uma queda da procura agregada que acaba inclusivamente por frustrar as tentativas individuais de desalavancagem.[410] Temos o que Richard Koo batizou de *'balance sheet recession.'*[411] A queda da procura ocorre por duas vias. Por um lado, as empresas deixam de pedir emprestado e investir, não gastando a poupança das famílias, o que faz diminuir o produto e aumentar o desemprego. Por outro lado, a queda do preço dos ativos provoca uma diminuição da riqueza que faz diminuir a capacidade das famílias obterem crédito, e que a somar aos cortes salariais e aumento do desemprego leva, também, a um aumento da poupança e a uma diminuição do consumo das famílias. Este tipo de recessão é, na sua essência, provocada por um excesso de poupança privada não utilizada que resulta do facto dos agentes privados estarem a tentar desalavancar ao mesmo tempo, e não está necessariamente relacionada com a existência de problemas estruturais das economias, ou com o endividamento público.

O excesso de poupança privada representa um *'gap* deflacionário' que deve ser compensado por despesa pública. O estímulo fiscal deve ser mantido pelo tempo que demora as empresas a concluírem os processos de desalavancagem. Por essa razão o governo deve adotar uma política de *forward guidance* também na política fiscal para sinalizar aos agentes económicos que o estímulo fiscal vai ser mantido por tempo suficiente. Note-se que a política fiscal expansionista deve ser aplicada preventivamente para evitar que economia entre numa espiral deflacionária. Como disse Lawrence Summers num discurso em 2009, o estímulo fiscal deve ser rápido, substancial e sustentável. Se tal não acontecer, a recuperação da economia irá exigir estímulos fiscais numa dose muito mais elevada.

---

[410] Ver Turner (2016).
[411] Ver Koo (2009, 2016)

CONCLUSÃO

O governo deve, por isso, assumir o papel de consumidor e investidor de último recurso.

Os défices orçamentais resultantes desta crise nos países periféricos da Zona Euro (com a exclusão da Grécia)[412] são o resultado do excesso de poupança privada, e a questão dos défices serem excessivos só deve ser colocada em comparação com o fluxo líquido e em percentagem do PIB de poupança privada. Note-se que:

*"... **every dollar of public deficits corresponds exactly to a dollar of savings in the private sector, either domestic or foreign** [nossa ênfase]. This is not a theory. It is not a conjecture. It is a fact, based on the ways we do the bookkeping.*

... This is because with more saving, there is less consumption, less income, and less economic activity to tax. Hence tax revenues fall and deficits rise.

*...**in a downturn large public-sector deficits are inevitable**. [nossa ênfase]*

*... **Policy makers can´t do anything about this unless they can somehow change private-sector behavior.** [nossa ênfase] Otherwise public budget deficits have to be large enough to permit the financial accumulation – or deleveraging – that the private sector is determined to achieve. "*[413]

A alavancagem não desapareceu; simplesmente passou do sector privado para o setor público, fazendo entrar as economias numa espiral deflacionária e numa 'armadilha de dívida.' Na verdade, é impossível termos simultaneamente uma desalavancagem no setor público e privado, e sobretudo num contexto em que a generalidade dos países da Zona

---

[412] A Grécia era o único país que não tinha poupança privada não utilizada, e em que o problema resultou do excesso de gastos do Governo – era, por isso, o único país que carecia de assistência financeira (ver Koo, 2015).

[413] "Cada dólar de défice público corresponde exatamente a um dólar de poupança no sector privado, quer seja doméstico ou externo. Isto não é uma teoria. Não é uma conjetura. É um facto, baseado na forma como fazemos a contabilidade. ... Isto é assim porque com mais poupança, existe menos consumo, menos rendimento, e menos atividade económica para tributar. Logo as receitas de impostos baixam e os défices aumentam. ... numa recessão grandes défices do setor público são inevitáveis. ... Os decisores políticos não podem fazer nada sobre isto a menos que possam de alguma maneira mudar o comportamento do sector privado. De outra forma os défices têm de ser grandes o suficiente para permitir a acumulação financeira – ou desalavancagem – que o sector privado está determinado em alcançar." Galbraith (2014, pp. 84 e 86).

Euro tentam fazer a mesma coisa, ao mesmo tempo. Por esta razão, Yanis Varoufakis (ex-ministro das finanças da Grécia) classifica as medidas de austeridade que têm sido impostas aos países da periferia europeia como um esquema ponzy (*'ponzy austerity'*).[414] Ainda citando James Galbraith:

> *"... Policy makers generally don´t see, don´t think much about, and don´t understand what is happening on the books of the private sector. They tend to think of public deficits as policy instrument per se, something under their control, and for which they may be held to account. But if they act on this belief, cutting spending and rising taxes just as the time when private sector wants more cash in its own pocket, the private sector will respond by cutting back even more. The economy will collapse further. That is the dilemma of austerity policy."*[415]

Por isso é tão difícil, e não só em Portugal, reduzir o défice orçamental não obstante a existência de um certo consenso interno da sua desejabilidade e uma forte pressão das instituições europeias.

As instituições europeias confundiram deliberadamente ou inconscientemente uma *'balance sheet recession'* por uma recessão provocada por problemas estruturais, e cometeram o erro de pensar que seria possível substituir neste tipo de recessão a política macroeconómica (em particular a fiscal) por reformas estruturais.[416]

Assim, do que ficou exposto neste livro podemos concluir o seguinte:

Primeiro, no caso particular do nosso país, e nas circunstanciais atuais, nenhum dos quatro canais que pode justificar a existência de efeitos expansionistas decorrentes das medidas de austeridade é plausível (ver secção 2.1).

---

[414] Ver Varoufakis (2016).

[415] "Os decisores políticos geralmente não veem, não pensam muito sobre, e não percebem o que está a acontecer nos livros contabilísticos do sector privado. Eles tendem a pensar nos défices públicos como um instrumento *per si*, algo sobre o seu controlo, e pelos quais podem ser responsabilizados. Mas se agirem neste pressuposto, cortando na despesa e aumentando os impostos precisamente no momento em que o sector privado quer mais moeda no seu próprio bolso, o sector privado responderá cortando ainda mais. A economia colapsará ainda mais. Este é o dilema da política de austeridade." Galbraith (2014, p. 86).

[416] Ver Koo (2015).

CONCLUSÃO

Segundo, por essa razão, aplicar medidas de austeridade num momento em que as famílias não querem (ou não conseguem) gastar, os bancos não querem emprestar (por causa do risco ou da inexistência de projetos viáveis), as empresas não querem investir (mesmo em face de taxas de juro historicamente baixas, porque não têm expectativas de virem a ter procura), e quando no exterior acontece exatamente a mesma coisa, é irresponsável e desestabilizador quer ao nível da atividade económica como das próprias finanças públicas.[417] Apenas quando o setor privado começar de novo a pedir emprestado e gastar em termos líquidos é que o governo deve começar a pensar na consolidação fiscal. A tentativa de conseguir ao mesmo tempo relançar a economia e reduzir o défice orçamental tem atrasado a retoma, e não tem sido bem-sucedida ao nível do próprio objetivo de consolidação das contas públicas.

Terceiro, as recessões podem deixar cicatrizes profundas e duradouras na economia pela via de mecanismos de histerese (ver cap. 5). Pelo que a ideia de que é necessário empobrecer para depois crescer é contrária à teoria e à observação empírica.

Quarto, os multiplicadores da despesa, e em particular do investimento público são neste momento claramente maiores que um, algo que é inclusive reconhecido pelo próprio FMI (seção 4.1). A consequência é a de que cortes na despesa originam uma redução do produto mais do que proporcional, não permitindo fazer baixar a dívida pública em proporção do PIB. Ao contrário, o aumento da despesa pública e, sobretudo do investimento poderão simultaneamente recuperar a economia e melhorar a situação das contas públicas. A aplicação coordenada de política monetária e fiscal expansionista, e eventualmente a restruturação da dívida pública é a única maneira possível de sair da 'armadilha de dívida' e potenciar a retoma.

Quinto relativamente ao tipo de investimento público a que devemos dar prioridade, a resposta pode ser encontrada no Plano Estratégico de Investimentos para a Europa que define como prioridades (ver secção 6.2): *i)* as infraestruturas estratégicas; *ii)* a educação, formação, investigação e os sistemas de desenvolvimento e inovação; *iii)* a expansão das energias renováveis e a eficiência na utilização dos recursos; *iv)* o

---

[417] Ver Legrain (2014).

AUSTERIDADE EXPANSIONISTA

apoio a pequenas e médias empresas; e *v*) o ambiente, desenvolvimento urbano e os projetos sociais.

Sexto, para se conseguir atingir simultaneamente um maior crescimento económico, elevado nível de emprego que façam reduzir a dívida pública em percentagem do PIB, e um saldo da balança corrente equilibrado (no âmbito da permanência no euro) é necessário que os países excedentários da Zona Euro, de entre os quais a Alemanha, participem no esfoço de ajustamento gastando o excedente da balança corrente em projetos de investimento que façam aumentar a procura interna e as suas importações (ver secção 6.1).

Sétimo, o problema do financiamento do Investimento Público não constitui um entrave inultrapassável podendo ser resolvido de múltiplas formas envolvendo preferencialmente a ação conjunta do BCE, da Comissão Europeia, e dos Estados-Membros (ver secção 6.3).

Por isso, sabemos o que fazer para recuperar a economia, compatibilizando o objetivo de equilíbrio externo com o objetivo de equilíbrio interno, sabemos como resolver o problema do financiamento, e temos inclusive a possibilidade de escolher a escala dos estímulos que estamos dispostos a aplicar.

Como escreveu John Maynard Keynes em 1931:

> *"Unemployment, I must repeat, exists because employers have been deprived of profit. The loss of profit may be due to all sorts of causes. But, short of going to Communism, there is no possible means of curing unemployment except by restoring to employers a proper margin of profit. There are two ways of doing this – by increasing the demand for output, which is the **expansionary cure** [nossa ênfase], or by decreasing the cost of output, which is the **contractionist cure** [nossa ênfase]. Both of these try to touch the spot. Which of them is to be preferred?*
>
> *To decrease the cost of output by reducing wages and curtail Budget services may indeed increase foreign demand for our goods (unless, which is quite likely, it encourages a similar policy of contraction abroad), but it will probably diminish the domestic demand. The advantages to employers of a general reduction of wages are, therefore, not so great as they look. Each employer sees the advantage to himself of a reduction of wages which he himself pays, and overlooks both the consequences of the reduction the incomes of his customers and of the reduction of wages which his competitors will enjoy. Anyway, it would certainly lead to social injustice and violent*

CONCLUSÃO

resistance, since it would greatly benefit some classes of income at the expenses of others. For these reasons a policy of contraction sufficiently drastic to do any real good may be quite impracticable.[418]

Esperamos que este livro tenha ajudado a perceber por que razão a intuição de Keynes estava correta.

[418] "O desemprego, tenho que repetir, existe porque os empregadores veem-se desprovidos de lucros. A perda de lucro pode ser devida a todo o tipo de causas. Mas excetuando a via do comunismo, não há maneira de curar o desemprego que não seja restaurando uma apropriada margem de lucro dos empregadores. Existem duas maneiras de fazer isto – aumentar a procura de produto, que é a cura expansionista, ou diminuir os custos de produção, que é a cura contracionista. Ambas querem ser aplicadas. Qual é a preferível? A descida dos custos de produção através da redução dos salários e cortes nos serviços dependentes do orçamento pode fazer aumentar a procura externa pelos nossos bens (a menos que, o que é muito provável, encoraje uma política similar de contração no exterior), mas provavelmente faz diminuir a procura doméstica. As vantagens para o empregador de uma redução generalizada dos salários não é, por isso, tão boa quanto possa parecer. Cada empregador vê a vantagem para si próprio de uma redução dos salários que paga, e desvaloriza as consequências da redução dos rendimentos dos seus clientes e a redução dos salários que os seus competidores beneficiam. De qualquer forma, levará certamente a injustiça social e violenta resistência, uma vez que beneficiará algumas classes de rendimento a expensas de outras. Por estas razões uma política contracionista suficientemente drástica para fazer algum bem pode ser impraticável." Keynes (1931, pp. 149-150).

BIBLIOGRAFIA

Aizenman, J., e Jinjara, Y. (2011). "The Fiscal Stimulus of 2009–2010: Trade Openness, Fiscal Space, and Exchange Rate Adjustment." In *NBER International Seminar on Macroeconomics 2011*, Jeffrey Frankel and Christopher Pissarides (eds.), University of Chicago Press; 301 – 342.

Alesina, A. (2010). "Fiscal Adjustment: Lessons from the Recent History." Prepared for the ECOFIN meeting in Madrid, April 2010.

Alesina, A., e Ardagna, F. (1998). "Tales of Fiscal Contractions." *Economic Policy*, 27: 487-545.

Alesina, A., e Ardagna, F. (2010). "Large Changes in Fiscal Policy: Taxes versus Spending." *In Tax Policy and the Economy*, 24, Seffrey Brown (ed.), NBER, Cambridge Mass.

Alesina, A., e Perotti, R. (1995). "Fiscal Expansions and Adjustments in OECD Countries." *Economic Policy*, 21: 205-248.

Alesina, A., e Perotti, R. (1997). Fiscal Adjustments in OECD Countries: Composition and Macroeconomic Effects." *IMF Staff Papers*, 44 (June): 210-248.

Almunia, M., Bénétrix, A., Eichengreen, B., O'Rourke, K. H., e Rua, G. (2010). "From Great Depression to Great Credit Crisis: Similarities, Differences and Lessons." *Economic Policy*, 25 (62): 219-265.

Amable, B., Henry, J., Lordon, F., e Topol, R. (1994). "Strong Hysteresis versus Zero-Root Dynamics, *Economics Letters*, 44 (1-2): 43-7.

Aoki, M., e Yoshikawa, H. (2006). "Uncertainty, Policy Ineffectiveness, and Long Stagnation for the Macroeconomy." *Japan and the World Economy*, 18 (3): 261-272.

Ardagna, F. (2004). "Fiscal Stabilizations: When do They Work and Why?" *European Economic Review*, 48: 1047-1074.

Arestis, P. (2011). "Fiscal Policy Is Still as Effective Instrument of Macroeconomic Policy." *Panoeconomicus*, 2: 143-156.

Arestis, P., e Sawyer, M. (2008). "A Critical Reconsideration of the Foundations of Monetary Policy in the New Consensus Macroeconomics Framework." *Cambridge Journal of Economics*, 32 (5): 761–779.

Ascenso, J. (2014). "O Longo Domingo de Austeridade." In *A Austeridade Cura? A Austeridade Mata?* Ed. Eduardo Paz Ferreira, Lisbon Law School Editors, Lisboa.

Auerbach, A., e Gorodnichenko, Y. (2012) "Measuring the Output Responses to Fiscal Policy." *American Economic Journal: Economic Policy*, 4 (2): 1-27.

Auerbach, A., e Obstfeld, M. (2004). "The Case for Open Market Purchases in a Liquidity Trap." Working paper, University of California at Berkeley.

Balassone, F., e Franco, F. (2000). "Public Investment, The Stability and Growth Pact and The 'Golden Rule,' " *Fiscal Studies*, 21 (2): 207-229.

Ball, L. (1997). "Disinflation and the NAIRU." In Reducing Inflation: Motivation and Strategy, eds. C. Romer and D. Romer, University of Chicago Press: 167-194.

Ball, L. (2009). "Hysteresis in Unemployment: Old and New Evidence." *NBER Working Papers*, 14818.

Ball, L. (2014). "Long-Term Damage from the Great Recession in OECD Countries." *NBER,* Working Paper 20185.

Battini, N., Callegari, G., e Melina, G. (2012). "Successful Austerity in the United States, Europe and Japan." *International Monetary Fund – Working Papers*, 190.

Baum, A., Popplawski-Ribeiro, M., e Weber, A. (2012). "Fiscal Multipliers and the State of the Econmomy." *IMF Working Paper* nº 286.

Belke, A., e Göcke, M. (1999). "A Simple Model of Hysteresis in Employment under Exchange Rate Uncertainty," *Scottish Journal of Political Economy*, 46 (3): 260-286.

Belke, A., e Göcke, M. (2006). "Monetary Policy and Investment Decision – A Stilized Treatment of the Uncertainty Trap." *Mimeo*, Universities of Stuttgart-Hohenheim and Giessen.

Bernanke, B. (2000). *Essays on the Great Depression*. Princeton University Press, Princeton

Bernanke, B. (2003). "Some Thoughts on Monetary Policy in Japan." Speech to the Japan Society of Monetary Economics, Tokyo, May 31.
http://www.federalreserve.gov/boarddocs/speeches/2003/20030531/default.htm

Bernanke, B. (2015). *The Courage to Act – A Memoir of the Crisis and Its Aftermath*. W. W. Norton & Company. New York.

Bernanke, B., e Reinhart, V. (2004). "Conducting Monetary Policy at Very Low Short-Term Interest Rates," *American Economic Review*, 94 (2): 85-90.

BIBLIOGRAFIA

Bernanke, B., Reinhart, V., e Sack, B. (2004). "Monetary Policy Alternatives at the Zero Bound: An Empirical Assessment." *Brookings Papers on Economic Activity*, 2: 1-100.

Bertola, G. (1992). "Labor Turnover Costs and Average Labor Demand," *Journal of Labor Economics*, 10 (4): 389-411.

Bindseil, U., Manzanares, A., e Weller, B. (2004). "The Role of Central Bank Revisited" ECE Working Paper, No. 392.

Blanchard, O. (1990). "Comment on Giavazzi and Pagano (1990)." In Olivier Blanchard and S. Fischer (eds.), *NBER Macroeconomics Annual*, 5: 111-116, MIT Press.

Blanchard, O., e Diamond, P. (1994). "Ranking, Unemployment Duration, and Wages." *Review of Economic Studies*, 61 (3):417-434.

Blanchard, O., e Giavazzi, F. (2004). "Improving the SGP Tthrought Proper Accounting of Puplic Investment" *CEPR Discussion Paper*, 4220.

Blanchard, O., e Leigh, D. (2013). "Growth Forecast Errors and Fiscal Multipliers." *NBER Working Paper*, 18779.

Blanchard, O., e Summers, L. (1986). "Hysteresis and the European Unemployment Problem." *NBER Macroeconomics Annual*: 15-78.

Blanchard, O., e Summers, L. (1987). "Hysteresis in Unemployment." *European Economic Review*, 31 (1-2): 288-95.

Blyth, M. (2013). *Austeridade – A História de Uma Ideia Perigosa*. Quetzal Editores.

Borensztein, Eduardo, e Panizza, Ugo (2009). "The Costs of Sovereign Default." IMF Staff Papers, 56 (4): 683-741.

Brinca, P., Holter, H., Krusel, P., e Malafry, L. (2016). "Fiscal multipliers in the 21st century." *Journal of Monetary Economics*, 77: 53–69.

Brücner, M., e Tuladhar, A. (2010). "Public Investment as a Fiscal Stimulus: Evidence from Japn's Regional Spending During the 1990s." *IMF Working Papers, 10/110*.

Buiter, W. (2008). "Can Central Banks Go Broke?" *Economic Journal*, Policy Insight 24, Centre for Economic Policy Research.

Buiter, W. (2009). "Negative Nominal Interest Rates: Three ways to overcome the Zero Lower Bound." *North American Journal of Economics and Finance*, 20 (3): 213-238.

Buiter, W., e Panigirtzoglou, N. (2003). "Overcoming the Zero Bound on Nominal Interest Rates with Negative Interest on Currency: Gesell's Solution." *Economic Journal*, 113 (490): 723-746.

Caballero, R., Engel, E., e Haltiwanger, J. (1997). "Aggregate Employment Dynamics: Building from Microeconomic Evidence," *American Economic Review*, 87 (1):115-37.

Callinicos, A. (2012). "Contradictions of Austerity." Cambridge Journal of Economics, 36: 65-77.

Calvo, G. (1988). "Servicing Public Debt: The Role of Expectations." *American Economic Review*, 78 (4): 647–661.

Carlos, A. (2014). "Em Torno da Austeridade" In *A Austeridade Cura? A Austeridade Mata?* Ed. Eduardo Paz Ferreira, Lisbon Law School Editors, Lisboa.

Castro, F. e Fernández-Caballero, L. (2013). "The Effects of Fiscal Shocks on the Exchange Rate." *Economic and Social Review*, 44 (2): 151-180.

Castro, G., Felix, R., Julio, P., e Maria, J. (2013). "Fiscal Multipliers in a Small Euro Area Economy: How Big Can They Get in Crisis Times?" *Banco de Portugal – Working Papers*, 11.

Christiano, L., Eichenbaum, M., e Rebelo, S. (2011). When Is the Government Spendind Multiplier Large? *Journal of Political Economy*, 119 (1): 78-121.

Claeys, G., Leandro, Á., e Mandra, A. (2015). "European Central Bank Quantitative Easing: The Detailed Manual." *Bruegel Policy Contrubution*, 02/2015.

Cluny, A. (2014). "A 'Austeridade Popular,' A Desumanização do Direito e O Princípio da Esperança" In *A Austeridade Cura? A Austeridade Mata?* Ed. Eduardo Paz Ferreira, Lisbon Law School Editors, Lisboa.

Cole, H. e Ohanian, L. (2004). "New Deal Policies and Persistence of the Great Depression: A General Equilibrium Analysis." *Journal of Political Economy*, 112 (4):779-816.

Comissão Europeia (2014). "Um Plano de Investimento para a Europa." Comunicação da Comissão ao Parlamento Europeu, Ao Conselho, Ao Banco Central Europeu, Ao Comité das Regiões e ao Banco Europeu de Investimento – 26-11-2014.

Corsetti, G., Meier, A., e Muller, J. (2012). "What Determines Government Spending Multipliers?" *Centre for Economic Policy Research* – CEPR Discussion Papers nº 9010.

Cozzi, G., e Michell, Jo (2014). "Employment-focused recovery for Europe: An alternative to austerity." *FEPS Studies*, February.

Cross, R. (1995). "Is the Natural Rate Hypothesis Consistent with Hysteresis?" in Rod Cross (ed.), *The Natural Rate of Unemployment: Reflections on 25 Years of the Hypothesis*, Cambridge University Press, 181-200.

Cross, R. (2013). "Unemployment: Natural Rate Epicycles or Hysteresis." Keynote address to the FMM conference on – The Jobs Crisis: Causes, Cures, Constraints-Austerity, Unemployment and Hysteresis, Berlin.

Cross, R., McNamara, e H., Alexei, P. (2010). "Memory of Recessions." *Journal of Post Keynesian Economics*, 34 (3): 413-430.

Dadush, U., Aleksashenko, S., Ali, S., Eidelman, V., Naím, Stancil, B., e Subacchi, P. (2010). "Paradigm Lost – The Euro in Crisis," *Carnegie Endowment for International Peace*.

BIBLIOGRAFIA

Dalton, J., e Dziobek, C. (2015). "Central Bank Losses and Experiences in Selected Countries." *IMF Working Paper*, no. 72.

Davidson, P. (2007). *Jonh Maynard Keynes.* Actual Editora (ed. 2010).

Davidson, P. (2009). *The Keynes Solution – The Path to Global Economic Prosperity.* Palgrave MacMillan, New York.

De Grauwe, P. (2012). "The Governance of a Fragile Eurozone." *Australian Economic Review*, 45 (3): 255–268.

De Grauwe, P., e Polan, M. (2005). "Is Inflation Always and Everywhere a Monetary Phenomenon?" *Scandinavian Journal of Economics*, 107 (2), 239-259.

DeLong, J., e Summers, L. (2012). "Fiscal Policy in a Depressed Economy." *Brooking Papers on Economic Activity*, spring: 233-297.

Dixit, A. (1991). "Analytical Approximations in Models of Hysteresis," *Review of Economic Studies*, 58 (193): 141-151.

Dixit, A., e Pindyck, R. (1994). *Investment under Uncertainty*, Princeton University Press.

Doll, M., Cagas, D., Quising, P. e Razaque, M. (2012). "Automatic Stabilizers and Economic Crisis: US vs. Europe." *Journal of Public Economics*, 96: 297-94.

Easterly, W. (2001). "Growth Implosions and Debt Explosions: Do Growth Slowdows Cause Public Debt Crisis?" *Contributions to Macroeconomics*, 1 (1):1-24.

ECB (2016). "Public Investment in Europe." *ECB Economic Bulletin*, Issue 2.

Eggertson, G., e Krugman, P. (2012). "Debt, Deleveraging, and the Liquidity Trap: A Fisher-Minsky-Koo Approach." *Quarterly Journal of Economics*, 127 (3): 1469-1513.

Eggertsson, G. (2006). "Fiscal multipliers and policy coordination," Staff Reports 241, Federal Reserve Bank of New York

Eggertsson, G. (2011). *What Fiscal Policy is Effective at Zero Interest Rates?* NBER Macroeconomic Annual. University of Chicago Press.

Eggertsson, G., e Woodford, M. (2003a). "The Zero Bound on Interest Rates and Optimal Monetary Policy." *Brookings Papers on Economic Activity*, 1: 139-233.

Eggertsson, G., e Woodford, M. (2003b). "Optimal Monetary Policy in a Liquidity Trap." NBER Working Paper 9968.

Eichengreen, B., e Garber, P. (1991). "Before the Accord: U.S. Monetary-Financial Policy, 1945-51." In G. Hubbard, ed., *Financial Markets and Financial Crisis*. Chicago, University of Chicago Press.

Eichengreen, B., e O'Rourke, K.(2010). "A tale of two depressions: What do the new data tell us? February 2010 update," *VoxEU.org*, 8 March.

Erceg, J., e Lindé, J. (2013). "Fiscal Consolidation in a Currency Union: Spending Cuts vs. Tax Hikes." *Journal of Economics Dynamics and Control*, 37 :422-445.

Erceg, J., e Linde, J. (2014). "Is there a Fiscal Free Lunch in a Liquidity Trap?" *Journal of the European Economic Association*, 12 (1): 73-107.

European Comission (2016). "The Investment Plan For Europe – State of Play.

European Commission – Economic and Fiscal Affair (2009a). "Economic Crisis in Europe: Causes, Consequences and Responses", *European Economy*, 5.

European Commission – Economic and Fiscal Affair (2009b). "Economic Crisis in Europe: Causes, Consequences and Responses", *European Economy*, 7.

European Commission – Economic and Fiscal Affair (2009c). "Public Finances in EMU." *European Economy*, 5.

European Parliament – Directorate General for Internal Policies Economic Governance Support Unit (2014). "The Troika and Financial Assistance in the Euro Area: Successes and Failures." Study on the Request of the Economic and Monetary Afairs Committee.

Feldstein, M. (1980). "Government Deficits and Aggregate Demand." *NBER Working Paper* 435, January.

Feldstein, M. (1982). "Government Deficits and Aggregate Demand." *Journal of Monetary Economics*, 9 (1):1-20.

Fernandes, A. e Mota, Paulo. (2015). *A Teoria e a Política Monetárias na Atualidade*. Almedina.

Foresti, P., e Marani, U. (2014). "Exapnsionary Fiscal Consolidations: Theoretical Underpinnings and There Implications for the Eurozone." *Contrubuitions to Political Economy*, 33: 19-13.

Franco, F. (2014a). "De-Leveraging Through Fiscal Consolidation, the Case of Portugal." In *A Austeridade Cura? A Austeridade Mata?* Ed. Eduardo Paz Ferreira, Lisbon Law School Editors, Lisboa.

Franco, F. (2014b). "Uma Projeção dos Ajustamento da economia Portuguesa." In *A Economia Portuguesa na União Europeia: 1986-2010*, eds. Fernando Alexandre, Pedro Bação, Pedro Lains, Manuel M. F. Martins, Miguel Portela, e Marta Simões. Conjuntura Actual Editora.

Friedman, M. (1968). "The Role of Monetary Policy." *American Economic Review*, 58 (1): 1-17.

Friedman, M., e Schwartz, A. 1963. *A Monetary History of the United States, 1867-1960*. Princeton: Princeton University Press for NBER.

Galbraith, K. (2014). *The End of Normal*. Simon & Schuster Paperbacks, New York.

Gali, J., López-Salido, J.D., e Vallés, J. (2007) "Understanding the Effects of Government Spending on Consumption." *Journal of the European Economic Association*, 5 (1): 227-270.

Gechert, S. (2013). "What Fiscal Policy is Most Effective? A Meta Regression Analysis." *Macroeconomic Policy Institute* – Working Papers, 117.

Gechert, S., e Rannemberg, A. (2014). "Are Fiscal Multipliers Regime-Dependent? A Meta Regression Analysis." *Macroeconomic Policy Institute* – Working Papers, 139.

Giavazzi, F. e Pagano, M. (1990). "Severe Contractions Be Expansionary? Tales of Two Small European Countries." *NBER Macroeconomics Annual*, 5.

Giavazzi, F., e Pagano, M. (1996). Non-Keynesian Effects of Fiscal Policy Changes: International Evidence and the Swedish Experience." *Swedish Economic Policy Review*, 3 (1): 67-103.

Goodfriend, M. (2000), "Overcoming the Zero Bound on Interest Rate Policy", *Journal of Money, Credit, and Banking*, 32 (4): S. 1007 – 1035.

Gordon, R., Krenn, R. (2010). "The End of the Great Depression 1939-41: Var Insight on Policy Contributions and Fiscal Multipliers." *NBER Working Paper*, 16380.

Gorodnichenko, Y., Mendonza, E., e Tesar, K. (2012). "The Finnish Great Depression: From Russia with Love." *American Economic Review*, 102 (4): 1619-44.

Guardo, J., Leigh, D. e Pescatori, A. (2011). "Expansionary Austerity; New International Evidence." *IMF-Working Papers*, 11/158.

Hall, R. (2009). "By How Much Does the GDP Rise if the Government Buys More Output? *NBER Working Paper*, 15496.

Hamermesh, D. e Pfann, G.. (1996). "Adjustment Costs in Factor Demand," *Journal of Economic Literature*, 34 (3):1264-92.

Hamermesh, D.. (1989) "Labor Demand and the Structure of Adjustment Costs", *American Economic Review*, 79 (4):674-89.

Herndon, T., Ash, M., e Pollin, R. (2014). "Does High Public Debt Consistently Stifle Economic Growth? A Critique of Reinhart and Rogoff." *Cambridge Journal of Economics*, 38: 257-279.

Holland, S. (2015*). Europe Question and What to Do About It*. Spokesman, Nottingham – England.

Ilgmann, C. e Menner, M. (2011). "Negative Nominal rates: History and Current Proposals." *International Economics and Economic Policy*, 8: 383-405.

Ilzetzki, E., Mendoza, A. e Végh, C. (2013). "How Big (Small) are Fiscal Multipliers?" *Journal of Monetary Economics*, 60: 239-254.

IMF (2008). *World Economic Outlook*, November, Washington.

IMF (2009). *World Economic Outlook*, November, Washington.

IMF (2010). "Will It Hurts? M*acroeconomic Effects of Fiscal Consolidations"* The World Economic Outlook, October.

IMF (2012). "The Good, the Bad, and the Ugly: 100 Years of Dealing with Public Debt Overhangs." In *World Economic Outlook – Coping with High Debt and Sluggish Growth*.

IMF (2013). World Economic and Financial Surveys – Fiscal Monitor, October.

IMF (2014). *World Economic Outlook*, October, Washington.

Irwin, N. (2014). *The Alchemists – Three Central Bankers and a World on Fire*. Penguin Books, New York.

Jossa, B. e Musella, M. (1998). *Inflation Unemployment and Money – Interpretations of the Phillips Curve*, Edward Elgar, Cheltenham: U.K..

Judt, T. (2010). *Um Tratado Sobre Os Nossos Actuais Descontentamentos*. Edições 70.

Judt, T. (2012). *Thinking Twentieth Century*. William Heinemann, London.

Kalecki, M. (1943). "Political Aspects of Full Employment." *Political Quarterly*, 14 (4): 322-330.

Kattel, R., e Raudla, R. (2013). "The Baltic Republics amd the Crisis of 2008--2011." *Europe-Asia Studies*, 65 (3): 426-449.

Keynes, J. (1923). *A Tract on Monetary Reform*.

Keynes, J. (1931). *Essays is Persuasion*. Reeditado por Classic House Books, 2009.

Keynes, J. (1936). *Teoria Geral do Emprego, do Juro e da Moeda*. Ed. Relógio de Água 2010 (com introdução de Paul Krugman).

Keynes, J. (1937). Collected Writings.

King, M. (2016). *The End of Alchemy – Money Banking and the Future of the Global Economy*. Little brown, London.

Kohn, D., e Sack, B. (2003). "Central Bank Talk: Does It Matter and Why?" Board of Governors of the Federal Reserve System, Finance and Economics Discussion Series, 2003-55.

Koo, R. (2009). *O Santo Graal da Macro Economia*. Ed. Portuguesa SmartBook.

Koo, R. (2015). *The Escape From Balance Sheet Recession and The QE Trap*. Wiley, Singapore.

Kösters, W. e Belke, A. (1996). "Slow Adjustment to Shocks or True Hysteresis." *Intereconomics*, 3: 107-121.

Kraay, A. "How Large Is The Government Spending Multiplier? Evidence from World Bank Lending." *Quarterly Journal of Economics*, 2013, 127 (2), 829-87.

Krugman, P. (2012a). *End This Depression Now*. New York, N.Y.. W. W. Norton & Company.

Krugman, P. (2012b). *The Return of Depression Economics*. New York, N.Y.. W. W. Norton & Company

Krugman, P. (2014). "Combater a Depressão Económica." In *Os Desafios da Economia*, Eds. Robert Solow e Janice Murray. Clube do Autor (ed. Portuguesa).

Kuttner, R. (2013). *Debtors' Prison*. Vintage Books, New York.

Lapavitsas, C., Kaltenbrunner, A., Labrinidis, G. Lindo, D., Meadway, J., Michell, J., Painceira, J.P., Pires, E., Powell, J., Stenfors, A., Teles, N., e Vatikiotis (2012). Crisis in the Eurozone. London. Verso.

Legrain, P. (2014). *Primavera Europeia*. Relógio D'Água.

Lewis, M. (2010). *The Big Short – Inside the Doomsday Machine*. London. Allen Lane.

Lindbeck, A. e Snower, D. (1986). "Wage Setting, Unemployment, and Insider-Outsider Relations," *American Economic Review*, 76 (2): 235-39.

Lindbeck, A. e Snower, D. (1988). *The Insider-Outsider Theory of Employment and Unemployment*, The MIT Press, XXI-285

Mamede, R. (2016). *A Economia como Desporto de Combate*. Relógio de Água.

Mankiw, G. (2009). "It May Be Time for the FED to GO Negative." *New York Times*, April 18.

Marshall, A. (1890). *Principles of Economics*, Macmillan, London (8th ed).

Mayergoyz, I. (2003). *Mathematical Models of Hysteresis and Their Aplications*, Elsevier.

McDermott, C. e R. Wescott (1996). "An Empirical Analysis of Fiscal Adjustments." *IMF Staff Papers*, 43 (4): 725-753

Minsky, H. (1982). Can "it" Happen Again? Armonk, N.Y.. M. E. Sharpe.

Mirowski, P. (1989). *More Heat than Light – Economics as Social Physics, Physics as Natural Economics*. Cambridge, U.K.. Cambridge University Press.

Mirowski, P. (2013). *Never Let a Serious Crisis Go to Waste: How Neoliberalism Survived the Financial Meltdown*. Verso

Modigliani, F., e Sutch, R. (1966). "Innovations in Interest Rate Policy." *American Economic Review*, 52 (1/2): 178-97.

Modigliani, F., e Sutch, R. (1967). "Debt Management and the Term Structure of Interest Rates: An Empirical Analysis of Recent Experience." *Journal of Political Economy* 75 (4, part 2): 569-89.

Mota, P. (2008). *Weak and Strong Hysteresis in the Dynamics of Employment*. Tese de Doutoramento, Faculdade de Economia do Porto.

Mota, P., e Vasconcelos, P. (2012). "Non-convex Adjustment Costs, Hysteresis, and the Macrodynamics of Employment." *Journal of Post Keynesian Economics*, 35 (1): 93-112.

Mota, P., Fernandes, Abel C., e Nicolescu, A. (2015). "The recent sovereign debt crisis in the Euro zone: A matter of fundamentals?" *Acta Oeconomica*, 65 (1): 1-25.

Mota, P., Varejão, J., e Vasconcelos, P. (2012). "Hysteresis in the Dynamics of Employment." *Metroeconomica*, 63 (4): 661-692.

Mota, Paulo, Varejão, José, e Vasconcelos, Paulo (2014). "A Hysteresis Model-Based Indicator for Employment Adjustment Rigidity." in the Dynamics of Employment." *Empirica*, 42: 547.

Mundell, T. (1961). "A Theory of Optimum Currency Areas." *The American Economic Review*, 51 (4): 657-665.

Nasar, S. (2012). *Grand Pursuit: The Story of Economic Genius*. Simon & Schuster, New York

Nash, R. e Gramm, W. (1969). "A Neglected Early Statement of the Paradox of Thrift." *History of Political Economy*, 1 (2): 395-400.

Nunes, A. (2014). "Apontamento Sobre A Origem e A Natureza das Políticas de Austeridade." In *A Austeridade Cura? A Austeridade Mata?* Ed. Eduardo Paz Ferreira, Lisbon Law School Editors, Lisboa.

Obstfeld, M. (1996). "Models of Currencies Crisis with Self-Fulfilling Features." *European Economic Review*, 40 (3–5): 1037–1047.

OECD (2009). *Economic Outlook* – Interim Report.

Okina, K., e Shiratsuka, S. (2004). "Policy Commitment and Expectation Formation: Japan's Experience under Zero Interest Rates." *North American Journal of Economics and Finance*, 15 (1): 75-100.

Ormerod, P. (1994). *The Death of Economics*. New York. Jonh Wiley & Sons.

Ortiz, I., e Cummins, M. (2013). "The Age of Austerity; A Review of Public Expenditures and Adjustemnt Measures in 1981 Countries," *Initiative for Policy Dialogue and the South Centre – Working Paper*.

Owyang, M., Ramey, V. e Zubairy, S. (2013). "Are Government Spending Multipliers Greater During Periods of Slack? Evidence from 20th Century Historical Data." NBER Working Paper Series, 18769.

Panizza, Ugo, e Presbitero, A. (2013). "Public Debt and Economic Growth In Advanced Economies: A Survey." *Money and Finance Group – Working Papers*, 78.

Pâris, P., e Wyplosz, C. (2014). "Politically Acceptable Debt Restructuring in the Eurozone." *Geneva Reports on the World Economy*, Special Report 3.

Perotti, R. (1999). "Fiscal Policy in Good Times and Bad", Quarterly *Journal of Economics*, 114 (4): 1399-1436.

Perotti, R. (2011). "The Austerity Myth: Gain Without Pain?" *BIS Working Papers*, 362.

Pescatori, A., Sandri, D. e Simon, J. (2014). Debt and Growth: Is There a Magic Threshold? *IMF Working Papers*, WP/14/34.

Phelps, E. (1972). *Inflation Policy and Unemployment Theory, The Cost Benefit Approach to Monetary Planning*. Macmillan.

Piketty, T. (2014). *O Capital no Século XXI*. Circulo de Leitores.

Pindyck, R. (1991). "Irreversibility, Uncertainty, and Investment," *Journal of Economic Literature*, 29 (3):1110-48.

Poper, K. (1934). *A Lógica da Persquisa Científica*. Ed. Edições Cultrix, São Paulo Popper (1931)

Quiggin, J. (2010). *Zombie Economics – How Dead Ideas Still Walk Among Us*. Princeton University Press. New Jersey.

BIBLIOGRAFIA

Ramey, V. (2011). "Can government purchases stimulate the economy?" Journal of Economic Literature, 49 (3): 673-685.

Reinhart, C., e Rogoff, k. (2009). *This Time Is Different – Eight Centuries of Financial Folly*. Princeton, New Jersey. Princeton University Press.

Reinhart, C., e Rogoff, k. (2010). "Gowth In A Time of Debt." *American Economic Review*, 100 (2): 573-78.

Reinhart, C., e Rogoff, k. (2013). "Financial and Sovereign Debt Crisis: Some Lessons Leraned and Some Lessons Forgotten." *IMF Working Paper*, No. 266.

Reis, J. (2014). "Moralismo, Ortodoxia e Economia: A Tortuosa Noção de Austeridade." In *A Austeridade Cura? A Austeridade Mata?* Ed. Eduardo Paz Ferreira, Lisbon Law School Editors, Lisboa.

Rodrigues, C., Figueiras, R., e Junqueira, V. (2012). *Desigualdade Económica em Portugal*. Fundação Francisco Manuel dos Santos.

Rogoff , K. (2014). "Costs and Benefits to Phasing Out Paper Currency." *NBER Macroeconomics Annual Conference*, April.

Romer, C. (1992). "What Ended the Great Depression?" *Journal of Economic History*, 52 (4): 757-84.

Romer, C. (2012). "Fiscal Policy in the Crisis: Lessons and Policy Implications." *IMF Fiscal Forum*, April.

Rosa, E. (2015). *Os Números da Desigualdade em Portugal*. Lua de Papel, Alfragide.

Roubini, N. e Mihm, S. (2010). Crisis Economics – A Crash Course in the Future of Finance. New York, The Penguin Press.

Rubio, E., Rinaldi, D., e Pellerin-Carlin, T. (2016). "Investment in Europe: Making the Besto f the Juncker Plan," Notre Europe – *Jaques Delors Institute*, Sudies & Reports, March.

Schneider, J. (2015). "Growth for Europe – Is the Juncker plan the Answer?" European Policy Centre –discussion paper.

Schui, F. (2014). *Austerity the Great Failure*. Yale University Press

Skidelsky, R. (2009). *Keynes – O Regresso do Mestre*. Texto Editores (ed. 2010).

Skidelsky, R., e Wigstrom, C. (2010). "Introduction" in T*he Economic Crisis and the State of Economics*, Robert Skidelsky, e C. Westerlind Wigstrom (eds). Palgrave Macmillan.

Solow, R. (2012). "What We Learned about Fiscal Policy from the Crisis." In *In the Wake of the Crisis*, Olivier Blanchard, David Romer, Michael Spence and Joseph Stiglitz eds., Cambridge, MA, The MIT Press: 57-65.

Spilimbergo, A., Symansky, S., e Schindler, M. "Fiscal Multipliers." *International Monetary Fund, IMF Staff Position Note*, 2009, May.

Stella, P. (1997). "Do Central Banks Need Capital?" *IMF Working Paper*, no 83.

Stella, P. (2002). "Central Bank Financial Strength, Transparency, and Policy Credibility." *IMF Working Paper*, no. 137.

Stiglitz, J. (1989). "Unisng Tax Policy to Curb Speculative Short-Term Trading." *Journal of Financial Sevices Research*, 3: 101:115.

Stiglitz, J. (2002). *Globalização – A Grande Desilusão*. Terramar.

Stiglitz, J. (2010). *Free Fall – Free Markets and the Sinking of the Global Economy*. London, Allen Lane.

Stiglitz, J. (2013). *The Price of Inequality*, W. W. Norton & Company, Nova Iorque.

Stiglitz, J. (2015). *The Great Divide*. London, Allen Lane.

Stiglitz, J. (2016). *O Euro – Como Uma Moeda Única Ameaça o Futuro da Europa*. Bertrand Editora

Stiglitz, J., e Kaldor, M. (2015). *Em Busca de Segurança*. Bertrand Editora.

Summers, L. (2014). "U.S. Economic Prospects: Secular Stagnation, Hysteresis, and the Zero Lower Bound." *Business Economics*, 49 (2): 65-73.

Sutherland, A. (1997). "Fiscal Crises and Aggregate Demand: Can High Public Debt Reverse the Effects of Fiscal Policy?" *Journal of Public Economics*, 65 (2): 147-162

Sweeney, J. e Sweeney, R. (1977). "Monetary Theory and the Great Capital Hill Baby Sitting Co-op Crisis: Comment." *Journal of Money Credit and Banking*, 9 (1): 86-89.

Toma, M. (1992). "Interest Rate Controls: The United States in the 1940s." *Journal of Economic History*, 52 (3): 631-50.

Turner, A. (2016). *Between Debt and the Devil*. Princeton University Press, Pinceton.

Valla, N., Brand, T. e Doisy, S. (2014). "A New Architecture for Public Investment in Europe: The Eurosystem of Investment Banks and de Fede Fund." *CEPII – Policy Brief*, 4 (July).

Varejão, J., e Portugal, P. (2007). "Employment Dynamics and the Structure of Labor Adjustment Costs," *Journal of Labor Economics*, 25 (1):137-165.

Varoufakis, Y. (2016). *And The Weak Suffer What They Must?* The Bodley Head. London.

Weisbrot, M., e Montecino, J. (2010). "Alternatives to Fiscal Austerity in Sapain." *Center for Economic and Policy Research.*

Wolf, M. (2009). *A Reconstrução do Sistema Financeiro Mundial*. Rio de Janeiro. Elsevier.

Wolf, M. (2014). *The Shifts and the Shocks. Rio de Janeiro. Allen Lane*. Londres.

Woodford, M. (2011). "Simple Analytics of the Government Expenditure Multiplier." *American Economic Journal: Macroeconomics*, 3 (1):1-35.

Wren-Lewis, S. (2000) "The Limits to Discretionary Fiscal Stabilization Policy." *Review of economic Policy*, 16 (4): 92-105.